Polly Morland

EIN GLÜCKLICHES TAL

DIE GESCHICHTE EINER LANDÄRZTIN

Mit Fotografien von Richard Baker

Aus dem Englischen
von Hans Jürgen Balmes

 FISCHER

Erschienen bei FISCHER

Die Originalausgabe erschien 2022 unter dem Titel
»A Fortunate Woman: A Country Doctor's Story« bei Picador,
einem Imprint von Pan Macmillan, London.
© 2022 Polly Morland
Fotografien © 2022 Richard Baker
Für die deutschsprachige Ausgabe:
© 2024 S. Fischer Verlag GmbH,
Hedderichstr. 114, 60596 Frankfurt am Main
Die Nutzung unserer Werke für Text- und Data-Mining
im Sinne von § 44b UrhG behalten wir uns explizit vor.

Satz: Fotosatz Amann, Memmingen
Druck und Bindung: CPI books GmbH, Leck
ISBN 978-3-10-397622-9

Dieses Buch ist R. gewidmet,
die es betrifft.
Und Pat Williams (1931–2020),
die den Funken entzündet hat.

Nun steht der Patient im Mittelpunkt.
JOHN BERGER, A FORTUNATE MAN

Prolog

Eine Landschaft weiß nicht,

wer sich in ihren Falten und Hügeln ein Leben baut,
wer auf ihren Wegen geht,
ihre Luft in Atem verwandelt.

Es ist der Landschaft gleichgültig,
wer hier geboren wird
oder, mit Vogelgesang vor den Fenstern, stirbt.

Wer auch immer sich in den Duft
des Waldes nach dem Regen verliebt
oder seine Hoffnung im Sonnenaufgang,
der über die Flanken des Tals seine Schatten streut,
findet – das bleibt seine Angelegenheit
und gehört ihm allein.
Eine Landschaft ist ein Buch,
das nicht wissen kann, wer es lesen wird oder
wie seine Geschichten Lebensläufe prägen.

ICH HABE EIN BUCH GEFUNDEN, das über fast fünfzig Jahre niemand aufgeschlagen hat. Vor einem halben Leben war es hinter das Bücherregal meiner Eltern gerutscht, aber nie auf dem Boden angekommen, stattdessen hing es, von einer Metallstrebe aufgefangen, wie das angehaltene Bild eines Zeichentrickfilms in der Luft. Eine alte Penguin-Taschenbuchausgabe von John Bergers *A Fortunate Man*, ausgepreist mit 45 New Pence oder 9 Shillings.

Es war der Sommer 2020, und ich räumte das Haus meiner Eltern. Mein Vater war schon lange tot, und meine Mutter, damals in ihren Achtzigern, litt an Alzheimer. Ihr letztes Jahr hier war furchterregend und chaotisch gewesen, eine lange Folge von Ärzten und Notfallmedizinern, Krankenschwestern und Sozialarbeitern, die alle professionell nur ihr Bestes wollten, doch niemand von ihnen hatte meine Mutter gekannt, bevor das alles begann, oder war lang genug geblieben, um sich ihren Namen zu merken. Eine Reihe von Krankenhausaufenthalten schloss sich an, dann als Höhepunkt Covid-19. Schließlich wurde sie von der geriatrischen Intensivstation, in der sich das Virus eingenistet hatte, in ein Pflegeheim verlegt. Und so musste das Haus, das sie mit meinem Vater gemeinsam bewohnt hatte, geräumt und verkauft werden.

Umringt von Kartons, Umzugskisten und dem ganzen Strandgut eines langen Lebens, fischte ich das Taschenbuch hinter den Bücherbrettern hervor und strich den Staub ab. 1967 zum ersten Mal erschienen, stammte diese Ausgabe von 1971, was mir klarmachte, dass meine Mutter *A Fortunate Man* gekauft haben musste, als sie mit mir schwanger war. »Die Geschichte eines Landarztes« hieß es auf dem Umschlag. Darunter befand sich ein durch die Bewegung verwischtes Schwarzweißfoto von einem Mann mit hochgekrempelten Hemdsärmeln, ein Paar langer, gebogener Zangen in Händen, hinter ihm in einem Bett der Umriss einer Patientin.

Ich blätterte zur ersten Seite und staunte über eine Fotografie, die sich über eine Doppelseite erstreckte. Sie zeigt einen Fluss, sein Ufer steht voll dichtem, struppigem Gras und steigt zu einer weiten, von Hecken eingefassten Weide an. Eine schöne, einzeln stehende Eiche in vollem Laub zieht den Blick zu den Talhängen, die unter dem blassen englischen Himmel mit ihrem dichten Wald wie hingetuscht scheinen. Die Silhouette zweier in einem schmalen Kahn fischender Männer ist zu erkennen, einer an den Rudern, der andere mit der Angel in der Hand. Im Fluss steht ihr Spiegelbild gestochen scharf zwischen den Stromschnellen und unruhigen Partien, die eine Ahnung von der Strömung im Wasser geben.

Ich kannte den Fluss, das Feld. Ich kannte diesen Baum. Als ich an diesem Morgen in der Frühe losgefahren war, um die einhundertfünfzig Meilen zum Haus meiner Mutter in den Midlands hinter mich zu bringen, hätte ich eine solche Aufnahme glatt selbst machen können.

Bis zu den Knien in den Erinnerungsstücken meiner Familie, überflog ich die Seiten auf der Suche nach einem vertrauten Namen, aber ich fand keinen. So tippte ich den Titel des Buches in mein Handy. Mit Sicherheit spielte *A Fortunate Man* in dem gleichen abgelegenen ländlichen Tal, in dem ich die letzten zehn Jahre zu Hause war. Das Buch berichtet von sechs Wochen im Jahr 1964, die der Kritiker und Schriftsteller John Berger und der Fotograf Jean Mohr darauf verwandten, die Arbeit des damals hier ansässigen Arztes zu dokumentieren.

Und genau das ließ mein Herz kurz aussetzen. Nicht nur war das mein Zuhause, mein Tal, sondern ich kannte auch den Arzt und seine Nachfolgerin, die Frau, die heute in der gleichen Gemeinde Dienst tut. Ich wusste, dass wir fast gleich alt sind und beide ungefähr so alt wie das Buch, das ich in Händen hielt. Ich wusste, dass sie ungefähr zwei Jahrzehnte auf der Stelle mit den beiden Zwillingspraxen, auf jeder Schulter des Tales eine, verbracht hatte. Ich wusste, dass die Leute ihr vertrauten, sie ihren Beruf liebte und sie sich selten einen Tag freinahm. Ich wusste, dass die Leute hervorhoben, wie selten es heutzutage ist, eine solche Familienärztin zu haben, fast so, als stamme sie aus einer vergangenen Zeit. Ein glücklicher Mensch wie ihr Vorgänger, vielleicht, doch *mein Gott* – so mein nächster Gedanke –, *was für eine Zeit, um Ärztin zu sein.*

Denn ich war mir sicher: etwas musste dringend und unwiderruflich zurechtgerückt werden; etwas verband diese merkwürdig unpersönlichen Monate voll starker Medikamente im Leben meiner geliebten Mutter mit dem Buch, das ich durch Zufall in dem Haus, das sie verlassen musste, gefunden hatte: etwas, das den Autor mit mir, mit einem Ort, einer Landschaft und einer Geschichte verband; und vor allem etwas, das den auf dem Umschlag des Taschenbuchs in meiner Hand abgebildeten Arzt mit der Frau verband, die ich kannte, die Allgemeinmedizinerin, die in seine Fußstapfen getreten war. Ich wusste nicht genau, wie und warum, aber diese Dinge schienen miteinander verknüpft – wie durch einen Fluss, der sich durch die Landschaft windet.

A FORTUNATE MAN benennt niemals die Ortschaften, in denen es spielt, noch führt es die Namen der Patienten des Doktors an, deren Geschichten es erzählt. »Keine der Geschichten«, heißt es im Copyright, »bezieht sich auf eine bestimmte Person; sie wurden aus verschiedenen Fällen zusammengestellt.« Sogar der Name, »Dr. John Sassall« ist ein Pseudonym. Statt einem journalistischen

Ansatz zu folgen, untersuchte Berger die sprechenden Details im Leben des Landarztes und der Gemeinschaft im Tal – als siebte er Flussschlamm, um Gold zu gewinnen. Die daraus entstandene Meditation über den Charakter der Beziehung zwischen Arzt und Patient machte »Sassall« zum Inbegriff der Empathie und Hingabe, und das Buch zu einem Klassiker, wenn auch einem verborgenen. Bis heute wird *A Fortunate Man* von vielen Ärzten geliebt, in der medizinischen Fachliteratur oft zitiert und taucht immer wieder auf den Lektürelisten für angehende Krankenpfleger auf.

Doch bei all seiner ursprünglichen Bedeutung, hat sich die Welt in dem halben Jahrhundert, seit *A Fortunate Man* geschrieben wurde, weitergedreht. Die Medizin ist eine andere. Das Landleben ist kaum wiederzuerkennen. Gesellschaft, Klasse, Geschlecht haben sich seit den 1960er Jahren vollkommen verändert. Das Gleiche gilt auch für die Ärzteschaft, nicht allein weil mittlerweile, vor allem im Bereich der Erstversorgung, über die Hälfte der Ärzte Frauen sind. Einmal abgesehen von der Pandemie, die sich auf ihrem Höhepunkt befand, öffnete mir diese Zufallsentdeckung, dieses unbeabsichtigte Geschenk meiner Mutter, nicht die Gelegenheit, ja die Verpflichtung, der Geschichte dieses Landarztes mit einem frischen Blick zu begegnen?

Ich legte das Buch zur Seite, schrieb der Ärztin eine E-Mail, und innerhalb einer Stunde hatte ich ihre Antwort. Ja, sie kenne das Buch, und ja, es habe für ihre eigene Geschichte eine große Rolle gespielt; welche würde sie mir erklären. Und ja, ja, wir sollten uns treffen. Wenn das Wetter gut wäre, schrieb sie, könnten wir uns auf die alte

Kirchenbank, die der Küster bei der Renovierung der alten Kirche gerettet hätte, setzen und reden. Die Bank stehe nun auf dem Hügel in der feuchten Wiese hinter der Arztpraxis. Und so hat alles angefangen, die Ärztin und ich, zwischen Sumpforchideen, Buschwindröschen und Vogelgesang.

*

DIE FOLGENDE GESCHICHTE kam in den nächsten zwölf Monaten zusammen. Unser erstes Treffen auf der Wiese fand während der Windstille nach der ersten Corona-Welle statt, aber es dauerte nicht lange und die nächste Welle rollte heran. Aus reiner Notwendigkeit musste der Blick über die Schulter das Gespräch ersetzen. Allgemeinmedizinern wird beigebracht, genau hinzuhören, deshalb ist es, sagte sie, unüblich, viel zu sprechen. Doch es war genau das, was die Geschichte über die Not der Stunde hinaus öffnete. Manchmal spazierten wir stundenlang im Tal durch Wälder, unter uns die winterdüsteren Pfade im Schein der Stirnlampen, oder der Waldboden wurde im Lauf der Monate von der Frühlingssonne gefleckt, während der Hund der Ärztin zwischen unseren Füßen herumwuselte. Im Gehen erzählte sie mir aus ihrem Leben, wie es ist und was es bedeutet, an einem solchen Ort Landärztin zu sein, in einer solchen Zeit.

An ihr war nichts ungewöhnlich; und sie brauchte mich, um das zu erkennen. In vielen Aspekten glich sie anderen hart arbeitenden Allgemeinmedizinerinnen – abgesehen von dem Glück, das sie in dieses Tal, zu dieser Praxis und in diese Gemeinschaft geführt hat. Denn die

Landschaft hier und die Menschen, die in ihr leben, prägen und erfordern eine Art der medizinischen Versorgung, die überall im Verschwinden ist, wie meine Mutter und ich nur allzu sehr erfahren mussten. Einfach gesagt: Sie ist eine Ärztin, die ihre Patienten kennt. Über Jahre und Generationen hütet sie ihre Geschichten und ist Zeugin der unendlichen Wandlungen in ihren Leben. Um diese Geschichten, so sagt sie, dreht sich ihr ganzer Job. Es sind sie, die sie tragen, gerade in so schwierigen Zeiten wie jetzt.

Alles an dem Bericht ist wahr. Alles auf den folgenden Seiten trat zu einer bestimmten Zeit und in einer bestimmten Form im Arbeitsleben der Ärztin ein. Doch die ärztliche Schweigepflicht ist unverletzbar und durch ethische Verpflichtungen und Gesetze geschützt. Deshalb wurden Details aus manchen Patientengesprächen neu erzählt und so zusammengefügt, dass sie in der neuen Zusammenstellung nicht wiederzuerkennen sind. Bis auf drei Geschichten, bei denen die Anonymität unmöglich gewahrt werden konnte und für die die Patienten ihre Einwilligung gegeben haben, lässt sich keine der Fallgeschichten auf eine einzelne Person zurückführen. Wenn der Lockdown es zuließ, begleitete uns von Zeit zu Zeit Richard Baker, mit dem ich seit langem zusammenarbeite. Es muss darauf hingewiesen werden, dass kein Patient, der auf den Fotografien erscheint, in irgendeinem Zusammenhang zu der erzählten Geschichte steht. Im ganzen Arbeitsprozess war die Wahrung der Vertraulichkeit das Allerwichtigste. Nur so, erklärte die Ärztin, konnte sie die wahren Beziehungen, die das Herz ihrer Arbeit bilden, zeigen. »Ich liebe meinen Beruf sehr«, schrieb sie mir vor unserem ersten gemeinsamen Spaziergang, »und deshalb ist für mich das Vertrauen der Patienten wichtiger als alles andere, was ich mir vorstellen kann.«

Und das scheint ein guter Punkt, um zu beginnen.

I

ER KOMMT INS ZIMMER GEHUMPELT und bringt einen leichten Geruch nach Schaf mit sich.

»Morgen.« Das Wort dringt als einzelne Silbe hervor. Er lässt sich mit einem schneidend blechernen Ausatmen in den Stuhl neben dem Schreibtisch plumpsen, der unter seinem Gewicht ächzt. Er ist keiner von den Patienten, die die Ärztin wegen irgendeines Kinkerlitzchens belästigen. Sie tarnt ihre Besorgnis über sein Kommen hinter ein paar Nettigkeiten zum feuchten Wetter. Um ihn zu mustern, rollt sie in ihrem Stuhl vom Schreibtisch nach hinten und nimmt, die Hände im Schoß gefaltet, eine entspannte Haltung ein, von der sie gelernt hat, dass sie die Patienten beruhigt, und fragt, wie sie ihm heute helfen könne.

»Die Brust, Frau Doktor.« Er hält inne. »Scheppernder Husten. Will nicht besser werden.« Sie fragt, ob sie einen Blick in seinen Hals werfen und ihn abhören könne. Ein Gebiss voller Plomben klafft auf, seine Augen sind zur Wand gerichtet. Als er die Knöpfe des karierten Flanellhemdes für das kalte Stethoskop öffnet, fragt die Ärztin nach seiner Frau und sagt, sie sei froh, wenn sie höre, dass es Mary »viel besser und so« gehe. Aber der Mann lächelt nicht. Die Ärztin beobachtet sein Gesicht und hört erst die eine, dann die andere Seite des Brustkorbs ab. Sein

Atem klingt wie der alter Männer, die ihr ganzes Leben in der Nähe von Heu, Stroh und den Chemikalien für die Tauchbäder der Schafe verbracht haben, er keucht, aber das ist nicht ungewöhnlich.

»Meine Frau sagt, ich soll mal vorbeikommen.«

Sein Gesicht ist grauer als gewöhnlich, wenn er auf den Feldwegen in seinem Pick-up an ihr vorbeifährt. Mary macht sich vielleicht immer über irgendwas Sorgen, sagt sie, hilft ihm aus einem Ärmel und tritt hinter seinen breiten behaarten Rücken. Er antwortet nichts, aber sie erkennt die unbequeme Versteifung seiner Schultern. Sie setzt ihr Stethoskop auf, hört links, hört rechts.

»Wenn weiter nichts ist« – er legt die Hände auf die Armlehnen des Stuhls und will aufstehen –, »bin ich weg.«

Sie berührt ihn an der Schulter, um ihn aufzuhalten; nun spielt die Ärztin auf Zeit. Sie fragt, wie es da oben auf dem Hügel so gehe, sie misst seinen Blutdruck, seinen Puls, seine Temperatur. Schon oft hat sie gesagt, Farmer seien immer reicher und klüger, als sie scheinen. Heutzutage trifft sie nur noch selten einen von ihnen. In Wahrheit imponiert ihr die abseits der etablierten Bildungswege erlangte Klugheit, und obwohl es ihre Arbeit nicht leichter macht, berührt sie ihr aus der Zeit gefallener Stoizismus. Er lässt sie an den Wind denken, der über die Talkante weht und die Äste der dort wachsenden Bäume so verkrüppelt, dass sie dem wildesten Wetter widerstehen. Sie kennt einen Notfallarzt im nahgelegenen Krankenhaus, der keinen Farmer entlässt, ohne eine zweite Meinung einzuholen; denn bei ihnen spricht für gewöhnlich schon die Tatsache, dass sie gekommen sind, dafür, dass wirklich etwas im Argen liegt. Nun, da der Mann das Hemd über seine Körpermasse schüttelt, erwähnt sie das Humpeln, das ihr beim Eintreten aufgefallen ist. Normalerweise humpelst du nicht, sagt sie, und fragt, ob er Schmerzen habe. Sie nennt ihn beim Vornamen und schaut ihm in die Augen. Er zuckt, fast kaum wahrnehmbar, mit den Schultern. »Denk schon, ja, Frau Doktor.« Er legt instinktiv die offene Hand oben auf seinen rechten Oberschenkel. »Ärger vor ein paar Tagen, mit dem Tor.«

Stück für Stück zieht sie ihm die ganze Geschichte aus der Nase. Der erwähnte Ärger ist vor zwei Wochen passiert. Der Schmerz geht seitdem nicht mehr weg. Ein Bein fühle sich kürzer an als das andere. Er muss zum Röntgen, sagt sie, um eine Haarriss-Fissur auszuschließen.

»Aber die Lämmer kommen. Noch ein paar hundert Mutterschafe sind so weit, also …« Sie stellt sich ihn im Lämmerstall vor, der sich auf der Talkante eine halbe Meile vom Dorf entfernt im Schutz von Bäumen in eine Gebirgsfalte schmiegt, und sie fragt ihn, wie er das hinbekommt, mit dem schmerzenden Bein die Lämmer zur Welt zu bringen.

»Ich krieche.«

Er lässt eine Pause. Sie wartet.

»Nachdem sie das Lamm geboren hat, das Schaf, ich so, wissen Sie, auf Händen und Füßen rüber zu meinem Quad und benutze die kleine Leiter, um mich hochzuziehen.« Er schaut ihr direkt in die Augen, diesem kleinen Schulmädchen, das seit zwanzig Jahren seine Ärztin ist. »Davon geht die Welt nicht unter, Frau Doktor.«

Sie rollt in ihrem Stuhl zurück an den Computer auf ihrem Tisch und macht, freundlich, aber streng, in zwei Stunden einen Termin im Waldkrankenhaus aus und fragt, ob er es ohne Ambulanz dorthin schafft.

»Wenn's sein muss. Mein Jung kann mich fahren. Wartet im Pick-up.«

Sie will ihm aufhelfen, aber er streckt einen Finger, um sie zurückzuhalten, schwankt auf seine Beine, humpelt dann langsam aus dem Zimmer und den Flur entlang. »Geh vorsichtig«, sagt sie zu dem verschwindenden Rücken.

Später am Nachmittag wird der Radiologe aus dem Krankenhaus anrufen. Der Farmer hat sich den rechten Oberschenkelhalsknochen gebrochen. Das ist so erstaunlich, dass die Ärztin fragt, ob er nach dem Besuch bei ihr gestürzt sein könnte, aber die Antwort ist nein. Der Farmer ist vierzehn Tage lang mit einer gebrochenen Hüfte herumgelaufen und hat Lämmer zur Welt gebracht.

Um ein paar Wochen später nach der Hüftoperation den Fortgang seiner Genesung zu prüfen, macht die Ärztin bei ihm einen Hausbesuch. Er grummelt etwas wegen der Physiotherapie, die ihm verschrieben wurde. »Eine Karre voller Unsinn, das alles. Sagten, ich soll ein Stück Plastik benutzen, so groß wie ein Kondom. Sie haben doch gesehen, wie lang ich bin?« Und er begleitet sie, nicht unhöflich, zur Tür.

*

ETWA EINE MEILE VON DER FARM entfernt, fällt das Land, in das sich der Fluss tief eingeschnitten hat, plötzlich ab.

Aus Weiden werden Klippen, in sich verknotetes Altholz liegt in den steilen Schluchten. Sie sind mit Bruchstücken lang vergangener Leben zugeschüttet; ein Labyrinth aus alten steinernen Mauern, verworrenen Pfaden, die nirgendwohin führen, alten Bahndurchstichen voller Brombeeren und Bärlauch – der einzige Durchgangsverkehr besteht heute aus Rehen und Dachsen. Um sich nicht selbst zu verlieren, erzählt das Tal nicht im Rhythmus des Kommens und Gehens der Menschen, sondern in dem der Bäume von der Kraft der Natur. Die Handvoll Dörfer, die in ihm liegen oder hoch auf den Hängen Ausguck halten, scheinen wie das abgetrotzte, von einem Meer aus Grün geborgte Land.

Im März 1967 sendete die BBC zum Erscheinen von John Bergers *A Fortunate Man* einen Dokumentarfilm. Er beginnt mit körnigen Bildern von dem Landarzt im Regenmantel, der im Land Rover durch das Tal fährt. Sein Weg führt über einen steilen Waldweg hinunter, dann hoch, über den Bogen einer Brücke, vor ihm das Ufer mit einem dunklen Wald, und weiter durch ein Dorf, das ein schmaler Streifen Felder von der silbrigen Flussbiegung trennt. Auch über ein halbes Jahrhundert später wirken durch die verregnete Windschutzscheibe nicht nur die Konturen der Landschaft, sondern auch viele der Details unheimlich vertraut: das Geländer der Brücke, die Linie des Zauns im Feld, die Position der Straßenschilder und die Neigung der Dächer, das Licht auf dem Wasser, das ausladende Geäst der Bäume. Die Welt, wie sie damals war, ist die Welt, wie sie heute ist, das Vergehen der Zeit ist der Landschaft anscheinend gleichgültig.

Mehr als fünfzig Jahre später ist die Gemeinde immer noch ländlich, zumindest dem Namen nach, das Leben schreitet immer noch nur träge voran, selbst an einem geschäftigen Tag. Es gibt Farmer, wenn auch nicht mehr so viele, und Waldarbeiter, auch wenn sie sich heute lieber »Baumdoktoren« nennen. Eine Menge Leute halten sich ein paar Schafe oder einige Bienenstöcke, obwohl nur noch wenige davon leben können. Das Tal gehörte nie zum landwirtschaftlichen Herzland, niemals gab es hier die riesigen, reichen Gutshöfe wie auf den Schwemmebenen weiter im Norden. Viele fanden ihr Auskommen in den Steinbrüchen des Tals, in den kleinen Fabriken der nahen Städte, sie stellten Dampfkessel, Heizkörper, LKW-Reifen her oder verkochten Obst zu Saft und Sirup. Zu Hause warteten Kleinbauernhöfe und für den Cider Apfelbäume, deren Reihen sich den Hang zum Fluss hinabzogen. Vor gar nicht so langer Zeit, daran erinnern sich noch viele, hielten die meisten Familien im Hinterhof eine Milchkuh, vielleicht ein paar Schweine, und alle kamen zur Heumahd zusammen oder feierten gemeinsam Erntedank. Nur noch in wenigen Winkeln konnten sich davon Spuren halten.

Die moderne Welt hat sich Zugang erschlichen, ein diskreter 4G-Mast hier, dort eine Satellitenschüssel auf dem Dach. Tatsächlich ist die isolierende Glocke, die zuvor so sprichwörtlich über dem Tal stand, zum großen Teil geplatzt. Ja, es gibt Familien, die hier seit Generationen leben und sich an den Maibaum eines jeden Frühlings erinnern oder an den Winter, in dem es so sehr schneite, dass über den schmalen Wegen Bögen aus großen Schneewehen entstanden, oder wie ein Mann aus der

Nähe nach dem Krieg seine Hände von der Menschheit reinwusch und sich in einer Höhle unterhalb der Klippen niederließ, Flechten wuchsen in seinem Bart. Wie auch immer, neben den alteingesessenen Familien gibt es Neuzugänge mit anderen Geschichten, anderen Berufen, mit Kindern, die wegziehen, die etwas vom Leben erwarten.

WENN SIE SCHNELL DURCH DAS DORF muss, ist das eine der Lieblingsabkürzungen der Landärztin: der Weg am Friedhof entlang, vorbei an dem Grashügel eines längst verschwundenen mittelalterlichen Burgfrieds und hinauf zu den neuen Häusern hinter der Post, in der es schon lange keine Post mehr gibt. Sie ist mit dem Fahrrad unterwegs, als sie ihn durch das nasse Gras zur Kirche gehen sieht. Sie hält an und beobachtet ihn einen Moment, während er sich um mögliche Falten in seinem Hemd sorgt. Seit er ein kleiner Junge war, kümmert sie sich als Ärztin um ihn, obwohl er sie jetzt mit Kopf und Schultern überragt.

Sie ruft ihn beim Namen, er wendet sich um und tritt an die Mauer, die den Pfad vom Friedhof trennt. Sie sagt, wie froh sie sei, dass er es geschafft hatte zu kommen, und er sagt, dass die Schlussexamen erst in ein paar Wochen stattfänden und sein Tutor ihm grünes Licht gegeben hätte. »Ich durfte das nicht verpassen«, sagt er. Sie fragt ihn nach der Reise und den langen Stunden, die es von der Universitätsstadt am anderen Ende des Landes gedauert haben muss. »Es wurde gerade hell, als ich los bin«, sagt er. »Mit dem Sechs-Uhr-Bus.« Die Ärztin fragt, was er spielen werde, und der junge Mann hebt die Tasche mit seinen Partituren. »Bach und eine Elegie von Parry am Schluss, und natürlich die Kirchenlieder.« Er zieht wieder an seinem Hemd. »Sieht das gut genug aus?«, fragt er. »Ich mache mir Sorgen, dass es im Bus Falten gekriegt hat.« Sie nimmt ihm die Sorgen und weist darauf hin, dass ohnehin niemand sehen kann, »was du an der Orgel anhast«. »Ich glaub, ich bin nur ein wenig nervös«, sagt er. Sie wirft ein, dass die alte Dame es geliebt hätte, dass er spielt, und der junge Mann nickt und beißt sich auf die Lippen. Sie habe noch eine Reihe Hausbesuche vor sich, sagt sie, aber sie sei zum Gottesdienst wieder da. Dabei hebt sie beide Hände vom Lenker und kreuzt die Finger. Er lässt die alte Kirchentür aufächzen und verschwindet.

Wie sie in die Pedale tritt, fällt der Ärztin wieder die Geschichte des jungen Mannes ein. Er war zehn gewesen, als der Vater die Familie von einem Augenblick zum nächsten verließ, ihn, seine Mutter und zwei Geschwister in ein emotionales Chaos und in eine finanzielle Katastrophe stürzte. Damals zogen sie von der Stadt hierhin, und in den folgenden Monaten hatte sie den Großteil der

Familie in der Praxis kennengelernt. Einer anderen Patientin, sechzigjährig, die ihr ganzes Leben am anderen Ende des Dorfs gelebt hat, war nach langen Jahren der Ehemann gestorben, und sie kämpfte mit der Einsamkeit. Und so stellte die Ärztin die beiden einfach einander vor, die alleinerziehende Mutter und die frische Witwe, und damit hatte sie eine Idee gesät. Die Familie hatte ihr Klavier veräußern müssen, und der Junge vermisste den Unterricht. Aber vielleicht könnte er auf dem alten Chappell-Klavier üben, das im Wohnzimmer der Witwe stand?

Über die Jahre hinweg erblühte die auf den ersten Blick so ungewöhnliche Freundschaft. Es gab informelle Musikstunden, improvisiertes Teetrinken mit den Kindern, Geburtstagsgeschenke, und all das war eine Rettungsleine für die alleinstehende Mutter wie für ihre Kinder. Später, als die alte Dame nicht mehr Auto fahren konnte, wechselten sie die Rollen: die Einkäufe wurden abgeholt, das Haus geputzt und sie zur Praxis gebracht. Und heute würde der kleine Junge, nun als junger Mann, auf ihrer Beerdigung Bach und Parry spielen.

Der NHS würde das vielleicht »soziales Rezept« oder »Patientenbeteiligung« oder »nachbarschaftliches Hilfsnetzwerk« nennen, aber der Ärztin ist es ziemlich egal, wie der Begriff dafür lautet. Sie hat Kollegen und Kolleginnen, die sagen, das gehöre nicht zum Job einer Allgemeinmedizinerin, und dass man sicher ins Verderben laufe, wenn man sich in einer Zeit, in der einen bereits die medizinische Grundversorgung überfordert, auch noch auf die sozialen Nöte seiner Patienten einlässt. Trotzdem durchfährt die Ärztin auf dem Weg durch den Buchenwald oberhalb des Dorfes ein Schauer, wenn sie an das einfache Gleichgewicht zwischen gegebener und empfangener Hilfe denkt. Sie ist keine Träumerin, sie weiß, es gibt kein Allheilmittel gegen eine Welt aus Ungleichheit und Kummer. Und trotzdem hat sie gelernt, die lichten Momente zu schätzen, die entstehen, wenn man seine Gemeinschaft und seine Patienten kennt und es gelingt, beide miteinander zu verbinden. Es ist der Sinn, den die Ärztin mit dem in sie gesetzten Vertrauen stiften kann.

Aus dem frühen Impuls von dem Jungen und dem Klavier wuchs vor mehr als einem Jahrzehnt eine Idee.

SIE UNTERSUCHT DIE PERGAMENTENE, weiche Hüfte einer Frau Anfang achtzig. Es schmerzt, sagt die Frau. Die Ärztin reibt sich die Hände, um die Finger zu wärmen, und entschuldigt sich für deren Kühle. »Himmel, da hast

du recht«, sagt die Frau. »sie fühlen sich an wie Eiscreme.«
Sie lachen über die Plage, als Ärztin ewig kalte Hände zu
haben. »Wir müssen dir ein paar Fäustlinge stricken«,
sagt die Frau auf der Liege, als die Ärztin ihr Bein hebt
und beugt, es nach außen und innen dreht, nach innen
und außen.

Sie kennt die Patientin seit einigen Jahren, und sie fand
sie immer von sonnigem Charakter und etwas geschwät-
zig, eine von den Frauen, für die das Glas immer halbvoll
ist, die Marmorkuchen für die ganze Nachbarschaft ba-
cken und ihrer Frau Doktor zu Weihnachten eine Dose
von den guten Plätzchen vorbeibringen. Aber die Ärztin
hat noch nie ihre Beine zu Gesicht bekommen, merkt sie
jetzt, und eines der beiden hat eine ganz andere Geschichte
zu erzählen. Mit den Fingerspitzen berührt sie das mil-
chige Geflecht einer alten Narbe, die sich fast vom Knie
bis zur linken Hüfte zieht. Das Bein wirkt dadurch wie das
einer grob vernähten Stoffpuppe. Die Ärztin fragt nach.

»Ich war zehn«, antwortet die Frau. »Ich glaub nicht,
dass ich das jemals jemandem erzählt habe, aber mein
Dad hat auf der anderen Seite des Flusses Benzin geliefert, er fuhr von Tür zu Tür, und manchmal machte ich
vor der Schule mit ihm die Runde. Das ist lange her, damals hatten wir im Tal nur wenige Tankstellen. Nachmittags arbeitete mein Dad an der Pumpe, aber morgens
kam er mit dem Tank hinten auf dem Laster und machte
eine Tour zu den Autos der Leute und ihren Traktoren.
Wo tankt man heute? In der Stadt? Macht jeder von uns.
Aber als ich ein Mädchen war, hat mein Vater es so gehalten, und manchmal nahm er mich mit, damit ich die
Gatter öffnete und bei allem Möglichen half.«

Eine Wolke streicht über das Gesicht der Frau. Die Ärztin hält inne. Sie deckt den Unterleib der Frau mit einigen Fetzen von der Papierabdeckung der Untersuchungsliege und mit einem gemurmelten »da« zu. Doch sie bleibt hinter dem Wandschirm der Liege. Sie hört zu.

»Tja, es war einer jener Morgen, in denen der Nebel unten im Tal wie Pudding ist. Man fällt vom Hang geradewegs hinein, nicht wahr, und kann nicht mal die Hand vor Augen sehen. So stand ich da und öffnete das Gatter, als ein blauer Ford Anglia um die Kurve geflogen kam. Der Kerl riss den Lenker um, damit er nicht in Dads Laster krachte, aber er erwischte mich. Presste mich in die Hecke gegen einen Zaunpfahl. Er schaute nicht viel älter aus als ich. Ich erinnere mich noch, wie ich an meinem Bein hinunterschaute und seine Stoßstange sah, das mit Schnur befestigte Schild aus dem Rest einer alten Schachtel, auf die er ein ›L‹ gemalt hatte. Egal, dieser große Knochen hier war gebrochen, ein fieser Bruch, zwölf Wochen lang wurde er im Krankenhaus fixiert, und Mama durfte nicht bei mir bleiben. Da waren Sie noch nicht auf der Welt. Danach blieb ich ein ganzes Jahr zu Hause, keine Schule, ich konnte ja nicht gehen. Damals stellten sie einen nicht so schnell wieder vom Kopf auf die Füße wie jetzt.«

Die Frau wird still. Und was, fragt die Ärztin, hat das mit Ihnen gemacht? Einen Augenblick lang scheint es, als habe die Frau die Frage nicht gehört.

»Tja, diesen Nebel im Tal konnte ich noch nie ab«, sagt sie und stoppt. »Wissen Sie, Frau Doktor, das hat mich nie jemand gefragt, und deshalb habe ich nie aufgehört, darüber nachzudenken. Aber jetzt sag ich's, na gut, es hat mir das ganze Leben verdorben.«

Während der gesamten Morgensprechstunde gelingt es der Ärztin nicht, die Ungewissheit dieser Begegnung abzuschütteln, ihre Unermesslichkeit. Sie ist verwirrt von der Zeit, einmal ist sie in zehnminütige Einheiten portioniert, dann erstreckt sie sich unaufhaltsam von der Kindheit bis ins hohe Alter. Für den Rest des Tages fühlt sie sich vom Flussnebel eingehüllt, in dem nichts ist, wie es scheint.

ALS ER ZURÜCKKAM, saß sie, die Ärztin, auf seiner Gartenmauer. Als an diesem Sonntagmorgen das Sonnenlicht die Dachfirste auf der anderen Dorfseite berührte, war er nicht lang nach fünf wach geworden. Über der Kakophonie der Frühlingsdämmerung und dem einsamen Bellen eines Hammels auf der Weide hörte er das Blut in seinen Ohren dröhnen. Das hatte ihn geweckt, oder der merkwürdige Druck auf seiner Brust, als hätte eine unsichtbare Hand das am Abend gegessene Hühnchen gepackt und würde es in seinem Innern herumzerren. Seine Frau hatte sich bewegt, und er hatte ihr gesagt, er fühle sich »ziemlich furchtbar«. Sie hat ihn prüfend angeschaut, aber er sagte: »Hör auf, geht schon«, er habe ein Aspirin genommen und sei wieder eingeschlafen. Wurde Zeit fürs Frühstück, aber den Protest seiner Frau, er solle ins Krankenhaus, wenn auch nur aus Vorsicht, habe er abgewehrt. »Nee, geht schon«, und er war los, um im Nachbardorf ein paar Dachschindeln zurechtzurücken und ein paar Heuballen einzusammeln. Und jetzt sah er bei seiner Rückkehr die Ärztin im Wochenend-Zivil, in Jeans und Wanderstiefeln, draußen vor dem Haus auf der Steinmauer sitzen. Sie ging oft mit ihren Hunden in das Waldstück zwischen ihren Häusern. Seit zwanzig-und-noch-was Jahren sind sie Nachbarn, und es kam oft vor, dass sie auf einen Schwatz haltmachte. Aber heute hatte sie keine Hunde dabei. Stattdessen erspähte er, als er mit seinem Transporter einbog und sie lächelte, eine bestimmte Entschlossenheit in ihrem Gesicht.

»Ich hab auf dich gewartet«, sagte sie.

Er begrüßte sie mit Vornamen. Sie hatten sich nie lange mit dem »Frau Doktor« aufgehalten. Er sah sie beide als Freunde, obwohl sie, wie für so ziemlich alle hier in der Umgebung, auch seine Ärztin war und mitansah, wie er im Lauf der Jahre ein, zwei Dinge durchzustehen hatte. »Total in Ordnung, kerzengerade«, so beschrieb er sie gern, obwohl er froh war, dass er nie wegen irgendwelcher »Jungsprobleme, sagt man so?« zu ihr musste. Dabei musste er immer lachen, und die Ärztin rollte mit den Augen, aber heute war kein Tag für Witze.

»Helen ist vorbeigekommen«, sagte sie. »Meint, du würdest dich nicht wohl fühlen. Ich war wandern, so hat sie den ganzen Wald abgefahren, um mich zu suchen.«

Er murmelte ein paar Worte wegen seiner Verdauung, aber sie ließ das nicht gelten. »Helen sagt immer, du bekommst ein teuflisches Curry mitsamt einer Schachtel rostiger Nägel herunter und spürst dabei rein gar nix. Du siehst ja entsetzlich aus.«

Er schaute ihr kurz in die Augen, murmelte etwas über die Heuballen, die er abladen wollte, aber die feuchten Augenbrauen verrieten alles. »Hör auf.« Ihre Stimme war gedämpft, aber fest. »Du weißt es, Helen weiß es, und ich weiß es, du hattest Schmerzen in der Brust.« Sie fragte, ob die Schmerzen immer noch da seien, und er winkte ab, sagte, dass er vorhatte, sie Montag in der Praxis aufzusuchen, wenn es nicht besser würde. Mit einem Blick auf die Uhr fragte sie, wann die Schmerzen begonnen und wie sie sich angefühlt hätten. Er erzählte es ihr, beschrieb die Wahrnehmung des Drucks, eine Schwere oder ein Pressen, ganz oben in der Brust.

»Das klingt schrecklich. Okay, also, jetzt müssen wir dafür sorgen, dass du zu Helen ins Auto steigst und ihr sofort zur Notaufnahme fahrt. Sie hat mir schon gesagt, dass du nicht hinwillst, aber sie hat recht, du hast keine Wahl. Wir müssen herausfinden, was da los ist, und wir haben hier nicht die notwendige Ausstattung dafür. Sie kommt jetzt raus. Da ist sie schon.« Sie nickte dem im Fenster auftauchenden Gesicht zu. »Ein Krankenwagen braucht eine Stunde bis hierher, und ich glaube, es ist besser, wenn ihr euch gleich aufmacht. Helen wird fahren, dann bist du in vierzig Minuten dort.«

Er begann zu protestieren. Er müsse Dinge erledigen. Vielleicht sei sowieso alles in Ordnung.

»Hier gibt es kein ›vielleicht‹.« Sie senkte die Stimme, nannte ihn beim Namen. »Es geht um uns und das, was wir tun müssen. Und wenn wir es nicht machen, laufen wir ins Verderben. Du weißt, ich würde das nie sagen, wenn ich es nicht ernst meinte. Du weißt, ich mache nie einen Aufstand. Habe ich dich je belogen?«

Wie ein gescholtener Schuljunge schüttelte er den Kopf.

»Nein. Es ist Zeit, ihr müsst los.« Ihre Stimme wurde milder. »Ab. Gut gemacht. Die bekommen dich wieder hin. Die wissen genau, was zu tun ist. Helen hält mich auf dem Laufenden.«

Als das Auto losfuhr, winkte sie den beiden mit einem breiten Lächeln zu, streckte die Daumen hoch, dann machte sie kehrt und verschwand im dichten Grün des Pfads. Im Krankenhaus erklärten sie ihm, dass er einen Herzinfarkt erlitten hatte, stabilisierten ihn, und eine Woche später wurde er entlassen. In den darauffolgenden Wochen ließ er sich den Sonntagmorgen wieder und wieder in einer Reihe von Hypothesen durch den Kopf gehen. »Ich mein, ich wäre ja nicht hin, oder? Ich hätte weitergeschafft und hätte mir bald einen größeren Infarkt eingehandelt, oder? Aber sie hat mich am Ohr gepackt, und das hat mir wahrscheinlich das Leben gerettet, oder?«

In diesen Augenblicken blitzte in ihm ein beinahe physisches Verständnis für den Beruf seiner Nachbarin auf, davon, dass ihr ganzes Leben nur aus solchen Fragen bestand, aus Fragen, auf die du vielleicht nie eine Antwort finden wirst. Er würde ihr nun bis an das Ende der Welt folgen.

*

NICHT JEDER EMPFINDET DAS GLEICHE für die Ärztin. Einige Wochen davor war eine Patientin in die Sprechstunde gekommen, höchst widerwillig, wie sie übermäßig betonte. Eine hagere, gutgekleidete Dame in den Sechzigern, die seit einigen Jahren in der Kartei stand, deren Schatten aber bis heute nie auf die Tür der Doktorin gefallen war. Sie sagte, es sei weder nötig, sich zu setzen, noch ihre Beschwerden zu erklären. Sie hätte gern, wenn Frau Doktor einverstanden sei, ein paar Antibiotika.

»Ich kann Ärzte nicht leiden«, sagte die Frau.

Warum nicht, fragte die Ärztin. Haben Sie eine komplizierte Erfahrung gemacht?

Die Frau ignorierte die zweite Frage, aber beantwortete die erste mit, wie es schien, einem Anflug von Vergnügen. »Weil sie«, so meinte sie, »inkompetent, verlogen und korrupt sind. Die Antibiotika, bitte.«

*

VON DEN NAHEZU FÜNFTAUSEND in der Praxis aufgenommenen Patienten gibt es viele, die die Ärztin im Lauf der Jahre nicht zu Gesicht bekommt. Diese Menschen haben keinen Bedarf, das Leben hält sie auf Trab. In der Tat, der Bogen des Lebens spiegelt sich in denen wieder, die im Sprechzimmer auftauchen – und wann. Während der ersten zwei oder drei Lebensjahre sieht sie ihre Kinder-

41

patienten häufig mit Husten und Erkältungen. Danach verschwinden die Gesunden zum großen Teil von ihrer Sprechstundenliste, während ihrer Pubertät tauchen die Mädchen kurz wieder auf, mit Pickeln, Menstruationsschmerzen oder später wegen der Verhütung. Bei jungen Frauen bleibt dies ein Thema, dicht gefolgt dann von dem Gegenteil, wenn viele von ihnen schwanger oder mit einem Baby wieder da sind, bevor sie bis zur Menopause wieder wegbleiben. Im Fall von männlichen Patienten ist es fast immer so, dass der Allgemeinarzt sie mitten in der Kindheit aus den Augen verliert, wenn die kleinen Jungs mehr oder weniger herausbekommen haben, wie sie gesund bleiben; der Arzt trifft sie erst einige Jahrzehnte später wieder. Dann schließlich das Unvermeidbare: Wenn der Körper seine eigene Endlichkeit erkennt, werden weibliche wie männliche Patienten wieder mit dem Sprechzimmer des Arztes vertraut und verlassen sich während des Herbsts ihres Lebens mehr und mehr auf die Eingriffe und die Beruhigung, die sie hier finden. Natürlich gibt es in jedem Stadium vielfach Ausnahmen, Krankheiten mit einer *wild card*, zur Unzeit auftretende Erschütterungen von Körper und Seele, und auch für diese ist die Ärztin zuständig. Und doch sind, wie alle Menschen, auch zwei Patienten nie gleich. Achte darauf, vor allem und immer, und du wirst zu einer besseren Medizinerin. Dessen ist sie sich sicher.

Denn hinter jeder Begegnung, an jedem Tag ihres Arbeitslebens, steht nicht nur eine Krankenakte mit ihrer Historie, sondern auch eine persönliche Geschichte, der gewundene Korridor aus Erfahrungen und Emotionen, das ganze Leben eines Patienten. In jeder beliebigen Konsultation wird nur ein Fragment, ein Funken dieser Geschichte sichtbar. Es ist ein Glück, in einer Gemeinschaft wie dieser über lange Zeit hinweg Familiendoktor zu sein, und ein Geschenk, dass sie Zeit und Gelegenheit hat, diese Bruchstücke über Generationen und Jahre hinweg zusammenzufügen. Man hatte ihr beigebracht, und sie versucht sich daran zu erinnern, wie man mit den Leuten spricht, ihren Geschichten zuhört, und jedes Mal so, als ob es sich um eine medizinische Untersuchung handelte. An den Tagen, wo sich der administrative Papierkram türmt, lassen sie diese Geschichten durchhalten. Sie sind das Rohmaterial der Beziehung zu jedem einzelnen Patienten und Quelle endloser Komplexität und Faszination. Das ist der Grund, warum die Ärztin ein dickes gebundenes Tagebuch führt, in dem sie eine oder zwei Zeilen über den interessantesten Fall des Tages notiert, der Fall, der sie über die Menschen staunen lässt, sich wundern oder auch verzweifeln. Sie sagt manchmal zu anderen Bücherwürmern (und wer sie kennt, in dem klingt diese Analogie nach), ihr Beruf sei so, als müsse sie ihren Weg durch eine wunderbare Bibliothek finden, in der jedes Regal voll außergewöhnlicher Geschichten steckt. Reduziert man einen Patienten auf sein Gebrechen, auf eine Brust voller Tumore, auf eine unzuverlässige Herzklappe oder eine träge Bauchspeicheldrüse, ist es nicht anders, als sähe man in einem Buch bloß Tinte und Papier.

Daneben weiß sie, dass dieser Korridor aus Erfahrungen und Emotionen, der die Geschichte eines Patienten ausmacht, hier nicht zu Ende ist. Er erstreckt sich auch in die andere Richtung dunkel in die Zukunft, und auch dafür besitzt sie einen Grad an Verantwortung.

ALS DIE DOKTORIN EINTRIFFT, um die Medikation zu überprüfen, ist die Bezirksschwester gerade dabei, zusammen zu packen. Und so wartet sie im Flur unter dem gerahmten, vergilbten Schulfoto eines jungen Mannes, der sein ganzes Leben noch vor sich hat. Das Jahr, in dem es aufgenommen wurde, steht in Gold geprägt auf dem braunen Passepartout. Die Frau des Patienten tritt aus der Küche mit einer Tasse Tee, deren Dampf in die Sonnenstrahlen steigt, die durch das in Blei gefasste Glas oben in der Haustür dringen.

»Verzeihen Sie, Frau Doktor, der Kessel pfiff gerade. Sie, die Schwester, ist noch drin. Dauert nicht mehr lange, glaub ich. Tasse Tee?«

Die Ärztin lehnt ab. Sie verwechselt nie Hausbesuche mit Teetrinken, aber sie ist froh, zu reden, und fragt nach dem Patienten, wie es geht.

»Er ist okay.« Die Frau schweigt, denn sie weiß, dass es nicht ganz stimmt. »Ja, aber er ist ganz okay. Die Nächte sind schwer, aber so ist es nun mal.«

Die Ärztin erkennt in den Augen der Frau die Müdigkeit. Sie fragt, wie sie damit zurechtkommt.

»Oh, mir geht's nicht allzu schlecht. Ich komme klar. Sie kennen uns ja. Wir finden schon einen Weg, den andern zum Lachen zu bringen. Haben wir immer. Sogar noch Tom.« Sie weist mit dem Kopf auf das Foto an der Wand, und es gibt ein kleines Stocken. »Wir sind doch seit zweiundvierzig Jahren verheiratet, wissen Sie, und … und das hilft.«

In dem Augenblick fliegt die Wohnzimmertür auf und die Bezirksschwester kommt hektisch heraus.

»Tut mir leid, dass ich Sie aufgehalten habe, Frau Doktor. Einer von uns muss morgen am späten Vormittag wieder nach ihm sehen.« Sie wendet sich an die Ehefrau. »SO, ER IST VOLLSTÄNDIG VERSORGT, MEINE LIEBE.« Sie spricht jedes Wort *fortissimo* aus. »HABEN SIE VERSTANDEN? ER IST VOLLSTÄNDIG VERSORGT, MACHEN SIE SICH KEINE SORGEN, SIE MACHEN DAS GROSSARTIG. WIR SCHAUEN MORGEN WIEDER VORBEI, DANN SEHEN WIR UNS, UND FALLS ES IRGENDEIN PROBLEM GIBT, HABEN SIE MEINE NUMMER, ALRIGHTY?«

»Vielen Dank, ich habe die Nummer in der Küche«, sagt die Frau des sterbenden Mannes, ein gespenstiges Lächeln in ihren Augen.

In der Sekunde, als sich die Haustür hinter der Bezirksschwester schließt, ist aus dem Wohnzimmer ein abgehacktes heiseres Lachen von dem vor den offenen Kamin geschobenen Krankenbett zu hören.

»Als sie letzte Woche begonnen hatte, die neue Schwester, hat er, der freche Mistkerl da« – die Frau weist mit dem Kopf auf die dünne, aschene Gestalt im Bett nebenan –, »gedacht, es wäre lustig, ihr zu erzählen, seine Frau sei sehr taub und ein wenig langsam in der Birne. Ich habe noch nicht den Mut gefunden, es ihr zu erklären. Egal, gehen Sie hinein. Er wartet schon auf Sie.«

Der Witz wirkt. Die Schrecksekunde aus persönlicher Angst, die die Ärztin regelmäßig beim Tritt über die Schwelle zu einem Sterbenden befällt, löst sich auf. Sie tritt ein, lebhaft und strahlend.

*

IM NOVEMBER WERFEN DIE LÄRCHEN auf dem Hügel des Aussichtspunkts ihre bernsteinfarbenen Nadeln ab, die dann wie Schneeflocken die Luft füllen und sich, wenn die Ärztin zur Nachmittagspraxis auf der anderen Flussseite hinüberradelt, auf ihre Handschuhe und ihre Jackenärmel legen. Der Weg durch das Waldstück beginnt nicht weit von der einen Praxis, führt hoch hinauf und über eine Heide, bevor er steil zum Talboden abfällt. Dort spannt sich eine gusseiserne Brücke über den Fluss, wo einen erneut ein steiler Anstieg erwartet, der durch Eichen und uralte Kastanien hoch zum Dorf und zur zweiten Praxis darüber führt. Für die Strecke braucht die Ärztin siebenundzwanzig Minuten.

Immer wenn sie auf Medizinkongressen oder Fakultätstreffen von diesem Hin- und Herpendeln berichtet, bemerkt sie, dass es fast auf parodistische Art altmodisch klingt, vor allem für die Kollegen aus der Stadt. Und so weist sie immer darauf hin, dass sie eines der fortschrittlichsten E-Bikes besitzt – die Steigungen wären sonst nicht zu schaffen – und dass dies ein Beitrag ist, um ihre Praxis grüner zu machen und die Zahl an Autofahrten für Hausbesuche und zwischen den beiden Orten zu minimieren. Außerdem ist es einfacher, die Patienten von den Vorteilen der Bewegung für ihre geistige und körperliche Gesundheit zu überzeugen, wenn sie selbst nicht nur sitzt; das und die Tatsache, dass sie, ohne täglich eine Stunde draußen zu sein, sicherlich verrückt würde. Denn auf diesen Fahrten – und das ist etwas, das die Ärztin vorsorglich nicht allzu oft hervorkehrt – kann sie die Last ihres Berufes abschütteln, sie wird weggeblasen wie die Lärchennadeln, wenn sie auf dem Rad bergab fährt.

Die Ärztin hat sich entschieden, nicht auf der dunklen Seite ihrer Arbeit zu wohnen. Im Gegenteil, vor sich selbst, nicht nur vor anderen, stellt sie sich als die Glücklichste aller Frauen vor. Hier ist sie, im schönsten Tal der Welt, mit einem Beruf, den sie bewundert, einem, der der ganzen Gemeinschaft spürbar Gutes tut, sie geistig auf Trab hält und mehr einbringt als die zu begleichenden Rechnungen, und das alles nicht mehr als eine oder zwei Meilen zu Fuß oder auf dem Fahrrad von dem schönen Steinhaus entfernt, wo am Abend ihr Mann und zwei Kinder auf sie warten.

Trotzdem, es ist unmöglich und wäre gefährlich zu vergessen, was dieser Job mit einem anzustellen vermag. Der vorletzte Mediziner in dieser Praxis – ja, John Bergers »glücklicher Mann«, John Sassall – nahm sich 1982, wenige Wochen nach der Pensionierung, selbst das Leben. Die Gemeinschaft, der er fünfunddreißig Jahre lange gedient hatte, war durch seinen Tod traumatisiert. An manchen Tagen schwebt das als die dringlichste aller Warnungen im Kopf der Ärztin.

An solchen Tagen drängt sich das Dunkel herein. Sie erinnert sich zum Beispiel, dass sie noch nie einem Allgemeinmediziner begegnet ist, der einem nicht genau den Namen, das Alter und die Umstände eines jeden Suizids, mit dem er zu tun hatte, nennen konnte; sie kann es, ohne zu zögern. Oder sie erinnert sich an die Scham auf der Beerdigung eines jungen Krebspatienten, als sie sich, die Ärztin selbst, um Himmels willen, hinten in der Kirche in Tränen aufgelöst wiederfand. Sie muss sich das quälend schlafraubende Problem eingestehen, ob sie in einer gewalttätigen Ehe zwischen einem wohlhabenden Rechtsanwalt und seiner gesundheitlich ange-

griffenen Frau intervenieren sollte, die mit Kopfschmer-
zen in ihre Praxis kommt und schweigend weint. Oder
besser nicht? Mit Erschaudern denkt sie daran, wie sie
wegen eines kleinen Irrtums beim Beschriften einer Blut-
probe zwischen der Morgen- und der Abendsprechstunde
dreißig Meilen in die Stadt zum Laboratorium gefahren
ist, in der Angst, eine Patientin, die seit Jahren versucht,
ein Baby zu bekommen, würde eine Fehlgeburt erleiden.

Meistens, oder zumindest oft, bleiben diese Dinge un-
gesagt, und eine Stunde durch die schattigen Wälder zu
rasen ist Teil des Überlebenstrainings der Ärztin.

*

VOR EIN PAAR JAHREN musste sie, äußerst bewegt, über
die Erschütterungen nachdenken, die oft unergründlich
von dem Zusammenbruch eines Menschen wie dem von
John Sassall ausgehen.

Sie war in der Morgensprechstunde, als der Empfang
durchrief, dass ein älterer Mann an der Rezeption auf sie
warte. Die letzten fünfunddreißig Jahre hatte er am Dorfrand in einem buttergelb gestrichenen Cottage am Ende
des steilen Weges hinter dem alten Brunnen gelebt. Und
doch konnte sie sich nicht daran erinnern, dass er je, seit
sie hier Ärztin war, einen Termin bei ihr ausgemacht
hätte. Sie schaute in ihre Aufzeichnungen. Im Computer
nichts. Sie ging ins Archiv und blätterte durch die Papier-
akten, die der etwas verspäteten Ankunft des weißen Rau-
schens der neuen Technologie in der Landpraxis vorausgegangen waren. Mit Sicherheit hatte sein letzter Termin
1982 stattgefunden, mit Anfang vierzig.

Wie sie es sich angewöhnt hatte, ging sie den Flur hinunter, um den älteren Herrn im Wartezimmer abzuholen. Sie findet, dass dieses kurze Präludium ihr ein paar wertvolle Sekunden gibt, um den Gesamteindruck der Patienten besser einzuschätzen und ihre Stimmung auszuloten, ihre Miene und Hautfarbe, wie sie sich bewegen, wie sie atmen. Aber diesmal war der vorherrschende Eindruck von der Zurückhaltung des Patienten überdeckt, als sei er nicht im Geringsten davon überzeugt, ob dieser Besuch beim Arzt überhaupt klug sei.

Auf dem Stuhl im Sprechzimmer schienen sich seine Zweifel nicht zu zerstreuen. Sie versuchte, das Eis zu brechen, und sagte, wie schön es sei, ihn einmal richtig kennenzulernen, und erwähnte, dass dreiunddreißig Jahre vergangen seien seit seinem letzten Termin.

»Nun, ja«, sagte er, »der letzte Doktor, bei dem ich war, war Dr. Sassall, und das muss man sich vorstellen, kurz darauf hat er sich erschossen, deshalb ...«

Der alte Mann brachte den Satz nicht zu Ende. Es folgte eine fahle Stille; dann begann die Konsultation.

ÜBER DEM DORF, durch das Dr. Sassall 1967 im Film fährt, steht auf dem Hügelkamm ein schönes viktorianisches Landhaus, das zu einem Pflegeheim umfunktioniert wurde. Es schaut auf einen Teil des Flusses, der mehr als eine halbe Meile kerzengerade verläuft, und auf eine Wand aus dunklem, üppigem Wald am gegenüberliegenden Ufer. In der Nähe befindet sich eine Reihe von Wasserfällen, die durch eine steile Schlucht von der Höhe des Tals bis zu seinem Grund stürzen. In den Wintermonaten ist ihr Donnern bis zur Treppe des Pflegeheims zu hören. Das Dorf selbst purzelt die steilen Hänge hinunter. Es wirkt fast alpin; wenn man es von den Feldern stromauf sieht, scheint jedes Haus, um es vom Herabstürzen zu bewahren, sorgfältig eins über das andere in den Waldboden gedrückt. Tatsächlich sagen diejenigen, die in den sich oben festkrallenden Hütten wohnen, von ihren Nachbarn, sie lebten »treppab«. Und in der Tat, der Hang ist von einem Zickzack alter Steintreppen überzogen. Vor zweihundert Jahren hatte man Stufen über die alten Eselspfade gelegt, damals war das Dorf ein wichtiger Umschlagplatz für den Handel auf dem Fluss gewesen. Das großzügige Gebäude, das jetzt das Pflegeheim oben auf dem Hügel beherbergt, wurde von einer vermögenden Reederfamilie errichtet, die Lastkähne von großen, an die Boote angeseilten, sich ins Geschirr stemmenden Mannschaften den Fluss hochziehen ließ.

Wenn sich die Ärztin auf dem Rad den schmalen Pfad hinten im Dorf emporquält, blitzt manchmal in ihren Gedanken die Mühsal dieser Männer auf. Von den heutigen Zustellern und Auslieferern immer noch verabscheut, ist der Weg beklemmend eng und steil, aber jeden

Montag erwarten sie im Pflegeheim auf dem Gipfel fünfzig oder mehr von ihren kompliziertesten Patienten. Die enorme Fülle an Biographien, die vielen Lebensrätsel, die es hinter diesen Mauern zu lösen gilt – sie hat den Ort lieben gelernt, seine gewundenen Flure voller Überraschungen.

Bevor sie die Steigung angeht, legt die Ärztin oft einen Zwischenstopp im Dorfladen am Fuß des Hügels ein, um sich etwas Schmalzgebäck (jeden Donnerstag frisch) oder etwas aus einem der großen Gläser hinter der Theke zu kaufen. Die Ärztin mag Süßes. Es wird ein guter Tag, wenn sie weiß, sie hat noch eine halbvolle Papiertüte Zitronendrops in ihrer Arzttasche. Manchmal sagt sie, ihr Plan fürs Alter wäre, sich allein von Süßigkeiten und Hörbüchern zu ernähren. Nicht dass das bald eintreten würde. Selbst in der Mitte des Lebens verströmt sie die Energie einer nur halb so alten Frau. »Wie passt die nur hierhin?«, murmeln die Leute, wenn sie sehen, wie sie noch vor der Morgensprechstunde ein Kanu auf das Autodach schnallt oder mit einer Stirnlampe durch die Wälder joggt, während die anderen Menschen Abendbrot essen oder vor dem Zubettgehen den Müll hinaustragen. Vielleicht helfen die Süßigkeiten. Wie dem auch sei, die Achtung vor dem lebensbejahenden Effekt der Süßwaren mag ein Grund sein für die Nähe der Ärztin zu ihrer Patientin, die sie an diesem Morgen sieht.

Die alte Lady, weit in den Neunzigern, liegt wie ein Embryo im ihrem Bett, Kissen und Polster, die das Personal des Pflegeheims um sie aufgehäuft hat, umgeben sie wie eine Gebärmutter. Ihr Körperbau, sie wiegt nicht mehr als vierzig Kilo, ist wie der eines Vogels, und in dem Krankenhausbett, das sie seit gut einem Jahrzehnt nicht mehr verlassen hat, wirkt sie wie eine Zwergin. Es ist jetzt acht Jahre her, dass die Ärztin, die Oberschwester und die der Frau wirklich zugetane Familie befanden, die Physiotherapie sei einfach zu anstrengend für sie und erziele gar keine Fortschritte. Im gleichen Schritt wurde ihren Kindern, selbst schon Rentnern, mitgeteilt, dass sie auf das Palliativ-Pflegeregister gesetzt wurde, eine Patientenliste der Doktorin für jene, deren Ableben in den nächsten sechs Monaten nicht überraschen würde.

Es ist kein Zufall, dass es diesem Kriterium an Präzision mangelt. Die Versorgung von Patienten in ihren letzten Lebensmonaten war lange das tägliche Brot der Allgemeinmediziner gewesen. Wie dem auch sei, in den letzten Jahren stieg durchschnittlich der Grad an Gesundheit, es gab mehr und mehr Greise, und auch Menschen mit ernsten Gesundheitsproblemen lebten länger. Das 2006 aufgestellte Palliativ-Pflegeregister war Teil eines Versuchs, die Ärzte dazu zu ermutigen, die wachsende Zahl derer, die am Abgrund des Lebens wankten, in den Griff zu bekommen. Das Motiv war ehrenwert: Es ging darum, am Lebensende die beste medizinische Versorgung zu garantieren. Und doch wird einem jeder Allgemeinmediziner erklären, dass es notorisch schwer ist, die Grenze zu ziehen, an der aus Leben Sterben wird, und dass kein klarer Konsens darüber besteht, wie man diese Linie ziehen könne. Wird es ein Jahr dauern, sechs Monate, sechs Wochen, sechs Tage, sechs Stunden, sechs Minuten, sechs Sekunden? Natürlich ist das für einen rein materialistisch Denkenden ohne Bedeutung; jedenfalls bis der Tod kommt.

Die Ärztin hat sich an die Ungewissheit gewöhnt. Sie versteht den Nutzen des Vorgehens, aber sie hat im Lauf der Jahre gelernt, nicht zu versuchen, alles Verbogene unbedingt geradezubiegen. Bei bestimmten Krankheiten wie zum Beispiel Krebs ist es einfacher geworden, tödliche Verläufe vorherzusehen, aber es gibt andere, Herzversagen oder chronische Atemwegserkrankungen, bei denen das schwierig ist und man es erst im Nachhinein erkennt. An der Spitze dieser rätselhaften Pyramide findet man die zerbrechlichen alten Damen, die es sich angewöhnt haben, ihre Ärzte mit der Zähigkeit, mit der sie sich ans Leben klammern, zu überraschen.

Wie in diesem Fall: Seit acht Jahren verlässt die alte Dame ihr Pflegebett nicht mehr, sie regt sich nicht und reagiert nicht mehr, aber auf ihrem Nachttischchen häuft sich ein beachtlicher Berg aus Süßigkeiten: Rolos, Malteser, Gummibärchen. Die Ärztin hat keine Ahnung, wie sie an sie herankommt. Sie kann auf keinen Fall da hinaufreichen. Und doch sind neben ihrem Bett jede Woche andere angebrochene Packungen und Rollen aus zuckersüßer Himmlischkeit. Sie muss wohl, folgert die Ärztin, ihre Pfleger dazu bringen, sie ihr in den Mund zu stecken. In der Tat besagt die Berichtskarte am Fußende des Bettes, dass sie, trotz ihrer winzigen Gestalt, drei Mahlzeiten am Tag zu sich nimmt, und das anscheinend mit Appetit. Jeder stimmt zu, es ist ein Wunder, dass sie noch lebt.

Auf ihrer wöchentlichen Runde durch die Stationen, bitten die Kinder der alten Dame die Ärztin oft, dass sie die Brust ihrer Mutter abhorcht, die immer frei ist – nur nicht heute. Als sie das Stethoskop unter die weiche Baumwolle des Nachthemds steckt, hört sie das Geräusch, mit dem Wind gegen ein Mikrophon stößt. Um sicher zu sein, lauscht sie ein zweites Mal, hockt sich dann neben das Bett, bis ihr Gesicht auf gleicher Höhe ist wie das der Patientin und erklärt, dass es eine Brustinfektion zu sein scheint.

»Was?«, ruft die alte Dame, vollkommen wach. »Eine Brustinfektion? Verfluchtes Ding! Wie konnte das passieren?«

Ihre Lebhaftigkeit ist so spürbar wie überraschend.

»Schickt mich das auf die Reise?«, fragt sie. »Lieber Gott, was machen wir denn da nur, Frau Doktor?«

Eine Sekunde lang wechseln die diensthabende Schwester und die Ärztin erstaunte Blicke. Seit Jahren war die alte Dame nicht mehr so lebhaft, aber jetzt wirkt sie völlig elektrisiert von der Vorstellung, dass diese Infektion ihr schaden könnte. Die Ärztin erklärt ihr, dass eine Dosis Antibiotika der logische nächste Schritt wären.

Überall, unter dem weichem Flanell der Nachthemden und unter den karierten Pyjamas, oft an Orten, wo es am wenigsten zu erwarten ist, lodert in aller Stille dieser ungestüme Lebenswille. Die Ärztin weiß das. Es ist eine der großen Privilegien ihres Berufs, dass sie einen Blick dort hineinwerfen kann, so wie heute. Die Antibiotika schlagen an, die Infektion geht vorüber, und die alte Damen wird auch noch sechs Monate später ihre Süßigkeiten genießen.

DIE MENGE AN BLUT war erschreckend.

Die Frau hatte an dem Tag schon früher in der Praxis angerufen. Sie war in der dreiundzwanzigsten Woche schwanger und sorgte sich, weil sie einen oder zwei Tage lang kaum eine Bewegung des Babys gespürt hatte. Weder den gewohnten heftigen Tritt in die Rippen, erzählte sie der Frau am Empfang, noch einen dieser Schubser auf die Blase, die ihr Herz in den ersten paar Wochen haben jubeln lassen. Alle ihre vier früheren Schwangerschaften hatten mit Fehlgeburten geendet, zwei davon im letzten Drittel. Die Ärztin kannte die Frau gut und hatte sie nach den beiden letzten Abort-Fällen untersucht. Jedes Mal hatte sie schon einen Namen für das Baby und sich seine Zukunft ausgemalt; jeder Verlust war zerstörerisch, beladen mit einer Hypothek aus Schuld und einer tiefen Trauer, von der sie der Ärztin sagte, sie würde nie mehr vergehen. Beim letzten Mal hatte die Frau gesagt, wie sehr sie das Wort »Fehlgeburt« hasse, mit all den Untertönen von falsch und ungenügend. Sie würde das Wort nie mehr in den Mund nehmen, nur »Ich habe sie verloren«, »Ich habe ihn verloren« sagen, obwohl auch das sie dazu brachte, über ihren verantwortungslosen Körper in Tränen auszubrechen.

Als die Frau am Empfang ihren Anruf erwähnte, erinnerte sich die Ärztin an all das und schob die Frau in der Abendsprechstunde dazwischen mit der Hoffnung, einen Herzschlag des Babys zu finden und die Gedanken der Frau zu beruhigen. Sie hatten sich erst vor ein paar Wochen im Dorf getroffen, mit einem freudigen Wortschwall darüber, wie gut sich die Schwangerschaft entwickele, wie sie noch nie so weit gekommen war, wie glücklich, hoffnungsvoll und ängstlich sie sich fühlte.

Nun lehnte sie sich auf der Untersuchungsliege zurück und zog das übergroße Minnie-Mouse-T-Shirt von der blassen Kuppel ihres Unterleibs.

»Gestern spürte ich etwas von einem Flattern«, sagte sie, »aber jetzt gar nichts.« Sie legte instinktiv beide Handflächen wie Wünschelruten an die Seiten ihrer Kugel.

Während die Doktorin den Fetalen Doppler aus der Schublade zog, versuchte sie die Patientin mit Small Talk zu beruhigen, aber plötzlich hörte sie, wie die Frau den Atem anhielt.

»Oh, nein, ich glaube, ich blute.«

Die Ärztin drehte sich um und sah, wie sich unter den Hüften eine Pfütze aus hellrotem Blut bildete, die Leggings und das weiße Papier auf der Liege durchtränkte und schon zu Boden tropfte.

»Oh, mein Gott«, flüsterte die Frau.

Ein Adrenalinschub, und die Ärztin verhielt sich wie immer, wenn sie sich fürchtete. Sie wurde langsamer, achtete auf ihre Bewegungen und darauf, dass ihre Stimme ruhig klang, es war, als ob sie unter Wasser agiere. Sie holte von dem Regal im Flur eine Inkontinenzunterlage, schob sie unter die Hüften der Frau und wählte vom Schreibtisch aus den Notruf.

Eine vorgeburtliche Blutung von einem solchen Ausmaß ist möglicherweise ein Zeichen, dass sich die Plazenta, die von einer Unzahl Adern ernährt wird, von der Uteruswand gelöst hat. Eine sogenannte Plazentaablösung gefährdet das Leben des Babys und, bei solch schwerer Blutung, auch das der Mutter.

Die Ärztin nahm den Blutdruck der Frau und erklärte, dass sie ihr Flüssigkeit verabreiche. Nur eine kleine Dosis, um sie stabil zu halten. *Kanüle hinein. Lösung dosiert. Gott, das Blut.* In einem verborgenen Winkel ihres Innern kreisten vier Gedanken umeinander wie ein Mobile über einer Kinderwiege. *Wird das Baby sterben? Ist es schon tot? Verblutet die Frau direkt hier? Stirbt sie, weil ich einen Fehler gemacht habe?*

Ein zerrissenes Heulen kommt von der Liege. »Ich habe alles versucht, wollte alles richtig machen«, sagte die Frau. »Ich war so vorsichtig. Ich versuche mir nur vorzustellen, was ich vielleicht …«

Die Ärztin erklärte, dass die Infusion etwas von dem Blutverlust ersetze, sie solle sich nicht sorgen. »Wissen Sie, schon ein wenig Blut sieht immer nach so viel aus.«

»Ich bin in den Zumba-Kurs gegangen. Meinen Sie, dass …«

Immer die Ruhe bewahren. »Denken Sie daran«, sagt die Ärztin, »wenn man eine kleine Packung Milch in der Küche verschüttet, und sei es nur ein halber Liter, schaut es aus wie drei volle Packungen, und Sie haben noch viele halbe Liter in sich.«

»Ja, aber das ist doch nicht wie bei einer Monatsblutung. Es ist ein Wasserhahn.«

Die Frau hat recht, aber die Ärztin will es sich nicht eingestehen, sondern murmelt weiter beruhigend auf sie ein. Die Doktorin ist immer bemüht, gegenüber ihren Patienten so ehrlich wie möglich zu sein. Mehrmals pro Woche verspricht sie: »Ich werde immer offen zu Ihnen sein.« Im Lauf der Jahre hat sie gelernt, dass es bei Krebs und anderen tödlichen Botschaften das Beste ist, die Wahrheit zu sagen; sprich das schreckliche Wort aus, versetz dem Tabu einen Stich, und du und der Patient könnt gemeinsam anfangen, den nächsten Schritt zu planen. Aber wenn sie zu der jungen Frau im Minnie-Mouse-T-Shirt sagen würde, »Ich bin davon überzeugt, dass das Baby bereits tot ist und dein Leben in Gefahr«, wäre das in keiner Weise hilfreich. Es ist medizinisch notwendig, dass die Frau sich nicht aufregt, die Ehrlichkeit muss warten.

»Der Krankenwagen ist unterwegs«, sagt die Ärztin, und versucht unbeschwert zu klingen. »Mag noch etwas dauern, aber wir müssen nicht mehr allzu lange warten.«

»Aber die Straßen«, sagt die Frau, »die letzten sechs oder sieben Meilen sind doch halbe Feldwege, oder?« In dem Zimmer wird ihre Angst zu einem festen Gegenstand.

»Nehmen wir noch eine von denen«, sagt die Ärztin mit Wärme in der Stimme, und ersetzt die blutgetränkte Einlage gegen eine frische. Sie hat das in den letzten zwanzig Minuten drei oder vier Mal gemacht, ohne allzu viel Aufmerksamkeit darauf zu lenken.

»Mein Baby, mein Baby,« murmelt die Frau, Tränen rinnen ihr in die Haare. »Können Sie einen Herzschlag hören?«

Die Ärztin hat diese Frage befürchtet. Sie spielt auf Zeit und erklärt, dass ein Herzschlag nicht notwendigerweise etwas verändere. Der Krankenwagen sei jede Minute hier. Wenn wir das Herz des Babys schlagen hörten, wäre es wunderbar, aber das heißt nicht unbedingt, dass alles mit ihm in Ordnung ist, nicht bei so einer Blutung. Aber in Wahrheit kann sich die Ärztin nicht vorstellen, einen Herzschlag zu vernehmen. Sie denkt, alles, was sie hören wird, ist Stille.

»Bitte«, sagt die Frau.

Aber wenn wir nichts finden, setzt die Ärztin fort, regen wir uns nur beide auf, und alles wird für Sie nur schlimmer.

»Ich muss es einfach wissen«, sagt die Frau.

Alles im Gespräch dreht sich nur noch darum.

»Bitte, bitte, bitte, ich muss es wissen.«

Ohne eine weitere Ausflucht nimmt die Ärztin den Doppler, trägt etwas Gel auf den festen Bauch der Frau auf, und zusammen suchten sie nach dem »shch-shch-shch-shch« des kleinen Herzens.

»Mein Gott«, sagte die Ärztin, »Sie hatten recht. Sie wussten es. Da, hier ist es.«

»Shch-shch-shch-shch…«

»Das ist das schönste Geräusch der ganzen Welt«, sagt die Ärztin. »Lassen Sie uns das im Sinn behalten und hoffen, so fest wie wir können.« Und einen Moment lang sind da weder Ärztin noch Patientin, sondern zwei Frauen, erschrocken und voller Hoffnung.

Der Krankenwagen kommt, und als die Frau auf der Bahre hinausgetragen wird, ruft die Ärztin, dass sie Dave Bescheid sagt, ja, sie habe seine Nummer. »Ich denke an Sie«, sagt die Ärztin.

Durch eine barmherzige Wendung der Natur geht alles gut, und als die Ärztin sie drei Monate später besucht, ist ihr Haus vollgepackt mit pinken Ballons und Schriftbändern. Ein knappes Jahrzehnt später sind die nun fast 40-jährige Frau und ihre Tochter immer noch ihre Patientinnen. Doch sie bringt diesen Tag nie zur Sprache. Die Doktorin bezweifelt, ob die Frau viel darüber nachgrübelt, aber kann das Mädchen nicht ansehen, ohne bei dem Gedanken einen Kloß im Hals zu haben, wie schmal der Grat zwischen Freude und Verzweiflung ist.

ALS DIE SONNE IM TAL SINKT und die Schatten sich wie aus dem Wasser des Flusses selbst erheben, gehen die Menschen, die hier leben, ihren Dingen nach. Ein älterer Mann hockt auf der Gartentreppe und putzt mit einer kleinen Zahnbürste das grinsende Gebiss seines Hundes. Ein Teenager trainiert mit freiem Oberkörper zu plärrendem L.A.-Hip-Hop Kickflips auf seinem Skateboard. Eine Frau im Büro-Outfit wuchtet Einkaufstaschen aus dem Kofferraum ihres Autos auf die bemoosten Platten an der Hintertür. Ein Pärchen geht Hand in Hand, bleibt auf einer verrosteten Fußgängerbrücke stehen und küsst sich. Am Geschirrwaschbecken lässt ein Mann im Anstreicher-Overall seine Pinsel in Terpentin kreisen, er schaut auf den dunkel werdenden Wald und summt Takte einer Melodie. Ein Baby, warm in eine Wolldecke eingepackt, schläft ein, draußen vor dem Fenster das Gurren der Ringeltauben. Und bei der Praxis lässt die Ärztin ihr Fahrrad die Hintertreppe hinunterhoppeln, sie löscht drinnen das Licht und beginnt ihren schönen Nachhauseweg.

II

ES WAR NICHT GRÖSSER als ihr Handteller, ein vollkommenes geschmeidiges Oval, wie ein Flusskiesel im frühen Abendlicht.

Nach der Schule trat sie auf der Koppel, wo die Fohlen standen, in die Löcher und Rinnen losgetretener Grasnarben. Es war eine angenehm meditative Art, den Tag zu beenden; sie steckte ihre in festen Stoffschuhen steckenden Zehen unter jede der Schollen, die die Hufe der Stuten umgedreht hatten, wendete sie und presste die Erde wieder in das weiche, beruhigende Grün. Vor ein paar Monaten war sie erst mit ihren Eltern von den Ginsterhügeln weiter im Westen zwischen diese sattgrünen Koppeln gezogen. Hier begannen sie mit dem vorerst letzten ihrer Landbetriebe, der Rennpferdezucht. Ein neues Heim bedeutete eine neue Schule, in ihrer Wanderjugend die achte; sie hatte ihr einsames erstes Jahr in der Oberstufe der nahgelegenen Schule fast hinter sich. Doch es war etwas in ihr, ein Amalgam von angeborenem Optimismus und einer bewussten Aufmerksamkeit für die Gegenwart, was dazu führte, dass selbst in schwierigen Zeiten Augenblicke von euphorischer Einsicht möglich waren. Sie war schon immer so, und ist es noch heute.

Und da war es, in eine der Narben ins üppig grüne

Feld gedrückt: ein Häschen, reglos, still, die Augen weit, die langen Ohren an den Rücken gelegt, fast, als wäre es in Stein gemeißelt.

Sie machte einen Schritt auf es zu, dachte, es sei eine losgetretene Scholle. Doch dann merkte sie, es war kein Erdklumpen, sondern ein winziges neues Leben, sie kämpfte kurz mit dem Wunsch, es aufzuheben und nach Hause zu tragen.

Im Lauf der Jahre hatte es eine ganze Reihe von armen Kreaturen gegeben, die bei ihr Zuflucht gefunden hatten. Die beliebteste war Noddy gewesen, die Streichelgans, die sie in ihrem Schlafzimmer aus einem verlassenen Ei ausgebrütet hatte. Noddy wuchs zu einem prächtigen Tier heran, das im Schoß des kleinen Mädchens saß und seinen Ruf erschallen ließ, bis sie von einem herzlosen Ganoven kurz vor Weihnachten gestohlen wurde. Aber an diesem Abend im Feld dachte sie an keine heroische Rettungsaktion, sondern zog sich zurück, um das Häschen aus der Distanz zu beobachten. Sicherlich hoppelte die Häsin bald in Sicht. Mit langen Gliedern und Ohren, würde sie sich ein paar Minuten lang um ihr Baby kümmern, bevor sie wieder lossprang, in einer Hecke verschwand und die Teenagerin in einem Zustand seliger Ruhe zurückließ.

Die Gewissheit, dass die Natur einem solche Momente der Stille und des Trostes schenken kann, hatte sie nie verlassen. Mehr als drei Jahrzehnte später kann sie sich immer noch bis ins kleinste Detail an das Häschen und seine Mutter erinnern. Die Begegnung fühlte sich bedeutend an, ein Funken Staunen über die lebendige Welt, der sich im Lauf der Jahre immer wieder erneuert hat. Solche magischen Augenblicke, ein Sternbild kleiner Epiphanien, markieren wie Nadeln ihre Lebenskarte – noch heute sind sie eine Quelle der Zufriedenheit und der Zuversicht.

Diese kleinen Inspirationsblitze, an denen das Leben eine andere Wendung zu nehmen scheint, geschehen oft in den späten Teenager-Jahren. Es ist fast so, als benötige die Natur ein Zusammenfließen von gesteigerten Emotionen, Impulsivität und Klarheit, um uns über den Rand der Kindheit in die Erwachsenenwelt zu stupsen. Für sie, die noch keine Doktorin werden wollte, war das nur einer von drei Momenten innerhalb von drei Monaten, in denen Kopf und Herz sich zu überschneiden schienen, Leidenschaft und Intelligenz ihre Kräfte vereinten. Ein weiterer kam, typisch für eine Teenagerin, mit der Entdeckung eines Songs, der sie mit seinem Flehen nach Verbundensein und Austausch im Innersten berührte. Noch heute hat sie Simon & Garfunkels *The Sound of Silence* im Kopfhörer, wenn sie auf dem Fahrrad durch das Tal unterwegs ist, oder lässt den Song in Momenten der Anspannung wie ein Mantra durch ihre Gedanken wehen. Obwohl das Lied etwas Ungetröstetes hat, beruhigt es sie. Aber wie auch immer, die entscheidende Offenbarung in jenen Monaten gegen Ende der Kindheit kam mit der Lektüre eines Buches.

VON IHREN ELTERN WAR NIEMAND zur Universität gegangen. Ihre Mutter, klug und rebellisch, war gerade sechzehn gewesen, als sie in einem abgelegenen Landstrich im
Reitstall ihren zukünftigen Mann kennenlernte. Die
Liebe auf den ersten Blick führte zum Schulschwänzen,
und die Grammar School schlug vor, sie sollte es doch
gleich lassen. Das kränkte die junge Frau so, dass sie viel
lernte und im Sommer die Schule mit neun Bestnoten
verließ. Im Jahr darauf wurde, sie war siebzehn, ein klei-

nes Mädchen geboren, wie es schien, genauso entschlossen und intelligent. Als Einzelkind wuchs sie als Leseratte auf, die sich in keine Schublade stecken lassen wollte – sie liebte es genauso, in Gummistiefeln Heuballen herumzuwuchten, wie sich in der Bibliothek in Bücher zu vertiefen.

Obwohl ihre Familie stolz war, aus der Arbeiterklasse zu stammen, hatte es in ihren ersten vierzehn Jahren immer Pferde in der Nähe gegeben, und das Kind hatte nie etwas anderes vor, als Jockey zu werden. Noch heute steht zu Hause in ihrem Arbeitszimmer, in dem sie bis spätabends Empfehlungsschreiben aufsetzt oder medizinische Aufsätze liest, ein Foto von ihr als Elfjährige, die auf dem Rücken eines rabenschwarzen Pferdes in das Wasser eines Sees stürzt, ihr Reiterhelm von der Mutter mit gelben Bändern bestickt. Bei den vielen Umzügen und Schulwechseln bot ihr die Liebe zu den Pferden so etwas wie Kontinuität. Mit ihrem Vater, einem leidenschaftlichen Spieler und ewigen Optimisten, der immer hoffte, dass morgen ein Glückstag sei, verbrachte sie Tage auf der Pferderennbahn. Das Geld kam und ging, einmal gab es mittags Steaks und am nächsten Tag eine Dose Bohnen. Doch es dauerte nie lange, und sie waren wieder auf der Pferdebahn, sie lief hinter ihrem Vater durch das Gewühl des Renntags und behielt, auf seine strenge Anordnung hin, die Taschen seiner gewachsten Jacke wachsam im Auge, damit nicht ein Leichtfinger unter den Glücksspielern ihn um die Handvoll Zwanziger brachte, die er durch irgendein ihm zugeneigtes Vollblut-Pferd gewonnen hatte. Von ihrem Vater, sagt sie, hat sie ihren Optimismus geerbt.

Sie war ein geschäftiges kleines Mädchen, das sich regelmäßig mit ihrer besten Freundin verkrachte, die ihr einfach zu langsam ging, obwohl sie schon deren Ranzen trug, um sie zu beschleunigen. Es gab einfach zu viel zu tun, um die Zeit zu vertrödeln. Vom Alter von ungefähr zehn Jahren an führte sie ein Tagebuch, in das sie die Ereignisse des Tages ordentlich und sauber notierte, Pläne ausheckte und die Zukunft entwarf. Und hier kam zum ersten Mal, um ihren vierzehnten Geburtstag herum, die halbgare Idee auf, Medizin zu studieren. Ihre Schulnoten waren mit Sicherheit gut genug, aber der Anstoß stammte zum Teil von einem dynamischen Medizinstudenten, ihrem Cousin, der sie in seinem Cabriolet, einem glotz-äugigen Sprite, besuchte und sie mit auf eine Spritztour nahm. Zur milden Überraschung ihrer Eltern, wechselte sie direkt zu den nächsten Ferien von Geisteswissenschaf-ten und Sprachen zu einer Reihe von Wissenschaften. Aus ihrem Spitznamen aus der Grundschule, »Mad-Horse«, wurde das nicht ganz freundlich gemeinte »Ja, jawohl Miss«. In der Oberstufe konzentrierte sie sich mehr in Richtung Medizinstudium – obwohl sie wusste, dass die Zulassungsprüfungen schwer waren und ein Praktikum mit Berufserfahrung von Vorteil war. Ordnungsgemäß beschattete sie in den Herbstferien der 10. Klasse den Hausarzt des nahegelegenen Marktfleckens. Und so kam es in ihrem achtzehnten Jahr zur dritten und allerwich-tigsten Offenbarung.

Der Doktor, bei dem sie die Woche lang hospitierte, war auf eine trockene, zynische Art sehr lustig, aber ebenso ein leidenschaftlicher Allgemeinarzt, der immer wieder hervorhob, dass das der einzige Zweig der Medizin sei, der sein Tun über Beziehungen definiert. Um zu verdeutlichen, was er meinte, empfahl er ein altes Buch über einen Landarzt aus den Sechzigern, das sie unbedingt lesen müsse. Er durchwühlte die Regale seiner Praxis, aber konnte es nicht finden, und so nahm sie an diesem Freitagnachmittag einen Zettel mit, auf den ein Titel und ein Name gekritzelt waren: *A Fortunate Man* von John Berger. In der Dorfbibliothek hatten sie es nicht, aber bestellten es per Fernleihe. Ein paar Wochen später kam es an, ein in Zellophan eingeschlagenes gebundenes Buch mit dicken vergilbten Seiten, die im Schnitt pelzig wurden und unverwechselbar nach Leihbücherei rochen. Das Buch war ein paar Jahre älter als sie, merkte sie, und fleißig abgegriffen, mit Ausleihstempeln aus zwei Jahrzehnten auf dem Vorsatzpapier.

Schon auf dem Weg nach Hause im Bus begann sie zu lesen; zusammengerollt auf ihrem Sitzsack unter dem Dachfenster ihres Zimmers, verschlang sie *A Fortunate Man* in zwei Tagen. Und als sie es durchhatte, blätterte sie zurück und begann von vorn.

*

SIE HATTE KEINE VORSTELLUNG, wo das Buch spielte – das schien ihr unwichtig –, doch dass sie über diesem Bericht brütete und über die Frage, was es bedeutete, Arzt zu sein, besiegelte etwas in ihren jungen Gedanken. Bei der ersten Lektüre hatte sie die Dramatik gepackt, vor allem die der Szene, die das Buch eröffnet und in der wir den Arzt gleich im Krisenmodus kennenlernen, der einem von einem umgestürzten Baum getroffenen Mann beisteht. Es fühlte sich fast so an wie eine Erwachsenenversion von den Pony-Abenteuerbüchern ihrer Kindheit; aus dem mutigen Mädchen, das alles wieder gut macht, wurde ein standfester Arzt, der um das verstümmelte Bein des Waldarbeiters kämpft. Aber die zweite Lektüre stellte ihr das ganze Ausmaß, die Weite sowie die psychologische Komplexität der Arbeit eines Doktors vor Augen. Es lag etwas Betörendes in dieser Doppelrolle als klinischer Experte und als mitleidender Zeuge der Geschichten der Menschen, ihrer Kämpfe im Lauf der Zeit. Es war ein Buch über Beziehungen, und Beziehungen sind wichtig, wenn du ein Einzelkind bist, das siebenmal umgezogen ist. Hier war ein Blick zu erhaschen auf Stabilität, Beständigkeit und Verbundensein, wonach sie sich sehnte, doch ohne dabei, wie sie es verstand, Geschick, Intellekt und Ambition zu opfern.

In der Bücherei gab sie *A Fortunate Man* zurück und fuhr gleich in die nächste Stadt, um sich im Antiquariat ein eigenes Exemplar zu besorgen. Über dreißig Jahre später steht es immer noch im Regal hinter dem Schreibtisch ihres Sprechzimmers – neben einem Lehrbuch über den Umgang mit Krebssymptomen im fortgeschrittenen Stadium und dem *British National Formulary for Children*.

DER ARZT, MIT DEM JOHN BERGER die Rolle des »Dr. John Sassall« besetzte, starb 1982, sechs Jahre bevor seine zwei Landkreise entfernt lebende, siebzehnjährige, zukünftige Nachfolgerin zum ersten Mal von seiner Biographie erfuhr. Ohne dass sie damals etwas davon ahnte, erfreute sich die Figur Sassalls in der medizinischen Literatur einer quasi mythischen Wertschätzung und wurde weitgehend als der Goldstandard für das angesehen, was die Beziehung von Patient und Doktor alles umfassen konnte. *A Fortunate Man* betrachtete man als den definitiven Bericht über die idealen Grundlagen einer Hausarztpraxis, und zum Teil tut man das noch heute. Es war nicht selten, dass Doktoren das Buch zur Pflichtlektüre für angehende Ärzte erklärten – oder für eifrige Oberstufenschülerinnen mit dem Ehrgeiz, Medizin zu studieren. Doch lange vor seinem tragischen Postskriptum war *A Fortunate Man* schon zu einem melancholischen Buch geworden, vielleicht weil es nicht die Augen vor dem verschloss, was ein Arzt in Wirklichkeit zur Verbesserung der Situation eines Menschen beitragen kann und was nicht, vielleicht auch, weil es etwas von der Verzweiflung in sich aufgenommen hat, die von Zeit zu Zeit seinen Protagonisten verschlang. Von dem Moment an, da Bergers Tinte trocknete und Mohrs Fotografien in der Dunkelkammer in den Entwicklerwannen der Sichtbarkeit entgegenschwammen, war das Buch von Verlust gezeichnet. Im Lauf der Modernisierungen des Gesundheitswesens wurde aus dem sich aufopfernden, komplexen, unermüdlichen Dr. Sassall die Leitfigur einer bestimmten Nostalgie, einer Sehnsucht nach der Zeit, als noch langjährige Patientenbeziehungen das Herz einer Allgemeinpraxis bildeten;

sein Name stand für den hohen Wert einer lang anhaltenden Kontinuität in der ärztlichen Versorgung.

Es ist merkwürdig, dass dieser unsterbliche Ruhm im Bereich der medizinischen Literatur und die stille Verehrung, die Sassall in Großbritannien, aber auch im Ausland gezollt wird, heute keinen großen Widerhall in dem Tal finden, in dem er lebte und arbeitete. Die Geschichten, die es über ihn gibt, scheinen alle hier erdiger zu sein, in ihren Widersprüchen knotiger – wenn man sich überhaupt an ihn erinnert.

Als ich zum ersten Mal mit der einstigen Praxis Dr Sassalls Kontakt aufnahm, hatte mit der auffälligen Ausnahme der leitenden Ärztin selbst niemand von dem Buch gehört: nicht die in Teilzeit angestellte Ärztin, niemand im Backoffice oder in dem kleinen Team aus Krankenschwestern und Pflegeassistenten. Eine der Apothekerinnen, die die Praxis mit Arznei versorgt, sie war nun in ihren Vierzigern, hat ihr ganzes Leben hier verbracht und erinnert sich mit Sicherheit, wie sie mit ihrem Bruder, damals fünf oder sechs, vor dem schmalen Gebäude, in dem Sassalls Praxis untergebracht war, Schlange stand. Sie erinnert sich an den Doktor, der sie streng anschaute, die Drüsen unter ihrem Kiefer abtastete, bis es weh tat – *»Tut das weh? Nein? Ist alles in Ordnung. Du bist gesund.«* – und die beiden Kinder wieder auf den feuchten, grünen Weg losschickte; aber von dem Buch hatte sie noch nie gehört. Die meisten Menschen hier wissen, dass eines der Spice Girls in einem Haus auf dem Ufer gegenüber gelebt hat, dass in den nahgelegenen Wäldern ein paar Fernsehmoderatoren in netten alten Farmhäusern residieren, aber vom *Fortunate Man* sind nur Erinnerungsscherben übrig.

Die Welt dreht sich weiter, die Werte ändern sich, und selbst die aufopferungsvollsten Diener der Gemeinschaft sinken aus deren Gedächtnis – wie alte, im Wald vergessene, von Moos und Efeu überwucherte Mühlsteine.

Es gibt aber doch eine Handvoll, die »Dr. John«, wie sie ihn nannten, kannten und froh sind, ihre Erinnerungen weitergeben zu können. Als ich Anfang 2021 mit seinem noch lebenden Sohn sprach, befand sich dieser im Spätstadium einer tödlichen Krebserkrankung. Er sprach davon, wie stolz er auf »den alten Mann« war, obwohl ihre Beziehung offensichtlich schwierig gewesen war. »Ich wollte, ich könnte wieder mit ihm reden«, sagte er. »Ganz ehrlich, er verfolgt mich bis in den Tod, nicht nur wegen des Respekts, den ihm die Gemeinschaft entgegenbrachte, sondern auch wegen des Buchs.«

Sein Vater war hier im Dorf im brutal kalten Januar 1947 im Tiefschnee angekommen, achtzehn Monate bevor der NHS gegründet wurde. Gerade von einem Einsatz als Marinearzt heimgekehrt, wurde dies seine erste wie auch letzte Praxis, und sein Sohn erzählte, wie er im Herbst des folgenden Jahres persönlich einen Brief an jeden seiner Patienten schrieb, in dem er höflich erklärte: »Sie sind nun Teil des National Health Service, deshalb müssen Sie mir nichts mehr zahlen, vielen herzlichen Dank.« Er erzählte, wie »absolut, total wichtig« es für die Identität seines Vaters war, für die Gemeinschaft hier der Arzt gewesen zu sein, und wie er in den fünfunddreißig Jahren seines Wirkens die Praxis ganz nach seiner einzelgängerischen Persönlichkeit geformt hatte. »Das könnte man heutzutage nicht mehr so machen, aber er gestaltete sein Leben als Arzt ganz, wie es ihm gefiel.« Obwohl

Hausbesuche damals zum Standard eines Allgemeinmediziners gehörten, sah Dr. John die Patienten lieber in dem einen Raum seiner Praxis, wo er alle Instrumente und Arzneien zur Hand hatte. Er besorgte sich einen gebrauchten VW-Camper, den er losschickte, um überall im Tal die Patienten einzusammeln und sie hoch in das kleine Sprechzimmer zu bringen, das mit verblassten Wohnmöbeln bestückt war. »Er richtete eine Direktverbindung zwischen der Praxis und unserem Haus ein«, fuhr sein Sohn fort, »und den Leuten wurde gesagt: ›Wenn Sie hereinkommen, lassen Sie es vom Wartezimmer aus klingeln, und ich bin in fünf Minuten bei Ihnen.‹ Das war damals alles an Technik, sein Land Rover, der VW-Bus und ein Telefon.«

In den ersten Jahren des National Health Service verstanden dankbare Patienten oft nicht richtig, welch einen Segen die frei Haus gelieferte Gesundheitsvorsorge darstellte. Einer von ihnen, der Besitzer eines nahgelegenen Sägewerks, legte als Zeichen seiner Dankbarkeit im Haus des Doktors neues Ahorn-Parkett; ein anderer, Dr. John hatte seine sterbende Frau begleitet, kaufte der Praxis ein EKG-Gerät, eines der ersten, das in Großbritannien in einer Landpraxis zum Einsatz kam. »An dem EKG-Gerät war ich das Versuchskaninchen«, sagte der Sohn.

Bergers Buch mag für Dr. Johns Sohn eine Heimsuchung bedeutet haben, aber für die meisten Menschen, die hier heute leben, hat es eine verschwindend geringe Bedeutung. Mit mildem Amüsement betrachtet man die gelegentlichen Exkursionen von Medizinstudenten, die die Gegend nach Denkmälern des *Fortunate Man* absuchen. Manchmal hört man in alteingesessenen

Familien ein Murren darüber, dass die Bevölkerung hier im Buch als »kulturell benachteiligte« Waldbewohner dargestellt würden: »Die im Dorf sind etwas unglücklich darüber, denn ich denke, Berger hat das mit der Unterklasse etwas übertrieben.« Es gibt auch eine Handvoll Einwohner, die auf den Fotografien ihre Verwandten herausstellen: »Auf einem Foto sieht man meine Schwester und ihren Freund beim Tanzen« oder »Der greise Kerl da ist mein Großvater«. Es gibt eine 99-jährige Dame, die heute nicht mehr aus dem Haus kann; bei Jean Mohr tritt sie als junge, schlanke Frau auf und wurde auf Sassalls Untersuchungscouch fotografiert, den Rock über ihre bleichen Knie geschoben. »Da gab es eine Menge *Ahs* und *Ohs*«, sagt ihr Schwiegersohn. »Die Großmutter meiner Frau ist fast durchgedreht, in so einem Buch vorzukommen, aber ich glaube, jetzt ist sie riesig froh, drin zu sein.«

Die bleibenden Erinnerungen beziehen sich allerdings weniger auf das Buch von 1967, als auf den Doktor selbst, der hier für seine Patienten von den späten Vierzigern bis zu den frühen Achtzigern da gewesen ist. Und diese Erinnerungen drehen sich immer wieder um einige wenige Schlüsselthemen: Dr. Johns frühe Vorliebe für dramatische medizinische Rettungstaten, dicht gefolgt von seinem späteren, alles verzehrenden Einsatz für seine Patienten, seine lebenslange Neigung zu derben Flüchen und gelegentlicher Extravaganz. Neben den anfänglichen Geschichten von Amputationen am Straßenrand und Blinddarmoperationen auf dem Küchentisch, kam mehr als ein Bericht von kranken Kindern, die am Weihnachtstag von einem schlimmen Fieber befreit werden mussten, mitternächtlichen Bitten, in die Praxis zu kommen, um einen lebensbedrohlichen Allergieanfall abzuwehren, Babys zur Welt zu bringen (anscheinend hasste er es, auch nur eine einzige Niederkunft der Hebamme zu überlassen), den Alten milde in ihren letzten Stunden beizustehen oder einen der Dörfler auf dem Weg anzuhalten, weil er nicht gesund aussah. Eine Nachbarin und gute Freundin erinnert sich daran, dass sie zu ihrem Sohn sagte: »Um Himmels willen, erzähl John nur nicht, dass du Kopfweh hast, sonst steht er schon in der Tür«, und mit Sicherheit hätte er das getan, er hätte das Kind weggetragen, um Elektroden an seiner Stirn zu applizieren.

Zu diesem überwältigenden Verantwortungsgefühl für die Gesundheit der gesamten Gemeinschaft kam eine verletzende Offenheit. Einige sprachen von Dr. Johns »Direktheit«, seiner Ungeduld mit Simulanten und seiner unumwundenen Vorliebe für Schimpfworte. »Seine Ausdrücke waren manchmal etwas arg farbig, denk ich«, sagte ein alter Mann, der völlig überzeugt war, dass es auf der ganzen weiten Welt keinen besseren Doktor gab, »aber so war der nun mal, wissen Sie, er rückte einem den Kopf zurecht.«

Der andere Strang liebevoller Reminiszenzen, die die vierzig Jahre seit Dr. Johns Ableben überdauert haben, bezieht sich auf die Augenblicke theatralischer Exzentrik. Zum Beispiel, wenn Dr. John die Hausbesuche in voller Reitermontur absolvierte, im Sattel auf dem Pony des Nachbarn, das sich im Gegenzug prompt an dem Salat des Patienten und seinen Erbsen gütlich tat und sie zertrampelte. Oder sein Entschluss, das Dorf von der Elsternplage zu befreien, wobei der Gärtner der Familie dazu rekrutiert wurde, Dr. John in seinem Land Rover herumzukutschieren, während er im Safarianzug seine Flinte aus dem offenen Fenster auf die Pest aus Rabenvögeln abfeuerte; die Nachbarskinder flitzten mit einem Sack für die toten Vögel hinterher. Der Eifer, mit dem er jeden Mann und Jungen mobilisierte, um mitzuhelfen, den zusammensinkenden Graben der kleinen Burg in der Dorfmitte zu säubern, trocken zu legen und neu zu bepflanzen, wurde in einem sonnengetränkten Super-8-Film verewigt. Von Dr. John selbst aufgenommen, ist der Streifen voller Männer in Schiebermützen, Sicheln und Rechen in der Hand. Von Zeit zu Zeit übernimmt seine Frau Betty die Kamera, und er tappt in einer wollenen Navy-Kappe ins Bild, eine Kippe im Mund, Hector, den Familienhund im Schlepptau, er hebt einen Stein hier, rückt dort eine Pumpe gerade. Er strahlt Entschlossenheit aus und etwas, das wie Glück aussieht. Später in seiner Laufbahn hatte Dr. John ein paar Monate in China verbracht und von den Barfuß-Doktoren im Hinterland die Grundzüge der Akupunktur gelernt; nach der Rückkehr sah man ihn im Dorf oft in Mao-Kluft und -Kappe, immer darauf aus, seine neue Kunst an jedem auszuprobieren, der ihn an sich heranließ. Eine enge Freundin der Familie erzählte mir, dass sie sich manchmal im Rückblick fragt, ob diese Anfälle chamäleonhafter Übertriebenheit, um nicht Ausdrücke seiner deftigen Sprache zu gebrauchen, so etwas wie ein Sicherheitsventil für die intensive Verantwortung bildeten, die er für jeden Mann, Frau und Kind auf seiner Patientenliste empfand und die er oft so gut wie seine eigene Westentasche kannte.

Sein Sohn drückte es so aus: »Mein Vater war ein Mann

mit vielen Masken, und nicht, um sich zu verkleiden. Da gab es seinen medizinischen Mund-Nasenschutz, um mit den Patienten und dem medizinischen Personal zu verkehren, seine Dorfvogt-Maske, die es ihm ermöglichte, sich genauso unbefangen unter die Oberschicht, wie unter die Farmer und Arbeiter zu mischen, seine urbane Intellektuellen-Maske, denn er konnte mit Leuten wie Berger über Freud oder Conrad diskutieren. Und schließlich war da seine Familienmaske, um mit uns drei Kindern zu reden. Hinter die Maske konnten wir nie schauen, was vielleicht ganz gut war, denn ich glaube, der Mann dahinter hätte uns das Fürchten gelehrt. Betty, unsere Mutter, war die Einzige, die hinter die Masken blickte oder erkannte, welche er gerade trug, die ihn unterstützte und, wie auch immer, beschützte. Sie war die Einzige, die erkennen konnte, wann er dem Suizid nahe war, und konnte ihn in den Fällen, da sie es bemerkte, vor dem tatsächlichen Schritt bewahren. Aber beim vierten Mal war sie nicht mehr in seiner Nähe.«

A Fortunate Man benennt die periodisch wiederkehrende Depression, die Sassall heimsuchte und sich durch die Fixierung auf das Wohlergehen seiner Patienten manifestierte, gepaart mit einem Gefühl des eigenen Ungenügens angesichts ihres Leidens. Im Gespräch mit jenen, die den realen Dr. John kannten, tritt deutlich hervor, dass diese Depression immer Teil seines Lebens war und dass sie sich in den Jahren, nachdem das Buch geschrieben worden ist, verschlimmerte. Tatsächlich ist es kein Geheimnis, dass er an etwas litt, was wir heute bipolare Störung nennen und damals »manische Depression« hieß. Im Krankenhaus durchlitt er eine Elektroschock-Therapie, die er verabscheute und von der er schwor, dass sie ihm keine Besserung gebracht hatte. Er versuchte sich zu einer ganzen Reihe von Gelegenheiten selbst zu töten, aber jedes Mal konnte seine Frau Betty es abwenden, die die Anzeichen eines gefährlichen Anfalls bei ihm immer klarer erkannte.

Und das ist der Grund, warum eine Auslassung in Bergers *A Fortunate Man* problematisch und, wie es manche sagen werden, unverzeihlich ist. Die Frau des Arztes, Betty, wurde aus der Geschichte herausgeschrieben. Sie hat nur einen kurzen Auftritt in der Widmung und in einer einzigen Fußnote: »In diesem Essay versuche ich nicht, die Rolle von Sassalls Frau oder seinen Kindern zu untersuchen. Mir geht es allein um sein Berufsleben.« Dies erzürnte Freunde wie Familie, die wussten, dass diese Unterscheidung, gemessen an dem Charakter der Gemeinschaft und der Rolle des Doktors in ihr, fadenscheinig war. Praktizierte man an einem solchen Ort und zu dieser Zeit Medizin, waren die Grenzen zwischen dem Beruflichen und dem Privaten ohnehin höchst porös. Und darüber hinaus spielte Betty eine Schlüsselrolle, nicht nur emotional und häuslich, sondern auch im Beruf. Sie organisierte die Praxis, führte die Bücher, gab die Arznei aus und sorgte gleichzeitig dafür, dass der Doktor nicht zu Scherben ging. Es war Alltag, dass ein Patient Betty anvertraute: »Oh, mit den Tabletten, die mir Dr. John verschrieben hat, gehts mir schlechter« oder »Der Schmerz, Betty, der ist wieder da«, und Betty dann zwischen Arzt und Patient vermittelte – ein organischer Teil genau der Beziehung, die das Buch erforschen wollte. Berger zeichnete Sassall als eine einsame Conrad-Figur, einen »Hochseekapitän«, aber in Wirklichkeit hielt Betty das gute Schiff Sassall genauso über Wasser wie der sorgengeplagte Kapitän.

Bettys engste Vertraute in all den Jahren lebt immer noch im gleichen niedrigen, langgestreckten, dicht mit Geißblatt und Rosen bewachsenen Cottage aus Stein. Hinter Johns und Bettys altem Haus liegt es an einem steilen Pfad, seine nachdenklichen Fenster und feingliedrigen Kamine überschauen das weit ausgreifende Tal. Fünfzehn Jahre lang waren die beiden Familien aufs engste befreundet gewesen. John hatte ihre Tochter im Schlafzimmer oben auf die Welt gebracht und ziemlich viel Heiterkeit ausgelöst, als er die Nachgeburt in einer Kasserolle aus der eigenen Küche dem Familienhund zum Fressen servierte. »Er hatte einen wundervollen Charakter«, sagte sie. »Aufregend, exzentrisch, erratisch, und dabei der beste Arzt, den man sich wünschen konnte, die Art, wie er mit den Menschen umging, sich wirklich um sie kümmerte. Aber er neigte zu unglaublichen Stimmungsschwankungen, und wenn der schwarze Hund kam, konnte er vollkommen kippen. John war sehr clever, aber Betty noch mehr. Ich sagte immer, er war ein Grieche, sie eine Römerin, denn sie war praktisch veranlagt und er nicht; er war ein Träumer. Betty war sein Schutzengel, wirklich. Sie rief mich zum Beispiel an und sagte: ›John hat seine Depression, kannst du bitte das Gewehr verstecken?‹, und ich ging hinüber, holte es und verschloss es unter der Treppe. Ich meine, er hatte die ganze Zeit Zugang zu all den Drogen, aber Betty wachte über ihn wie ein Falke. So ziemlich jedem hier war bewusst, dass er von Zeit zu Zeit zu kämpfen hatte, aber obwohl er unter

Depressionen litt, war er immer der *patrón*, wenn Sie verstehen, was ich meine. Er war wie ein Vorsteher oder ein Priester. Die Menschen mochten alle beide ungeheuer gern, verstehen Sie. Sie waren beide *patrónes*, John und Betty.«

1981, mit 61 Jahren, erlitt Betty plötzlich einen katastrophalen Herzschlag und starb. Ohne sie ging Dr. John aus dem Leim. »Ich denke, er merkte, dass er ohne Betty außer Kontrolle geriet. Er wurde immer exzentrischer, und die jungen Partner in seiner Praxis sprachen ihm zu, sich zurückzuziehen. Ich denke, er dachte, *Was wird jetzt aus mir? Das war mein ganzes Leben, meine Praxis ist mein Leben.* Er war allein und ohne Halt. Dann ging er in Ruhestand, und wir organisierten eine Abschiedsparty am Burggraben. Es war eine Menge Leute da, sein ältester Patient und sein jüngster, es gab eine Menge zu essen und zu trinken. Ich stelle mir vor, das war der Moment, an dem er dachte, *Das war es jetzt. Ich bin nicht mehr der Doktor.* Und das ließ sein Leben sehr leer erscheinen, ohne Betty, ohne die Praxis. Als Betty starb, sagte ich zu meinem Mann, ›Ich glaube nicht, dass John lange durchhält‹, und genauso ist es gekommen.«

DER WINTER, DER AUF BETTYS TOD folgte, war in jenen Breiten des Landes der kälteste seit Beginn der Wetteraufzeichnungen. Schlimmer noch als der im Jahr ihrer Ankunft, als viele Wochen lang Schneewehen das Tal erstickt hatten. Dr. John ging in Ruhestand, als sich gerade der Frühling durchkämpfte und am Waldrand das Kleine Immergrün und die Schlüsselblumen zu blühen begannen. Sein Abschiedsfest war im April, aber nicht einmal die rettende Fülle des folgenden Sommers, der das Tal unterhalb seines Hauses zu einem sanften Kissen aus Grün heranwachsen ließ, konnte abwenden, was manche als unvermeidbar annahmen. Weder seine Freunde noch seine Familie konnten ihn Tag und Nacht im Auge behalten. Mitte August war es zu spät.

Sein Nachruf im *British Medical Journal* vom Herbst 1982 erwähnt nicht, dass er sich das Leben genommen hatte. Er schließt einfach mit der Zeile: »Ein unermüdlicher Arbeiter, während der letzten 15 Jahre von schlechter Gesundheit geplagt, beschleunigte der Tod seiner Frau 1981 seinen eigenen.« Einige Jahre später fügte John Berger ein Nachwort zu *A Fortunate Man* hinzu. »Ich suche nicht nach dem, was ich hätte vorhersehen können und damals nicht erkannte«, schrieb er, »als ob etwas Wesentliches bei dem, was zwischen uns geschah, fehlte; im Gegenteil, ich beginne nun mit seinem gewaltsamen Tod, und schaue von ihm aus mit größerer Zärtlichkeit auf das zurück, was er sich vorgenommen und was er anderen angeboten hatte, solange er es eben aushalten konnte.«

*

EINER DER DOKTOREN, der seit den frühen Siebzigern und während der letzten neun turbulenten Jahre mit Dr. John gearbeitet hatte – damals jung, nun grauhaarig und pensioniert –, blickt von einem Standpunkt besonderer Vertrautheit auf Sassalls Vermächtnis: »Heute Morgen dachte ich an John. In der heutigen Medizin hätte er nicht überleben können. Man hätte ihn wegen seiner Exzentrizität davongejagt, aber was er mir beigebracht hat, war ein ganz anderer Blick auf die Medizin, auf die Praxis und die Menschen. Er war damals einer der sehr wenigen Hausärzte, die Lichtjahre voraus waren.«

Im Gegensatz zu großen Praxen hat eine kleine Landpraxis oft die Besonderheit, innerhalb der Familie von einer Arztgeneration an die nächste weitervererbt zu werden – das ist gar nicht selten. Mit jeder nachfolgenden Generation kommt es natürlich zu Uneinigkeiten, althergebrachte Methoden werden abgelehnt, wie in jeder Familie werden neue Richtungen eingeschlagen. Aber es gibt auch einen Mechanismus für die Weitergabe von Idealen und Ideen, der von Hand zu Hand funktioniert, ohne Familienerbschaft. Und so war es hier im Tal.

»Ich kam nach einer ziemlich rigiden und restriktiven medizinischen Ausbildung hierher, war plötzlich bei John gelandet und dachte mir: Ach du meine Güte, kommst du da mit? Zu Beginn machte es mich schwindlig, aber er brachte mir bei, dass es bei der Sorge um die Menschen und die Kunst des Heilens um mehr geht, als nur dazusitzen und Pillen zu verabreichen oder die Patienten aufzuschneiden und wieder zuzunähen. Es war wirklich eine Kunst. Es bedurfte einer viel weiter gefassten Idee vom Menschen, als nur irgendein Typ mit gerahmter Abschlussurkunde zu sein, der Tabletten verteilt. Ich hatte einiges davon schon hinter mir, ich hatte morgens fünfundvierzig Leute in der Sprechstunde, aber so kann man nicht wirklich viel erreichen, fand ich heraus. Als ich in diese Praxis kam, war da plötzlich Zeit, sich hinzusetzen und mit den Menschen zu reden. Das ist eines der wesentlichen Dinge bei einem Hausarzt, dass du Teil der Gemeinschaft bist. John brachte mir bei, wie man sich um die Menschen kümmert, indem man zuhört, sie versteht, versucht, in ihre Schuhe zu schlüpfen, jeden so akzeptiert, wie er ist, ihn als Person anerkennt. Denn das ist für die Menschen wichtig und gehört mit zur Gesundheit. Das hat mir John gegeben, eine der wichtigsten Grundlagen der Allgemeinmedizin, die heute in Gefahr ist.«

Dieser Arzt sollte nach Dr. Johns Tod ein weiteres Vierteljahrhundert in den grünen Falten des Tals Dienst tun. Während der letzten sechs seiner insgesamt vierunddreißig Jahre sollte eine junge Ärztin zu ihm stoßen. Sie war nie seine Assistentin – er gibt sich Mühe zu unterstreichen, dass sie als eine voll ausgebildete, qualifizierte Kollegin hier eintraf –, aber er gibt zu, dass er einige »Ratschläge und Weisheiten, wie es halt so geht«, weitergegeben habe. Im Gegenzug betrachtete sie ihn als Mentor, der ihr viel über Medizin an einem Ort wie diesem beibrachte. So wie manche einem Großelternteil ähnlich werden, das sie nie persönlich getroffen haben, so begann sie mit der Zeit einige von Dr. Johns Idealen zu verkörpern. Schon vor ein paar Jahren war sie mit ihrem Verlobten in ein kleines Haus in dem Flecken gleich gegenüber von Dr. Sassalls Zuhause gezogen. Blickt man von dort über die Gartenmauer, erkennt man von ungefähr die weiß getünchten Steine ihres Zuhauses, eingerahmt von Wald und einer tiefer gelegenen Koppel; der letzte Blick des *Fortunate Man* fiel auf den Neubeginn der *Fortunate Woman*.

GENAU ZEHN JAHREN VOR IHRER ANKUNFT hier hatte sie das Studium an der Medical School in London begonnen. Die ländliche Abgeschiedenheit und das gründliche Nachdenken während der Oberstufe sorgten dafür, dass sie mit achtzehn wie eine Sprungfeder voller Energie in der großen Stadt aufschlug. Sie wollte das Leben in London bis zur Neige genießen, mit dem Ziel, alle Abenteuer und alle Liebe, die sie von den Teenager-Jahren erwartete, in ihre letzten zwei Jahren als Heranwachsende zu pressen. Unzählige Partys, Freundschaften, Liebschaften. Es gab Januartage, während deren sie nicht pflichtgemäß im Vorlesungssaal saß, sondern hinter Kartons vor der US-Botschaft fror und gegen den Golf-Krieg protestierte. Sie warf sich in alles, was die neue großartige Freiheit bot – nur nicht in ein gewissenhaftes Studium. Sie hatte geglaubt, dass die Intelligenz, die ihr bisher nur Bestnoten eingebracht hatte, sie weiter trüge. Doch sie hatte sich geirrt: Sie fiel bei mehreren Jahresendexamen durch. Es folgte ein fürchterlicher Sommer, in dem sie sich auf die Wiederholungsprüfungen im September vorbereitete. Sie erinnert sich noch immer an den Abend vor der Notenbekanntgabe, wie sie ihren Freundinnen vorheulte, man werde sie hinauswerfen und alle ihre Träume würden platzen. Eine von ihnen lachte und meinte, sie sei »emotional übersteuert« und alles werde gut gehen. Was auch geschah, und das zweite von fünf Jahren Ausbildung zur Assistenzärztin begann. Aber es war ein Weckruf gewesen. Sie wollte wirklich Ärztin werden. Ihr Herz hatte zuerst entschieden, doch nun hatte sie darüber nachgedacht, und ihr Kopf zog nach. Es war das erste und letzte Mal, dass sie so hart am Wind segelte.

Im Sommer 1995 graduierte sie und gewann den Preis als Beste ihres Jahrgangs. Auf ihrem Weg zur Ärztin begann jetzt die richtige Arbeit, nicht theoretisch, sondern praktisch. Inzwischen war sie sehr ehrgeizig, aber unter Einfluss der vorherrschenden Meinung dachte sie, sie müsse sich im Krankenhaus spezialisieren. Sie schätzte die Erfahrungen, die sie als Oberstufenschülerin beim Hausarzt gemacht hatte, und hatte während des Studiums eine Vorliebe für Allgemeinmedizin entwickelt, aber sie konnte den Gedanken nicht loswerden, dass sie ein wenig zu gut war für diese Art gemütlicher Medizin in Strickjacke. Die Arbeit im Krankenhaus war voller Glamour und Dynamik, sie war eine intellektuelle Herausforderung, es ging, da war sie sich sicher, um Leben und Tod, es gab Heldenrollen. Und so legte sie jeden Gedanken beiseite, Dr. Sassalls Beispiel aus dem Buch, das sie mit siebzehn so in den Bann gezogen hatte, zu folgen und tauchte zwei Jahre lang Hals über Kopf in Positionen als Assistenzärztin ab. Vielleicht würde sie Psychiaterin, Kinderärztin oder gar Chirurgin? Die Welt stand ihr offen.

*

DIE OBERÄRZTIN DER CHIRURGIE hatte sie schon den größten Teil der zehn Wochen über angeschrien. Sie war eine beeindruckende Frau, die sich ihren Weg in der am stärksten von Machos regierten Disziplin gebahnt hatte und anscheinend der Meinung war, dass zur Einführung einer neuen Assistenzärztin ordentliches Anbrüllen nötig wäre. Im Moment schien sie sogar eine besondere Abneigung gegenüber der mausblonden, großäugigen, gewissenhaften und fleißigen Assistenzärztin in ihrem Team zu hegen. Vielleicht ärgerte sie sich, dass die junge Frau ihre Beschimpfungen Tag für Tag wie ein Blatt Löschpapier aufsaugte und einfach versuchte, es besser zu machen; auf ihrem Klemmbrett wurden die Aufgabenlisten länger, die sie stoisch abarbeitete, eine nach der anderen abhakte, alles doppelt und dreifach prüfte, um der nächsten Sturzflut an Verachtung auszuweichen, aber vergeblich. Denn so hatte die frisch ernannte Ärztin gelernt, mit Schwierigkeiten umzugehen: mit harter, schwerer Arbeit. Aber sie hatte keine laute Kindheit gehabt und konnte das Schreien nicht ausstehen. Nicht, dass es ihr an Rückgrat mangelte, aber solche offene Aggression irritierte sie. Es war nicht die Art, mit der sie zur Sache ging.

Diese aufreibend feindseligen Salven wurden nie hinter geschlossener Tür abgefeuert, sondern lautstark mitten in der Station losgelassen, zwischen den Patienten in den Betten, als ob die Demütigung ein wertvolles Lehrmittel und beruhigendes Unterhaltungsprogramm für die Todkranken wäre. An diesem Morgen betraf das Geschrei einen Scan, der laut der Fachärztin für die sehr kranke ältere Dame in Bett 7 nötig wäre, um die sich die junge Doktorin seit einigen Tagen kümmerte. Sie war schon unten in der Radiologie gewesen, um darum zu bitten, aber der Facharzt dort hatte es abgelehnt, worauf sie drei Stockwerke nach oben eilte, um angebrüllt zu werden. Sie floh wieder drei Treppen hinab, mit einer dringenderen Geschichte und einer gewissen Verzweiflung in ihrem Auftreten, aber sie wurde wieder abgewiesen. Als die Oberärztin diese mit einem verängstigten Murmeln hervorgebrachte Nachricht hörte, erfasste sie am Bett der Patientin ein Wutanfall. In voller Lautstärke bezichtigte sie die junge Ärztin der Blödigkeit, der Unfähigkeit und einer lachhaften Zeitverschwendung. Was war denn mit ihr los? Wie konnte sie sich je als Ärztin durchsetzen, wenn sie noch nicht einmal fertigbrachte, was jeder Depp mit geschlossenen Augen kann? Und so ging es weiter und weiter. Die junge Ärztin war reglos, Scham überflutete sie. Ihr kamen Tränen, die eine nach der andern vor ihr auf das blaue Linoleum fielen. Die alte Dame in Bett 7 sagte kein einziges Wort, aber in dem salzigen Nebel sah die junge Assistenz, wie sie ihren Arm regte und ihn auf sie zubewegte. Sie spürte, wie die kleine knochige Hand am Ende ihrer Tage in ihre schlüpfte und sie fest drückte. Fast eine Minute lang hielten sie sich an den Händen, Ärztin und Patientin, bis das Brüllen sein Ende nahm. Die alte Dame in Bett 7 starb zwei Tage später.

Wären dieser ätzenden Erfahrung nicht sechs glückliche Monate in der Allgemeinmedizin und der Geriatrie vorausgegangen, sagt die Ärztin, hätte sie die Medizin auf der Stelle aufgegeben. So aber zog sie zur nächsten Assistenzstelle weiter, diesmal in der Orthopädie, wo sie sich wieder wertgeschätzt fühlte, die in sie gesetzten Erwartungen erfüllte und es ihr gelang, die Liebe für ihren Beruf wiederzufinden. Und doch wollte die Kränkung jener Episode der jungen Ärztin nicht aus dem Sinn, das Gefühl, eine sterbende Frau enttäuscht zu haben – und es lehrte sie eine Reihe grundsätzlicher Lektionen darüber, was für eine Doktorin sie sein wollte. Erstens: Wenn ein Patient dich tröstet, obwohl du ihn trösten solltest, ist etwas an deiner Arbeitsmethode gravierend falsch. Zweitens: Mobbing am Arbeitsplatz, ob versteckt oder offen, schädigt immer beide, Arzt wie Patient. Drittens: Die Beziehung zu den Patienten beruht auf Gegenseitigkeit, sie ist zentral und sollte wichtiger sein als alles andere; in der Zukunft würde sie immer versuchen, dafür einzustehen. Viertens: Menschen, selbst an der Schwelle zum Tod, sind unglaublich. Wenn du das vergisst, dann auf eigene Gefahr.

BEIDE FRAUEN SIND MITTE ZWANZIG, eine junge Mutter mit Kind und die junge Ärztin, die nun ihre Ausbildung in der Klinik zur Hälfte hinter sich hat. Beide Frauen verlieren allmählich den strahlenden Schmelz der Jugend, die eine durch drei Jahre Mutter-Sein, die andere durch drei Jahre als Assistenzärztin. Ihnen sind qualvolle Stunden, chronischer Schlafentzug und die Last einer Verantwortung gemeinsam, die sie dazu zwangen, rasch erwachsen zu werden – obwohl sie jetzt keine Zeit haben, um darüber zu sprechen. Das jammernd sich windende Kind auf dem Schoß der Mutter ist ihre einzige Sorge. Auch das haben sie gemeinsam.

»Es ist eine Ohrinfektion«, sagt sie der Mutter, nachdem sie sich die Krankenakte angeschaut hat und das zornig fiebrige Kleine genau untersucht hat. »Ohrenschmerzen können wirklich fürchterlich sein«, erklärt sie, während das Kind wieder in seine Kleider gesteckt und im Buggy festgeklickt wird, fertig für die Heimreise durch die Stadt. Die junge Ärztin ordert gerade die Antibiotika aus der Krankenhausapotheke, als die Mutter sagt: »War dieser Ausschlag eben schon da?«

Die Frau hat ihren gekrümmten Finger in den Kragen des T-Shirts ihres Sohnes gesteckt, um eine Partie voller roten Nadelstich-großer Stellen zu zeigen, die sich wie ein Fleck über Nacken und Schulter des Kindes erstrecken. Der Magen der Doktorin zieht sich zusammen.

»Nein«, sagt sie, »schauen wir nach.«

Als sie das schreiende Kind wieder aus T-Shirt und Hose befreien, kann die Ärztin beobachten, wie sich mit beängstigender Geschwindigkeit ein klassischer Meningokokken-Ausschlag bildet: zuerst auf Brust und Rücken,

jetzt auf Armen, Beinen, dem Gesicht, die Tupfen vergrö-
ßern sich vor ihren Augen zu rötlichen Flecken.

»Oh, mein Gott«, sagt die Mutter, »was *ist* denn das?«

Über das Krankenhausgelände hören die beiden Frauen,
wie eine Sirene abgestellt wird, mit der der Krankenwagen in die Haltebucht raste. Die Ärztin spürt, wie der
Atem der Mutter schneller geht. Ihrer auch, aber sie hofft
zu Gott, dass die andere Frau es nicht bemerkt. Sie spürt,
wie sie den Boden unter den Füßen verliert.

»In Ordnung«, sagt sie, »ich verstehe.« Ihr Tonfall ist
absichtlich ruhig, aber sie ist sich nicht sicher, ob er überzeugt. »Ich denke, wir sollten abwarten, was der Oberarzt
sagt. Er ist gerade auf Visite. Setzen Sie sich für einen
Moment.«

Mit aller Eile, ohne dabei ins Laufen zu verfallen, geht
sie zur Stationsschwester, murmelt ein paar Worte, und
eine Schwester rennt auf der Suche nach dem Oberarzt
los. Sie kehrt zu Mutter und Kind zurück, aber gibt den
Notfall-Modus augenblicklich auf, als der Oberarzt ins
Zimmer schreitet und die Kontrolle übernimmt. Sie zieht
sich am Ende des Flurs auf die Personaltoilette zurück,
verschließt die Tür und verfällt in Heulkrämpfe – wie
schnell hätte sie alles falsch gemacht. Dann spritzt sie sich
nasses Wasser ins Gesicht, reibt es mit dem rauen Papier-
handtuch ab, bis sie wieder mehr oder weniger präsenta-
bel aussieht, atmet tief durch und wendet sich dem nächsten kränklichen Kind und besorgtem Patienten zu.

Der kleine Junge mit der Meningitis wird die nächsten
zehn Tage auf der Kinder-Intensivstation verbringen. Es
gibt Momente, an denen es nicht immer sicher ist, ob er
überlebt, und die junge Doktorin findet sich mehr als

einmal weinend in einer engen Toilette wieder, zutiefst erschrocken über die Arbeit, die sie sich ausgesucht hat. In den folgenden Jahren wird sie auf diese Tage zurückschauen wie auf eine zermürbende, aber notwendige Lehrzeit, die ihr beibrachte, all ihre Ängste und Emotionen in den Griff zu bekommen.

*

AN DER ARBEIT EINES MEDIZINERS kann einem vieles Angst machen. Nenn es Stress oder, wenn es dir lieber ist, Druck, aber in den ersten Tagen der Ausbildung zur Medizinerin ist es meist nur der blanke Horror, old school: direkt, simpel, die Fingerknöchel weiß vor Anspannung. Die junge Ärztin hat sich schon früh im Leben einen Plan für den Umgang mit der Angst zurechtgelegt, etwas, das sie von »den Besten gelernt hat«. Während der Vater Optimismus verbreitete, besaß die Mutter die fast übermenschliche Fähigkeit, stets ruhig zu bleiben. Während ihrer gesamten Kindheit gelang es ihrer Mutter, die Fassung zu wahren und in einer ganzen Serie von ländlichen Notlagen überlegte effektive Entscheidungen zu fällen. Zum Beispiel bei dem großen Sturm, der das Dach von der Familienfarm zu reißen drohte; die Rettung war, umsichtig das Gebäude mit Seilen und steinernen Gewichten auf dem Hügel festzuzurren – so wie die Fracht auf einem Schiffsdeck gesichert wird. Beinahe jährlich gab es bei der Geburt von Rindern und Pferden Notfälle, wenn die Jungen auf halbem Weg in die Welt stecken blieben. Einmal ging mitten in einem Gewittersturm ein Pferdeanhänger auf der Autobahn kaputt, und drei Rennpferde mussten unter Blitzgewitter am Straßenrand ausgeladen werden. Es ist vielleicht keine Überraschung, dass sich die Mutter, sobald die Tochter sich zum Medizinstudium davonmachte, als Krankenschwester weiterbilden ließ. Am Ende qualifizierte sie sich als Fachschwester für Frühgeborene, und bis heute begleitet und versorgt sie lebensgefährlich erkrankte Babys beim Lufttransport. Von ihrem Temperament her ist sie für so eine Arbeit wie geschaffen; nichts kann sie erschüttern.

In ihrer Kindheit und Jugend beobachtete die Tochter diese Fähigkeit, die Haltung auch unter Druck nicht zu verlieren. Sie hatte ein Vorbild, auch wenn ihr die Nachahmung zu Beginn nicht leichtfiel. Im Lauf der Zeit wurden die heftigen Leidenschaften ihrer Uni-Jahre nuancierter, das »emotional Übersteuerte«, weswegen ihre Freundinnen sie aufgezogen hatten. Ihre Emotionen waren immer noch heftig und zwingend, aber sie lernte, einen Zwischenraum zwischen ihre Gefühle und den in einer Krise notwendigen Schritten einzuziehen. Zu Beginn war das eine Zufallsentdeckung, eine spontane, intuitive Simulation der einstudierten Gelassenheit ihrer Mutter, aber als sie herausfand, dass es funktionierte und ihr bei der Arbeit half, wurde es zu einem Verhalten, dass die Ärztin innerlich einstudierte. Fast fünfundzwanzig Jahre später ist es genau das, was ihre Kollegen in der Landpraxis immer wieder hervorheben: wie ruhig sie bleibt, ganz gleich, was auch geschieht.

DAS KRANKENHAUSGEBÄUDE hatte etwas von einem Manifest. Der Entwurf zu dem Klotz heroischen Modernismus mit seiner gewaltigen Masse an Beton stammte aus der Zeit, als der NHS noch in den Kinderschuhen steckte; der Bau suggerierte eine Zukunft, in der die Launen des menschlichen Leidens von der großen Maschinerie der modernen Wissenschaft überwunden wären. Eine gewaltige Fassade aus 637 identischen Fenstern, die, angeordnet in sieben langen Reihen, ihren Arztblick auf die Stadt warfen, die im Gegenzug versprach, ihre Kranken zu Tausenden zu senden. Das Gebäude war in den späten 1950ern von jemandem entworfen worden, der an einer Serie von Architektur-Ausschreibungen teilnahm und dessen radikale Pläne für die Coventry Cathedral und das Sydney Opera House durchgefallen waren. Der Bau wurde erst ein Jahrzehnt später fertig, einige Jahre nachdem der Architekt bereits tot war. Die Queen eröffnete das Krankenhaus im Winter 1971, drei Wochen bevor die Assistenzärztin geboren wurde, die periodisch dazu neigen sollte, in der Personaltoilette zu weinen.

Als die weiß behandschuhte Hand der Queen an dem kleinen Seil zog, um die Erinnerungs-Plakette zu enthüllen, war diese Art von brutalistischen Monolithen schon fast passé. In den späten 1990ern lag der öde Block des Hauptgebäudes auf einem ausgedehnten Campus mit kleineren modernen Gebäuden und Parkplätzen. Es hatte Versuche gegeben, die Gegend mit ein paar Sträuchern zu beleben, mit jungen Bäumen und einem oder zwei halbherzigen Rechtecken voll struppigem Gras, aber das meiste waren lange, enge Gehwege und hohe Mauern, die mit summenden Klimaanlagen verziert waren, mit Zugangsgerüsten und gelegentlich einer Feuertür. Die junge Ärztin hasste es. Die architektonische Vision von Modernität und Gleichheit von 1959 erschien ihr vierzig und ein paar Jahre später als dystopische Einförmigkeit. Sie schien ihr nicht den Respekt für den einzelnen Menschen widerzuspiegeln, von dem sie gelernt hatte, dass er für die moderne Medizin zentral sei. Es war gespenstig, genauso wie der Sprint, in dem sie eine halbe Meile von der Unterkunft der Assistenzärzte über den verlassenen Campus rennen musste, wenn mitten in der Nacht ein Piepsen ihres Pagers das Notarztteam zusammenrief. Sie hatte sich daran gewöhnt, gegen Vergewaltiger einen Notfallalarm bei sich zu tragen, und dazu eine Dose mit einem ominösen Spray, die ihr Onkel ihr gegeben hatte – für alle Fälle.

Sie hatte verzweifelt versucht, den Job zu bekommen.

Es gab viel zu viele Bewerber, das Einstellungsgespräch war schwierig, und sie war überglücklich, als man ihr die begehrte Position in der Kinderstation anbot. Damals dachte sie, Kinderheilkunde wäre perfekt für sie. Sie hatte schon immer am liebsten mit Kindern gearbeitet und bei vorherigen Einsätzen in der Pädiatrie gemerkt, das dieser Fachbereich mehr kontinuierliche Pflege zulässt als viele andere Zweige der Medizin. Erkrankte Kinder und ihre Familien kehrten, ob ambulant oder stationär, immer wieder, und die junge Ärztin schätzte die längeren, sich aus zahlreichen Begegnungen zusammen addierenden Beziehungen.

So begann sie mit den größten Hoffnungen und arbeitete zwei Jahre hier. Der Stundenplan war hart, Sechsundfünfzig-Stunden-Schichten, während deren sie mit Unterbrechungen auf dem Gelände schlief. Sie lernte mehr oder weniger damit zurechtzukommen, aber schwieriger war es, sich mit der Fließband-Kultur auf der Station abzufinden, die so anders funktionierte als überall, wo sie vorher gearbeitet hatte. Hier schien sich keiner deinen Namen zu merken, und keiner hatte etwas Zeit, um dir etwas beizubringen. Natürlich lernte sie eine ganze Menge und sagt heute, dass sie diese Erfahrung um nichts in der Welt missen möchte – diese Frau ist einfach so gepolt, dass sie in jedem noch so trüben Wasser ein Nugget findet –, doch das Gefühl, nur ein winzig kleines, anonymes Rädchen in einer Riesenmaschine zu sein, passte nicht zu ihrem Temperament. Auf keinen Fall.

Seit den Epiphanien ihrer Teenager-Zeit – das Häschen! der Song! das Buch! – war sie ziemlich erwachsen geworden, aber das bedeutet nicht, dass ihre mächtige, intuitive Entschlossenheit nicht ins Wanken gebracht werden konnte. Nicht, dass sie die Welt schwarz-weiß sah. Das nicht. Sie wusste, dass sich vieles im Leben in Grauzonen abspielte, aber etwas von ihrer lebhaft emotionalen Hinwendung zur Gegenwart – der Charakterzug, der sie zu einer so emphatischen Ärztin machte – ließ sie zu akuten Hier-und-jetzt-Entscheidungen neigen.

Das unterschwellige Unbehagen über ihren Job brach sich nach einer endlos langen Schicht gegen Ende ihres zweiten Jahres Bahn. Sie hatte die ganze Nacht Bereitschaft, rannte hin und her durch den Betoncampus, das Paradies der Straßenräuber, und pflegte ein junges Mädchen mit Diabetes Typus 1, dessen Blutzucker immer wieder gefährlich abstürzte. In dieser Nacht war sie kein einziges Mal im Bett gewesen. Am folgenden Tag wurde sie gegen Mittag ins Oberarztbüro gerufen mit der Mitteilung, dass sie auch die nächste Nacht da sein müsse, da ein Kollege sich krank gemeldet habe. Es hatte in letzter Zeit viele Fehlzeiten in der Abteilung gegeben, wahrscheinlich vor allem wegen der schrecklichen Atmosphäre, und das Management hatte deshalb beschlossen, dass es bei Krankheitstagen keine externen Vertretungen mehr gebe, sondern dass das Team selbst einspringen müsse. Es war eine Art Kollektivstrafe. Die junge Ärztin erklärte dem Oberarzt, dass sie diese Nacht nicht übernehmen könne. Ihre Katze sei krank und sie habe einen Termin bei der Tierärztin, aber ihr Gegenüber ging nicht darauf ein. Er stellte sich in die Tür und versperrte ihr den Ausweg. »Aber ich hatte letzte Nacht Bereitschaft«, sagte sie, sichtbar aus der Fassung, »ich bin völlig erschöpft.« Das sei nicht sein Problem, sagte er, das seien nun einmal die Regeln, und sie würde das Büro nicht verlassen, bevor sie nicht zusage, die Schicht zu übernehmen. Sie arbeitete wie erwartet die zweite Nacht durch, aber etwas in ihr war gebrochen. Am folgenden Morgen las sie die Stellenangebote im *British Medical Journal*, sah eine Stelle als Assistenz-Allgemeinmedizinerin und bewarb sich. Das Vorstellungsgespräch war am nächsten Nachmittag. An Tag drei kündigte sie, und bald darauf verließ sie das Monstergebäude mit den zahllosen Augen zum letzten Mal.

Jeder und jede, die oder der einmal in der Notaufnahme oder auf irgendeiner anderen Station gearbeitet hat, weiß, dass sich im Leben alles manchmal, oder sogar häufig, im Nu entscheiden kann. Es ergäbe vielleicht eine ordentlichere Geschichte, wenn der Wechsel der jungen Ärztin von der Kinderstation zur Allgemeinpraxis nicht eine dieser »Im-Nu-Entscheidungen« gewesen wäre, sondern eine bei kühlem Kopf beschlossene Berufung. Doch in dem, was spontan und impulsiv wirken könnte, liegt der wahre Grund, warum sie für das Leben so gut gerüstet war, warum sie mehr mit dem Arzt aus *A Fortunate Man* gemeinsam hat, als es zunächst scheint.

Die Bereitschaft, im Moment alles zu geben, die instinktive Fähigkeit, das Hier und Jetzt zu erfassen, zu reflektieren und darauf zu reagieren – darin besteht in einer Allgemeinpraxis vielleicht der Motor der Beziehung von Ärztin zu Patientin. Ist das wichtigste Instrument des Chirurgen das Skalpell, ist es für die Allgemeinpraktikerin das Vertrauen. Der Aufbau einer guten Beziehung erfordert Spontaneität und Augenmaß. Jedes Mal jemand neuen aufzurufen – alle zehn Minuten Wachsamkeit, Empathie, Präzision, gemeinsame Entscheidungsfindung und kluges Risikomanagement –, das erfordert, nach jeder Begegnung Tabula rasa zu machen. Es geht darum, mit der größten Sorgfalt zu beobachten und zuzuhören, während diesen knappen 600 Sekunden jede ausgesprochene und unausgesprochene Bedeutung zu erhaschen; denn falls du das Glück hast, einen großen treuen Patientenstamm zu haben, wird sich alles im Laufe der Zeit zu einem Netz verbinden. Es ist ein Beruf, der beides, Herz und Kopf, erfordert. Die junge Doktorin, nun eine Assistenz-Allgemeinpraktikerin, konnte wie niemals zuvor beides einsetzen; Herz und Kopf waren nicht mehr länger in Opposition zueinander, sondern in einer empfindlichen Balance. Betrachtet man sie heute, mehr als zwei Jahrzehnte später, im Gespräch mit ihren Patienten, streichen Wogen von Emotion, Zusammengehörigkeitsgefühl, Humor und Betroffenheit über ihr Gesicht – wie das Wetter, das über eine Landschaft zieht.

Im Tal erscheint der Frühling von unten,
er beginnt im Grund.

WÄHREND DER HIMMEL NOCH BLEIERN ist und die Äste kahl, die Luft feucht und kalt, während sich der Nebel noch an den Fluss klammert und an der Bushaltestelle das Geschrei der warm eingepackten Schulkinder aus ihrem Atem in der Luft schwebende Bögen formt, beginnt im Waldboden verborgen die Wiedergeburt. Der Seitenblick auf Landschaft wie Kalender sagt immer noch Winter, aber überall im steilen Wald regt sich Farbe. Moose und Flechten, die jeden Fels, jede Mauer bedecken und sich um die Fesseln aller Bäume winden, beginnen zu glühen, ein vibrierendes, wie gemaltes Smaragdgrün. Lange bevor die gelben Narzissen oder die blaue Glockenblume wie auf Postkarten ihren Auftritt haben, ist dieses unheimliche grüne Schimmern die Visitenkarte der kommenden Jahreszeit, ein Totem der Erneuerung, das nur die hier Lebenden entziffern.

Seit Jahrhunderten hat das Tal zwei Gesichter, die in entgegensetzte Richtungen schauen, wie Janus selbst. Ein Gesicht ist der Außenwelt zugewandt und zieht in den wärmeren Monaten Besucher an. In ihrem Bemühen, an der Majestät der Natur teilzuhaben, sind sie leicht zu erkennen und suchen die Ansichten der Postkarten-Wälder voller Glockenblumen auf GoogleMaps, teilen die Aussicht auf Instagram oder picknicken zum Ärger der Angler in arkadischer Manier am Ufer. Vor zweihundert und mehr Jahren machten Dichter, Maler und die ihnen assoziierten Ästheten so ziemlich das Gleiche. Sie suchten hier im Geschwader nach dem Erhabenen und wurden großzügig belohnt mit Felsen, Nebeln und Wäldern, mit hinterwäldlerischen Bauern und ihren exquisiten halbverfallenen Unterkünften. Nun gibt es ein in Lycra gekleidetes Verfolgerfeld aus urbanen Radlern, über die sich die hier Ansässigen den ganzen Sommer lang aufregen. Ihre Fitnessprojekte verstopfen die Straße, die sich wie der Fluss von einem Ende der Schlucht zum anderen windet. Bei den finanziellen Bedingungen ist es heutzutage Kleinbauern und Heimarbeitern unmöglich, ihr Auskommen durch die Arbeit der eigenen Hände zu verdienen, und auch die in alle Welt transportierten Erzeugnisse von Feld und Garten reichen nicht; es ist ertragreicher, Menschen hierher zu bringen. So gibt es Stand-up-Paddler, Wildschwimmerinnen, Drohnenpiloten, Kanuten und düstere Teenagerhorden mit Rucksäcken, die sich ihre Duke-of-Edinburgh-Medaille sichern wollen. Jeder Einzelne von ihnen ruft bei den Menschen, die hier lieber unter sich bleiben, Augenrollen hervor. »Alles wie ein Naherholungsgebiet«, beklagt sich einer. »Ein großer Park, verstehst du? Tagesausflüge, Airbnb, all das Zeug.«

Aber das Tal hat noch ein anderes Gesicht, ein privateres, eines nur für sich. Da geht es um die subtileren und schöneren Momente, die vorübergehend sind, die der Tourist verpasst, denn sie belohnen nur den Aufmerksamen. Das glänzende Februar-Moos ist einer dieser Augenblicke, aber es gibt viele: das Trio aus jungen Rehböcken, die am Küchenfenster vorbeimarschieren und auf gestohlenen Äpfeln kauen; das Glühwürmchen, das seine pulsierend-nächtlichen Signale aus einer Fuge der Gartenmauer sendet, die von der Sonne über Tag noch ganz warm ist; die Nachtschwalben, die in der geheimnisvollen Dämmerung der ruhigen, warmen Abende auf der Heide oberhalb des Flusses schnurren und glucksen; das Meeresrauschen der Wälder im Sturm; die so selten begangenen versteckten Pfade, dass im Winter die schmuckvollen Maßwerke der Spinnennetze über ihnen zu Eis erstarren wie barocke Tore; die gespenstige Schlange aus Dunst, die man »Die weiße Lady« nennt und die über dem Wasser des Flusses treibt und sich windet; der große See aus Herbstnebel, aus dem sich die Höhenzüge der Hügel erheben – ein mit Bleistift gezeichneter Archipel. Das sind die Gaben, die die Herzen der Menschen, für die das hier ihre Heimat ist, rühren und ergreifen. Sie markieren die Zeit, ihren Wandel und ihre Dauer. Die Beziehung zwischen Landschaft und Mensch könnte nicht enger sein.

*

DER PARLAMENTSBESCHLUSS, der den Weg ebnete, dieses Tal als »Naturpark von hervorstechender Schönheit« unter Schutz zu stellen und zu bewahren, war seitens der Legislative der Nachkriegszeit Teil der gleichen Initiative zum Wiederaufbau, die auch den National Health Service hervorgebracht hat. Der NHS wurde im folgenden Jahr beschlossen, und man sah den *National Parks and Access to the Countryside Act*, der die Einrichtung von Naturparks und den Zugang zu ihnen gesetzlich regelte, als komplementär zum neuen NHS und als Mittel an, geistige und körperliche Gesundheit und Freude an der Natur zu fördern. In dem einen zu leben, um in dem anderen zu helfen – diese schöne Symmetrie war der noch nicht vollständig ausgebildeten Doktorin nicht verborgen geblieben, als sie ihre ersten professionellen Schritte als Allgemeinärztin machte.

Als sie das Tal zum ersten Mal anschaute, war sie noch Assistenzärztin in London und verliebt in einen jungen Mann, der aus der Nähe stammte. Sie erinnerte sich, wie sie bei diesem ersten Besuch in den Dorfläden entlang der grünen Talstraße haltgemacht hatten. Ein kleiner Junge kam hereingerannt, um den Ladenbesitzer um Rat zu fragen, womit er eine Saatkrähe, die er mit gebrochenem Flügel gefunden hatte, füttern könnte. Der Mann nahm die Anfrage sehr ernst, holte aus dem Lager Spezialfutter für verletzte Krähen und widmete einige Minuten einer Diskussion über die besten Bedingungen für die Rekonvaleszenz von Rabenvögeln. Das Futter kostete nichts, und während des ganzen Prozederes zuckte niemand in der Schlange auch nur mit dem Augenlid, sondern wartete darauf, selbst mit dem Bezahlen dran zu sein. Die junge Ärztin verliebte sich Hals über Kopf auch in das Tal, und die beiden Romanzen verflochten sich ineinander. Hier konnte sie Luft schöpfen; konnte denken; in dem Augenblick, da die Straße die Stadt am einen Ende des Tals verlässt und steil in die verwunschenen Wälder hinaufführte, fühlte sie sich so frei wie geborgen. Einige Jahre später kaufte das junge Paar im Frühling ihr erstes gemeinsames Heim, ein weiß getünchtes Steinhaus in den Hügeln oberhalb des Flusses mit einer kleinen Pferdekoppel. Im folgenden Sommer hatte sie Blumen im Haar und ritt mit ihrem Vater auf einem Pony im Trab den steilen Hügel von der Hütte zur Dorfkirche hinab. Dort wurde sie getraut, nicht einmal drei Gehminuten von der Praxis entfernt, in der sie, so entschied es sich bald, den Rest ihres Arbeitslebens verbringen würde – wovon sie aber noch nichts ahnte.

DIE STELLENANZEIGE SUCHTE nach einem fest besoldeten Arzt in Teilzeit für drei Sprechstundentage pro Woche, und das alles in der Praxis vor Ort mit den Zwillingsniederlassungen auf beiden Seiten des Flusses. Sie bewarb sich gleichzeitig auch um eine Dreiviertelstelle als Allgemeinmedizinerin in der fünfzehn Meilen entfernten Stadt. In den drei Jahren, die sie schon im Tal lebten, hatte sie, um ihre Ausbildung abzuschließen, eine Handvoll Krankenhausjobs überall im County angenommen.

Aber jetzt ging es um die Gelegenheit, Arbeit und Leben miteinander zu verknüpfen. Viele Allgemeinärzte wollen das ausdrücklich vermeiden, ihnen ist ein langer Arbeitsweg lieber als in einem Goldfischglas isoliert für die Gemeinschaft zu sorgen, in der sie leben. Die Bedenken drehen sich meist um »Grenzziehung«. Wie kann ein Doktor beides sein, Freund und Nachbar und gleichzeitig Arzt? Und wenn diese Rollenbündelung möglich ist, ist sie gesund? Es gibt andere Vorbehalte dagegen, in einer kleinen Landpraxis zu arbeiten: Das Problem, eine Versicherung für die eigenen Krankentage zu finden, die potenzielle Isolation und, damals um das Jahr 2000, die höhere Wahrscheinlichkeit, bei Tag und Nacht herausgerufen zu werden. Doch es ist der Verlust der Anonymität, vor dem die meisten Ärzte zurückschrecken. Die Aussicht, nicht mal mit dem Hund hinausgehen zu können, ohne dass einer mit seinen letzten Symptomen im Hinterhalt liegt, oder die Unmöglichkeit, etwas im Laden zu holen, ohne dass die Kartoffelchips und der Wein im Einkaufswagen Kommentare auf sich ziehen, wären für manche die Hölle. Aber für diese Doktorin schien das ein fairer Preis für das Gefühl von Verwurzelung, das sich ihr immer entzogen hatte. Hier gab es die Chance, sich in einer geschlossenen Gemeinschaft niederzulassen, etwas zu ihr beizutragen und zugleich ein Zuhause zu finden. Außerdem wusste sie zu dem Zeitpunkt, dass sie sich in ihrem Beruf nach Kontinuität sehnte, dass ihr Praktizieren, je besser sie die Patienten kannte, in etwas eingebettet war, das sich warm und menschlich anfühlte. Im Gegenzug verbesserte sich die medizinische Versorgung, die ein Doktor bieten konnte.

Als in der Luft schon etwas Herbstkühle lag, sich das üppige Grün der Sommerwälder gelb fleckte und der Wind in den Blättern zischender klang, begann die Ärztin in der Talpraxis. Damals wusste sie nicht, dass sie an der Seite eines einstigen Partners von Dr. John arbeitete, dem *Fortunate Man* selbst. Wenn sie mit dem älteren Arzt in der Mittagspause ein Sandwich aß, ging es um die Zukunft der Praxis, nicht um ihre Vergangenheit, und die Ärztin hatte Bergers Buch so gut wie halb vergessen und zu der Zeit keine Ahnung, dass es sich dabei genau um ihren Winkel im Garten Eden handelte. Für ihren Berufsstand waren es stürmische Jahre. Einige Monate zuvor war ein Provinz-Arzt, Dr. Harold Shipman, wegen des Mordes an fünfzehn seiner Patientinnen verurteilt worden, und man nahm an, dass er für den Tod von bis zu 250 weiteren verantwortlich war. Der Prozess und die anschließende öffentliche Untersuchung führten zu einer Vielzahl von Reformen im medizinischen Ablauf, in der Praxis und der Aufsicht. Das war ein weiterer Nagel im Sarg des altmodischen Paternalismus, für den Dr. Sassall der gütige Höhepunkt und Shipman der verabscheuenswürdige Tiefpunkt gewesen war. Die Modelle für das Vertrauen zwischen Patient und Arzt verschoben sich, beide sah man nun auf einer Ebene und erwartete, dass sie zusammenarbeiteten – Seite an Seite und nicht mehr einander gegenüber. Obwohl kein direkter Zusammenhang bestand zu dem sogenannten »Shipman-Effekt«, wurde 2004 ein revidierter Vertrag für Allgemeinärzte ausgehandelt, der einen Schlussstrich unter die Tag-und-Nacht-Verantwortung zog. Die Aufgabe, die ärztliche Versorgung am Wochenende und nach Dienstschluss sicherzustellen, wurde einem Bereitschaftsdienst übertragen, womit für Hausärzte ein neues Zeitalter begann, das Dr. John nicht wiedererkannt (und vermutlich auch für völlig undenkbar gehalten) hätte. Doch sie, in Sachen Medizin ganz offensichtlich seine Nachfolgerin, begriff, dass sich der Lauf der Zeit und der Welt ändert und dass sie, wenn sie zur neuen Generation von Allgemeinärztinnen zählen wollte, nicht über die tote Vergangenheit trauern konnte. Stattdessen musste sie dem Bild der Landärztin ihre Züge aufprägen, von der alten Welt das Wertvolle bewahren, aber mit der neuen Schritt halten.

IN DEN ERSTEN JAHREN IM TAL drehte sich für sie alles darum, ihren Weg als Ärztin zu finden – in jederlei Sinn. Tatsächlich verlor sie in den ersten Tagen, damals noch ohne Navi oder anständigen Handyempfang, jede Menge Zeit bei Hausbesuchen, indem sie sich schlicht verirrte.

In diesem Weltteil gibt es keine richtigen Straßen, nur

ein Labyrinth aus unmarkierten grünen Feldwegen, mit engen Steinmauern, mit Hecken, die sich im Sommer hinabwölben, mit in der Mitte wucherndem Gras. Die Kurven, Windungen, Verzweigungen machen wenig Sinn, und dazu die gelegentlich überraschenden Sackgassen, in denen der Weg sich selbst zu vergessen scheint, sich verliert und die Scheinwerfer nur noch in die Bäume leuchten. Die Adresse besteht oft nur aus dem Namen des Hauses, des Dorfes und einem Postcode, doch täusche dich nicht, auch der würde nicht viel weiterhelfen, nicht mal im Zeitalter von GoogleMaps. Viele der Postcodes schneiden widersinnige Schneisen in die Talhänge, so dass zehn Minuten mit dem Auto voneinander entfernte Häuser den gleichen, verwirrenden siebenstelligen Postcode haben, während der Dorfrand seiner eigenen Laune folgt. Einige der kleinen Häuserhaufen besitzen sogar gar kein Schild. Um die Suche zu komplizieren, tragen die Häuser an den Türen keine Namen, so ist es nicht ungewöhnlich, an einem Ort anzulangen, ohne Gewissheit darüber zu haben, ob man auch am Ziel ist. Die Einheimischen haben das insgeheim immer geliebt, diese Geheimgeographie, die Außenseiter verwirrt, aber für sie mit dem hier neuen Gesicht machten sie gerne eine Ausnahme. Sie lernte, die Patienten darum zu bitten, im Obergeschoss das Licht brennen zu lassen, ein Handtuch über das Tor zu hängen, vielleicht die Warnleuchten an ihrem Auto anzustellen, damit sie sie finden konnte.

Diese Feuerprobe in Sachen Navigation wurde noch komplizierter durch die archaischen Dimensionen der Seitenwege, die eher für Karren und Pferde gedacht waren als für Motorvehikel. Häufig führte eine scharfe Kurve in einer engen Gasse zur Begegnung mit einem überwachsenen Steintrog, mit einem Baumstumpf oder mit einer unebenen Wand und zu einer Beule in der Stoßstange. Es ist im Tal ein Glaubenssatz, dass man hier aufhört, sich allzu sehr über Beulen aufzuregen. Trotzdem, ein paar besorgniserregende Erfahrungen mit Patienten (typischerweise älter und männlich), die am Ende der Visite heraushumpelten, um ihr beim »Drehen« zu helfen, haben der jungen Ärztin beigebracht, das Auto schon bei der Ankunft zu wenden, um die Rückfahrt zu vereinfachen.

Das war in jener Nacht nicht möglich, als sie zu einem Patienten herausgerufen wurde, den sie noch nie gesehen hatte. Bei dem Mann hatte man erst vor kurzem Lungenkrebs diagnostiziert, und er war aus der Stadt in sein Ferienhaus gezogen, um mit der düsteren Prognose fertig zu werden. Die Krankenakte seines Hausarztes war noch unterwegs, und als sie im dichten Regen und nach mehrmaligem falschem Abbiegen im Wald bei dem Haus eintraf, kannte die Ärztin die Situation nur in groben Zügen. Die Kieseinfahrt war bereits von Autos vollgestopft – der akute Notfall hatte die ganze Großfamilie versammelt –, und so parkte sie quer, ließ die Schlüssel auf dem Armaturenbrett liegen und eilte hinein. Die Visite war grausam. Der Mann bekam keine Luft mehr und war voller Angst, er weigerte sich, die Schwere seines Zustands anzuerkennen, und hatte nur ein paar Papiere mit Informationen. Sie hatte nichts von dem Onkologen, nichts von seinem vorherigen Doktor. Sie musste sich alles zusammenstoppeln – während der Mann Blut hustete, die Frau panisch mit einander widersprechenden Auskünften an ihrem Ärmel zupfte und draußen im Wohnzimmer das Gedränge der betroffenen Verwandten murmelte. Lange saß sie bei dem Mann. Als sie schließlich, emotional erschöpft, in die nasse Nacht hinaustrat, rief ein junger Mann sie von der erleuchteten offenen Tür aus.

»Vielen Dank, Frau Doktor, ganz großen Dank.« Seine Stimme bebte. Sie bemerkte, dass er wie eine jüngere Version des drinnen sterbenden Mannes aussah. »Ich hoffe, es ist Ihnen recht. Ich habe Ihr Auto gewendet, damit Sie hinauskönnen.«

Sie dankte ihm.

»Und ich habe es rasch gewaschen. Ich hoffe, Sie denken nicht, das sei grob. Ich wollte nur etwas machen, und –«

Sie lächelte. »Sagen Sie es nur, nur Mut.«

»Ich habe noch nie ein so dreckiges weißes Auto gesehen.«

Einen Augenblick lachten beide im strömenden Regen.

Die Freude an ihrer Arbeit, so wurde ihr allmählich klar, kam nicht allein von den lichten Momenten. Sie lernte ihren Beruf langsam lieben.

*

SIE WAR ETWAS ÜBER EIN JAHR auf der neuen Stelle, als ihr Mann, immer noch in den Zwanzigern, ernsthaft und langwierig erkrankte. Plötzlich wieder an der vordersten Front der Medizin, begleitete sie ihn, wann immer sie konnte, bei seinen zahlreichen Krankenhausterminen. Es war eine schreckliche Zeit, und um die Sorgen dieser Wartezimmerstunden abzuwehren, begann sie wieder mehr zu lesen als in den vergangenen Jahren. Bücher waren ihr immer eine Zuflucht, und nun, als es ihr schwerfiel, sich zu konzentrieren, suchte sie als Trostlektüre die alten Titeln wieder hervor: *Black Beauty*, *Nur der Sommer zwischen uns*, *Unter dem Tagmond*. Als sie eines Tages ihr Regal nach weiteren aufbauenden Lieblingen durchforstete, entdeckte sie *A Fortunate Man*, die Ausgabe, die sie als Oberschülerin im Antiquariat gekauft hatte. Sie hatte es seitdem zweimal wiedergelesen, einmal im Medizinstudium während ihrer wechselnden Praktika in Hauspraxen, dann während der Weiterbildung nach der Assistenzzeit. Jedes Mal hatte ihr die Geschichte von Dr. Sassall etwas Neues über das Geheimnis der Heilkunst beigebracht: über die Beziehung zwischen der Krankheit und dem ganzen Menschen, zwischen der Heimsuchung und dem Heimgesuchten. Aus erster Hand hatte sie so gelernt, dass das Verstehen und das Anerkennen dieser Beziehung das Herz der Tätigkeit eines Arztes darstellen. Sie verstand jetzt auch, was sie als Teenagerin nicht gesehen hatte: Dass das Buch nicht nur von einem verschrobenen Landarzt handelte, sondern etwas berührte, das für die Erfahrung von Ärzten und Patienten universelle Bedeutung hat. Es war ein Buch, das sich für sie, bei aller Melancholie, immer als eine Rettung anfühlte, nicht zuletzt, weil die Hauptfigur selbst ein so von Grund auf guter Mensch und Doktor war. Das war für sie in einer Zeit wie dieser die perfekte Lektüre. Sie nahm *A Fortunate Man* vom Regal und schob es in die Tasche, um es später im Krankenhaus zu lesen, mit Sicherheit würde es ihr guttun.

Als sie im steifen Plastikstuhl im Wartezimmer saß, war die Erkenntnis beinahe körperlich: Sie hatte abgelenkt im Buch geblättert und die Fotos betrachtet, als sie mit einem Ruck das letzte Bild in dem Buch entdeckte.

Die Fotografie zeigt den Doktor in den 1960ern, wie er im Tweedjackett und in Cordhose, den Rücken zur Kamera, mit seinen makellos schwarzen Schuhen auf einem steilen, überwachsenen Pfad zu einem weißen Haus hochsteigt. Die schwer mit Früchten beladenen Äste des kleinen Obstgartens bilden einen Rahmen um ihn. Am Ende des Wiesenpfades betrachtet eine kleine weibliche Gestalt im dunklen Kleid und mit langer weißer Schürze, wie sich der Doktor nähert, ihre Hand erhoben, um ihm ein Hallo zuzuwinken oder um ihre Augen vor dem hellen Himmel zu schützen, der sich in den Fenstern der Hütte widerspiegelt.

Sie zuckte zusammen. Sie kannte dieses Cottage, diesen Weg. Sie kannte diese Apfelbäume. Erst vor ein paar Wochen war sie beim Hausbesuch einer älteren Patientin diesen Pfad bis zur Gartentür emporgeklommen. Sie fühlte sich, als wäre ihr die Luft abgeschnürt, und dann so dumm, dass sie das nicht vorher bemerkt hatte. Das Buch, das schon so lange ihre medizinische Berufung unterfüttert hatte, handelte von *ihrem Tal, ihren Patienten*.

Auf der Arbeit erwähnte sie in der nächsten Mittagspause ihre Entdeckung, die der ältere Partner bestätigte und mit mehr Details versah. Das schöne Haus mit der blauen Farbe und den großen Kaminen ihrem gegenüber auf der anderen Seite des Tals: Dort hatte Sassall gelebt. Das bescheidene Steingebäude auf einem Zwickel Land zwischen zwei Straßen, das nun jemandem privat gehört:

Hier war seine Praxis gewesen, obwohl er selbstverständlich Patienten im ganzen Tal besucht hatte. Sie hörte auch von Dr. Johns tragischem Postskript. Ihre eigene Ausgabe von Bergers Buch war vor seinem Tod gedruckt, und so hatte sie keine Idee gehabt, wie die Geschichte ausging. Nun verstärkte sich das Gefühl, keine Luft mehr zu bekommen, durch den Gedanken, dass sie von ihrer eigenen Türschwelle aus dort hinüberschaute, wo der *Fortunate Man* unter solch schrecklichen Umständen gestorben war.

Doch in den folgenden Monaten drehten sich ihre Gedanken mehr um sein Lebenswerk als um seinen Tod. Das Privileg, wenn auch nur für einige Tage in der Woche, in seiner früheren Praxis zu arbeiten, besiegelte etwas in ihrem Kopf. Aus dieser Parallelität ergab sich mit Sicherheit die Gelegenheit und Chance, sein Vermächtnis – eine Medizin der langen Dauer, die auf Beziehungen gründet – zu modernisieren, und das in einer Gemeinschaft, in die sie sich verliebt hatte. Ihr älterer Kollege, Dr. Johns früherer Partner, stand nicht weit vor der Pensionierung, so gab sie diskret ihre Absichten bekannt, zog sich allmählich aus dem Zweitjob heraus und wurde im Januar 2007 Vollzeit-Partnerin.

Wenn heutzutage die Ärztin sanft, aber eisern entschlossen die Überzeugung äußert, den Rest ihres Arbeitslebens hier zu verbringen, spricht daraus kein mangelnder Ehrgeiz, sondern Kühnheit. In der Welt der modernen Medizin, in der viele Patienten selten den gleichen Arzt zweimal sehen, wurde sie in dem Tal zu einer Schlüsselfigur – und sie möchte das bleiben. Das ist vielleicht der Ausgang der Wette, die sie als Teenagerin mit sich selber geschlossen hat, oder der goldene Faden, der den bemerkenswerten Dr. John mit der Welt verbindet, die er zurückließ.

III

ES WÜRDE NICHT ZU IHM PASSEN, aber als sie zusammen den Flur entlang zum Sprechzimmer gingen, fragte sie sich einen Moment lang, ob der Mann getrunken hatte. Nicht, dass er nach Alkohol roch, wie es bei Patienten von Zeit zu Zeit vorkommt – die abgestandene, aus den Poren dringende Süße oder der spritzige Cocktail aus Weißwein und Mundwasser, den sie gestern gegen Ende der Sprechstunde im Atem einer gutgekleideten Witwe erkannt hatte. Die Ärztin atmete etwas aus der Flurluft zwischen ihnen beiden bewusst durch die Nase, aber nein, sie konnte nichts finden, außer dem Duft von Holzspänen, von denen immer noch ein paar am Overall des Mannes klebten, und eine Spur von Karbolseife, die sie an ihre Schulzeit erinnerte. Sein Gang war, merkte sie, gerade und sicher, wie für einen Mann in den Sechzigern typisch. Es gab kein Anzeichen eines betont lässigen Beichttons oder des einstudierten Sich-gehen-Lassens von Menschen, die kurz vor dem Umkippen in den Suff standen. Und doch war an seinem Sprechen etwas merkwürdig Verschlucktes. Sie fragte ihn nach dem Haus, an dem er gemeinsam mit seinem Sohn oberhalb der Straße zur Grundschule arbeitete: Ein neuer Anbau, oder? Wann rechne er, mit dem Bau fertig zu sein? »Ich hoffe, Gareth übernimmt die meiste Arbeit auf der Leiter«, usw. Seine

Antworten waren knapp und wie gewohnt sachlich, doch begleitete heute jede Äußerung ein widerspenstiges Pfeifen, das von hinter der Zunge und den Backenzähnen kam. Er klang, als hätte er ein Karamellbonbon im Mund.

Sobald sie im Sprechzimmer saßen, lächelte sie und konzentrierte sich auf ihn, als hätten sie alle Zeit der Welt, als würden nicht noch vier Patienten warten und als ob Frau Doktor nicht wie immer zu spät dran wäre. Sie konnte sich nicht überwinden, einen Termin im Namen der Effizienz brutal abzukürzen.

»So, wie kann ich Ihnen heute helfen?«

Entgegen jeder Andeutung auf etwas, das »falsch laufe«, »belastend sei« sei oder »ein Problem darstelle«, hat die Ärztin im Lauf der Zeit gelernt, diesen einen Eröffnungssatz zu bevorzugen. Es ist eine positive, die Zusammenarbeit betonende Art des Beginns, die Ärztin und Patient auf einer Ebene betrachtet, zwei Erwachsene, die vor einer Aufgabe stehen, die sie gemeinsam lösen können. Sie mag es, dass es zum einen die Sache direkt anschneidet, und doch den Gegenstand unbestimmt lässt.

»Sache ist, Doc, ich hab Zahnweh. Begann, wenn ich's überlege, vor zehn Tagen oder zwei Wochen, und ich denke mir noch, das gibt sich wieder, aber hat's nicht. Ist ein Scheißdreck.«

Der Mann hob seine frisch geschrubbte Hand ans Kinn. »Verzeihen Sie meinen Ausdruck«, sagte er. Sie verzog die Lippen, um ihre Empathie zu zeigen. Um eine Beziehung zu verstärken, so hat sie gelernt, hilft es, das Verhalten oder den Ausdruck eines Patienten zurückzuspiegeln, auch wenn sie ihn schon gut kennt. Wegen ihrer merkwürdigen Kindheit, einem Gemisch aus Arbeiterklasse und Reithalle, war sie schon immer ein soziales Chamäleon; ihr fällt das Widerspiegeln leicht, und sie kann sich auf jeden Hintergrund ihrer Patienten einstellen.

»Zahnweh kann furchtbar sein«, sagte sie und fragte den Mann, wann er zum letzten Mal beim Zahnarzt gewesen sei.

»Was? Nein.«

Er machte eine Pause, sicherlich hoffte er, dass sie etwas äußerte, aber sie ließ einen Atemzug lang Raum, und so sprach er weiter.

»Mmh, ich dacht, ein Schmerzmittel und ein paar Antibiotika würden reichen. Denke, ist alles, was ich brauche. Hab im Badezimmerspiegel nachgeschaut, kann nichts entdecken. Tut nur weh. Zahn schaut okay aus.«

Er sprach Zahn nicht mit »ah«, sondern mit »oh« aus. Zohn. Diese Aussprache war im Tal geläufig, aber heute schien sie die Illusion einer Distanz zwischen dem Mann und dem ihn kränkenden Backenzahn herzustellen. Sie fragte, ob er versucht habe, einen Termin in der Notaufnahme zu bekommen. Wieder schüttelte er den Kopf.

»Die Sache ist die, Doc, ich kann nicht zum Zohnarzt. Kann's einfach nicht.«

Sie entschuldigte sich, aber erklärte, dass heutzutage Allgemeinmediziner Zahnarzteingriffe nicht mehr vergütet bekämen. Sie könnte ihm Schmerzmittel verschreiben, aber wenn es um Antibiotika ginge, das läge beim Zahnarzt. Tut mir leid, sagte sie.

»Ich werd Sie schon nicht anzeigen, Doc. Das wissen Sie. Und ich will keinen Ärger machen. Sie wissen, ich komm ja eher selten her. Aber ich kann nicht zum Zohnarzt. Ende der Diskussion. Bin über 50 Jahre nicht mehr da gewesen.«

Überrascht fragte sie ihn, wie er damit klar gekommen sei, was hat er die ganze Zeit nur mit seinen Zähnen gemacht? Das Thema war zwischen ihnen nie zuvor aufgekommen.

»Wenn es richtig schlimm war, hab ich sie mir selbst gezogen. Mach ich seit Jahren.«

Sie versuchte, ihre Gesichtszüge zu beherrschen, aber es gelang ihr nicht.

»Zangen«, sagte er, als ob er ihren Gedanken zuvorkommen wolle.

Der Mann legte seinen Kopf ein wenig nach hinten, und während sie ein Paar medizinischer Handschuhe überzog, rollte sie auf dem Stuhl nach vorn, um in seinen offenen Mund zu schauen. Er beobachtete ihr Gesicht, wie sie vorsichtig die eine Backe hielt, um die andere aufzuziehen und eine bessere Sicht auf etwas zu haben, das der Oberfläche eines fremden Planeten glich, Krater, Abstürze außerirdischer Konstellationen, ein Hauch von Entzündung in seinem Atem.

»Ich weiß, ich hab mich nicht um meine Zöhne gekümmert, wie's sein soll«, sagte er, als sie die Handschuhe von den Fingern zog, »aber sie müssen im Kopf behalten, als ich klein war, wurde gerade die Kriegsrationierung für Zuckerkram aufgehoben. Anfang '53, denk ich, war das, da waren alle Kids wie wild dahinter her. Bevs Vater, ja der war's, der hatte einen kleinen Süßwarenladen, direkt hier an der Ecke. Tja, und dann gab es diesen herumreisenden Schulzohnarzt, schrecklicher Kerl, der seine Runde durch alle Dorfschulen machte. Und wie? Er setzte dich auf den Stuhl, und er behandelte dich wie im Schützengraben. Bohren und Plomben. Vier Zöhne aufs Mal. Dann wollte er Geld für vier Plomben.« Die Hand des Mannes hat sich sichtbar in die Armlehne gekrallt. »Deshalb, so ist's. Und erzählen Sie mir nicht, die Zohnärzte hätten sich geändert und dass sie einen betäuben, so dass man nix spürt, denn das ändert, wenn's um mich geht, gar nix. Ich kann nicht und will nicht zum Zohnarzt, Ende der Durchsage.«

Die Doktorin dachte an ihre eigene Mutter, die bemerkenswert robust, unerschrocken bei allem, aber dank ihrem Dorfzahnarzt eine beglaubigte Dentophobin war. Wenn dieser Patient sich wieder und wieder für die Zange entschieden hatte, statt für den bequemen Zahnarztsessel an der Einkaufsstraße in der Stadt, dann würde keine Überredungskunst es hinbekommen, ihn vom Gegenteil zu überzeugen – und erst recht nicht mit dem, was ihr in einer Sprechstunde möglich war. In der ihr eigenen Blitzgeschwindigkeit stellte sie, fast unbewusst, eine Risikoabwägung an.

Diese geistige Akrobatik müssen Allgemeinmedizinerinnen täglich einige Dutzende Male vollbringen. Für die Patienten unsichtbar, die bloß ein Lächeln, ein Nicken, die präzise Aufmerksamkeit bemerken, entfaltet sich hinter den Kulissen eine komplexe intellektuelle Übung. Sie umfasst das Herausheben und Priorisieren einer ganzen Reihe von möglichen Resultaten, das Abwägen von einem Risiko gegen das andere – von hinnehmbar bis gefährlich –, und dann muss alles in eine Gleichung überführt werden, die die medizinische wie private Geschichte des Menschen umfasst, seine erklärten Wünsche und sein mögliches individuelles Verhalten (was nicht deckungs-gleich sein muss), bevor die Ärztin über den besten Aktionsplan entscheidet. In den ersten Berufsjahren einer Medizinerin fühlt sich das an, als ob man zwei Köpfe hätte, aber mit Zeit und Erfahrung spielt sich ein Algo-rithmus ein, wird geschmeidiger und folgt der Intuition. Was nicht bedeutet, dass die Doktorin nicht manchmal in den Morgenstunden voller Sorge aufwacht, ob sie rich-tig kalkuliert hat. Das liegt in der Natur ihres Jobs.

Dem Mann mit dem Zahnweh schrieb sie ein Rezept und drängte ihn, wiederzukommen, falls die Schmerzen nicht nachließen, worauf er grinste und den Kopf schüt-telte.

»Scheißzohn. Ich lass sie weitermachen.«

DER MORGEN ZIEHT SICH HIN. Da ist ein kleines Mädchen, das findet, Frau Doktor hätte auch einen Sticker verdient und ihr eine grinsend grüne Tarantula an den Kragen drückt, wo sie versehentlich bis zur Mittagspause bleibt. Dann die junge Mutter mit postnataler Depression, die vor Schuld ganz gerädert ist, seit sie ihren Vierjährigen mit »Was hast du jetzt schon wieder gemacht« ankreischte, weil er Plakatfarbe auf seine Babyschwester gekippt hat. Da ist die alte Imkerin, die sich entschuldigt, dass sie ihre Urinprobe in einem Honigglas bringt – »Ich hab halt keinen Pott, in den ich hätt pissen können, Frau Doktor« –, und da ist die Frau mittleren Alters, die sich sorgt, dass ihre Schwester das Scheckbuch der betagten Mutter egoistisch zweckentfremdet, und die Ärztin bittet, einzuschreiten. Da gibt es den Mechaniker, der nach einem Unfall, der Jahre zurückliegt, an chronischen Schmerzen leidet, und dessen reaktive Depression seinen Kopf mit Todesgedanken füllt: »Ich habe dreihundertfünfundvierzig Tage im Jahr Schmerzen, und die anderen zwanzig sind einfach unerträglich.« Es gibt einen hingebungsvollen Raucher, der es mit einem Lachen ablehnt, etwas von Nikotinpflastern zu hören, und ein vierzehnjähriges Mädchen, das mit einem viel älteren Freund schläft: »Ich kann gar nicht glauben, dass er mit mir geht. Ich hab so ein Glück.« Und schließlich ist da der Witwer in den Achtzigern, der nicht ohne seine Frau auskommt und dem, der Doktorin gegenüber sitzend, Tränen in die Augen steigen: »Nicht einmal die Betttücher kann ich richtig waschen, ohne sie auf dem Boden wieder dreckig zu machen. Was für ein Blödhammel ich bin.«

An einigen Tagen spürt die Ärztin, dass sie zwischen

der alten Welt und einer unergründlichen Zukunft gespannt ist. Unter allen medizinischen Spezialisierungen, ja unter allen Berufen, wird es nur wenige geben, die einem einen solch privilegierten Zugang zu den Leben anderer gewähren und die, in summa, zwei Jahrhunderte überspannen. Das inzwischen gebrechliche Herz ihres ältesten Patienten tat seinen ersten Schlag in den Nachwehen des Ersten Weltkriegs. Ihr jüngster Patient (wenn wir die vielen Leben in utero beiseitelassen) wird hoffentlich genauso gut bis ins 22. Jahrhundert hinein leben. All diese schlagenden Herzen. All die Erfahrungen. All diese Geschichten. All diese Veränderungen. Das ist etwas zugleich Großartiges, wie der große Schwung der Talschlucht, und etwas Exquisites, Winziges, wie eines der Vergissmeinnicht, die zwischen den Platten vor ihrem Haus sprießen.

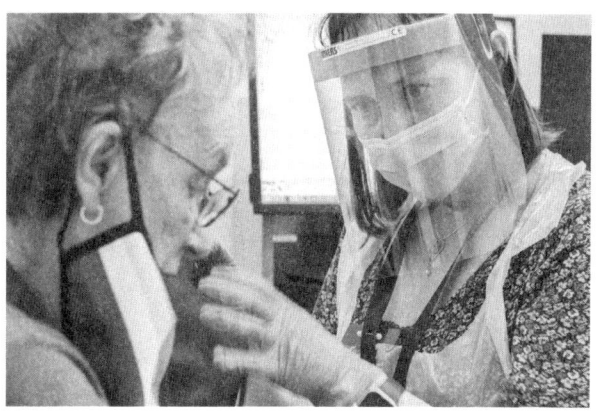

TROTZ IHRER DIE ZEIT ÜBERDAUERNDEN, starken Identität, führte diese Landpraxis eine nomadische Existenz. Früher zogen die Dorfpraxen umher. Ein Jahrzehnt lang trafen sich die Kranken des Dorfsprengels vor einer Hütte zwischen dem Radmacher und dem Sargschreiner, danach im Anbau hinter der neuen Telefonvermittlung, dann gegenüber den Dorfläden, die heute nicht mehr existieren; dann die Straße hinunter in einem umgebauten Schweinestall. In der guten alten Zeit diente hier wie überall in ländlichen Gemeinden das Wohnzimmer im Familienhaus des Arztes als Praxis. Tatsächlich war es ein Zeichen für Dr. Johns Modernität, dass er die Praxis aus dem Familienheim verlegte und gleichzeitig die Patienten ermutigte, zu ihm zu kommen, statt er zu ihnen. Aber auch so blieb bis weit in die 8oer Jahre ein großer Teil seiner Konsultationen Hausbesuche, und zur Sprechstunde war keine Anmeldung erforderlich.

Diese Zeiten waren natürlich passé, als die junge Ärztin zu Beginn des neuen Jahrtausends mit ihrem Zukünftigen hier im Tal eintraf. Es gab schon doppelt so viele Patienten wie in Dr. Johns Tagen, und die große Mehrheit der Arztbesuche fand in einer der beiden Praxen und nur nach Terminvereinbarung statt. Die westlich vom Fluss gelegene Praxis war inzwischen in einem Gebäude untergebracht, das früher die Behörde beherbergt hatte, die in diesem Distrikt für die wundersame Ankunft des Trinkwassers in den Fünfzigern zuständig war. Zwischen die alte Schmiede und eine methodistische Kapelle geschmiegt, war diese Schuhschachtel von einem Gebäude so unscheinbar wie zentral für die hiesige Grundversorgung, dass es von der ganzen Gemeinschaft geliebt wurde. Bis heute nennen es die Leute (abhängig von ihrem Alter) entweder »Das alte Wasserwerk« oder »Beim Doktor«, obwohl die Praxis schon lange ans andere Dorfende in ein eckiges Gebäude mit einem Dach wie ein aufgeschlagenes Buch gezogen ist. Die Lokalpresse kündigte die Eröffnung 2012 mit einem freizügigen Gebrauch des Audrucks »state of the art« an und dem Hinweis auf die Kosten von 1,1 Millionen Pfund. Die andere Praxis, ihr Zwilling auf dem östlichen Ufer von Dr. Johns altem Haus, ist die schäbige Cousine vom Land, ein ebenerdiger moderner Block, ein gestauchtes Haus, umgeben von einem Kinderspielplatz und Feldern. Während viele Patienten der einen oder anderen Praxis treu sind, je nachdem, welche Seite des Flusses sie ihr Zuhause nennen, wechselt das Praxisteam je nach Bedarf zwischen den Zweigstellen hin und her – alles in allem sind das zwei oder drei Doktoren bzw. Doktorinnen und ihre Stellvertreter, eine Handvoll Praxiskrankenschwestern, Krankenpfleger, und die Frauen, die den Empfang, die Arznei und die Verwaltung organisieren. Auf ihre Weise sind die beiden Praxen nicht weniger nomadisch als ihre Vorgänger.

Versucht man die verschiedenen Wandlungen von Gebäuden und Orten, von Raum und Zeit nachzuvollziehen, versteht man nach einer gewissen Zeit, dass die wahre Materialität dieser Landarztpraxis aus mehr besteht als aus Steinen und Mörtel. Viel wichtiger ist die Komplexität der menschlichen Beziehungen in ihrem Inneren – der Kameraderie und Kooperation zwischen den verschiedenen Arbeitskolleginnen, der Beziehung zwischen dem Team und den Patienten, dem Nachbarschaftsschwatz im Wartezimmer, der an manchen Tagen eher nach einer Kaffeerunde als einer ärztlichen Konsultation klingt – sowie aus der wechselseitigen Beziehung zwischen Doktorin und Patienten, die im Mittelpunkt von allem steht. Jede dieser Interaktionen ist notwendigerweise pragmatisch auf die Gegenwart bezogen, aber jede besitzt ein tiefes Wurzelwerk, das im Laufe der Zeit die Individuen mit der Gemeinschaft und die Gegenwart mit der Vergangenheit verknüpft. Es kommt gar nicht so selten vor, dass man Erinnerungen an die Doktoren aus fast hundert Jahren hört, sechs oder sieben Generationen vor Dr. John. Das ist Teil des Gewebes, Kette und Schuss dieser Praxis, ganz egal wie sehr sich die Medizin oder der NHS weiterentwickelt haben.

Um die Zeit des Umzugs in das neue Gebäude wurde auch die eine offene Sprechstunde am Freitagabend abgeschafft. Es war für alle eine Tortur gewesen, eine Schlange aus vorbeischauenden Patienten, die oft am Ende noch stundenlang vor der Tür standen und murrten, wenn ein bestimmter, kränklich aussehender Nachbar vor ihnen

dran genommen wurde. Nach einer Folge von dreiundzwanzig Patienten drehte sich der Doktorin der Kopf,
und als sie sich dabei ertappte, dass sie die Dosierung von
Paracetamol nachschlug, wusste sie, es war Zeit, aufzuhö-
ren. Eine der Stellvertreterinnen hatte sich bereits gewei-
gert, an den Walk-In-Sprechstunden mitzuwirken – »Das
ist absolut verrückt, keiner macht das heute noch« –, und
so beugte sich die Ärztin schließlich dem 21. Jahrhundert.
Das war zweifellos der richtige Schritt, aber der Unmut
der Gemeinschaft war greifbar. Nach einem Jahrzehnt
haben die Patienten ihr mehr oder weniger vergeben,
aber gelegentlich erwähnen immer noch manche, die die
langen Stunden Warterei völlig vergessen haben, dass sie
es früher besser fanden, diese schönen, entspannten
Sprechstunden ohne Anmeldung.

Diese nostalgische Verehrung der guten alten Zeit der
Heilkunst ist etwas, mit dem sich jeder Arzt herumschlagen muss. Hier erhält die Nostalgie eine bestimmte Tonlage aufgrund der Langlebigkeit der Beziehungen der
Ärztin zu vielen ihrer Patienten – und weil ihr Berufsleben selbst durch die Veränderungen geprägt ist. Sie hat
gelernt, das Gemurre wegzulächeln oder es mit ihnen
durchzusprechen. Manchmal weist sie darauf hin, dass sie
aus erster Hand weiß, dass sich die Behandlung chronischer Krankheiten, die national gesehen die Hälfte aller
Arztbesuche verursacht, allein in den letzten zwanzig Jahren so sehr verbessert hat, dass man es nicht glauben will.
Als sie hier angefangen hatte, ist sie zu Menschen, die in
der Agonie nach einem akuten Herzversagen in Atemnot
waren, mit Furamed geeilt; heute ist ihr Zustand durch
eine engmaschige Überwachung und durch die entspre-

chende Kombination von Medikamenten viel besser zu kontrollieren. »Eine Menge schrecklicher, gar nicht so seltener Vorfälle ereignen sich seltener, da hat der Fortschritt, so würde ich denken, doch etwas gebracht.« So in etwa sagt sie das, in ihrer milden, doch direkten Art. Und sie verschweigt dabei nicht, dass die Tätigkeit eines Arztes nicht so ist wie in einer Fernseh-Vorabendserie. Es ist nicht alles heroisch. Mit der Zeit verstand sie, dass sich ein Großteil der Arbeit im Gespräch entfaltet. Um so mehr, wenn du in einem Zweig der Medizin arbeitest, in dem der Erfolg oft an dem gemessen wird, was nicht eintritt – der Schlaganfall, der ausbleibt, der Herzinfarkt, der niemals eintritt, die Niere, die nicht versagt –, die Menschen vergessen schnell, dass deine Arbeit Leben rettet.

SIE BEGRÜSST IHN mit Vornamen.

»Hallo«, antwortet er und benutzt auch ihren Rufnamen. »Wie geht's deiner Ma?«

Sein Gesicht schaut grau aus, wie helle Wäsche, die man mit etwas Dunklem in die Maschine gesteckt hat.

»Ma ist wohlauf«, sagt sie.

»Und der Traktor? Hast du ihn wieder hinbekommen?«

Sie nickt und dankt ihm, erwähnt, dass sie und ihr Mann den neuen Keilriemen mit Hilfe von YouTube einbauen konnten. Aber die Doktorin will in der Besprechung weiterkommen. Vor zwei Stunden hatte sie die angeführten Beschwerden auf ihrer Sprechstundenliste entdeckt. Ihr Magen zog sich zusammen, als ob ihn jemand in einem zugeknoteten Turnbeutel herumschleuderte. Neben seinem Namen: »husted Blut«. Ihr erster Gedanke war, *wer schreibt denn »husted«?* Aber dringender war die Tatsache, dass männliche Landarbeiter Mitte dreißig nur selten ihren Schatten in die Praxis werfen, und falls doch, dann nicht wegen Kinkerlitzchen. Sie hatte schon ein paarmal versucht, ihn anzurufen, aber sein Telefon klingelte nur.

Sie kennt den Mann seit seiner Jugend, sie kennt die ganze Familie. Sie betreiben einen der wenigen Milchhöfe, die den Absturz der Molkereiproduktion überstanden haben. In den Sechzigern gab es in der Gegend um das Tal Dutzende von ihnen, nun kann man sie an den Fingern einer Hand abzählen. Vor ein paar Jahren war die Familie gezwungen, das alte bewundernswürdige Farmhaus zu verkaufen, das in aller Augen so wirkte, als widerständen seine soliden Mauern jeder Erschütterung, die das moderne Leben ihnen entgegenwirft. Ein Software-Berater und seine schwangere Frau wohnen nun dort. Aber die Familie des Mannes hatte es hinbekommen, das Land und die Herde zu behalten und pendelt nun von zwei Neubauten am Rand der nächsten Stadt zu den Weiden und Milchställen. Er wohnt mit seiner Freundin in dem einen, der alte Farmer und seine Frau im anderen. Der Besitzer des Pubs hat ihnen erlaubt, den Traktor auf dem Parkplatz hinterm Haus abzustellen.

»Ich hab versucht, dich anzurufen. Ein paarmal. Du hast Blut gehustet, stimmt das?«

»Sorry, wir waren am Melken, und da ist eine ganze Herde, alles Mutterkühe, die wir satt bekommen müssen. Ich habe mein Telefon nicht gehört, aber stimmt, ich hab einen Tropfen Blut gehustet, dachte, am besten komme ich deswegen vorbei.«

Sie fragt ihn, ob ihm irgendwo in der Brust unwohl sei.

Er schüttelt den Kopf.

»Eine Art Atemnot?«

»Nein, denk nicht.«

Nun, da die Ärztin ihm gegenübersitzt und das Licht des Fensters hinter ihr auf sein Gesicht fällt, kann sie in seinen dunklen Augenbrauen kleine Schweißtropfen erkennen. Kein Mann für ausführlichen Augenkontakt, nestelt er an einem Strohhalm an seinem Ärmel und merkt zu spät, dass es nicht in Ordnung wäre, ihn auf den Boden des Sprechzimmers zu werfen, er sitzt damit in der Falle und hält ihn zwischen Daumen und Zeigefinger. Sie kann noch keinen medizinischen Grund nennen, warum, aber weil sie ihn so gut kennt, weiß sie, dass er nicht gesund aussieht. Seine Gesichtsfarbe. Die verursacht ihr unmissverständlich ein Gefühl von Unruhe, das sie, so hat es sie die Erfahrung gelehrt, nie ignorieren sollte.

»Achte nicht auf den Hund«, sagt er, als sein Collie hinten im Land Rover auf dem Parkplatz zu bellen anfängt.

Sie beginnt mit einer Reihe von Untersuchungen: Temperatur, Atem, Sauerstoffsättigung, Blutdruck. Alles im grünen Bereich. Die Lungen sind frei. Das Herz klingt, wie es soll. Der einzige Hinweis, das etwas nicht stimmt, ist sein erhöhter Puls, nicht viel eigentlich, 88, wobei sie bei einem Mann seines Alters und seiner Fitness 70 oder so erwartet hätte.

Sie fragt, seit wann er Blut huste.

»Keine Ahnung. Einen Tag oder zwei?«

Keine Schmerzen in den Beinen?

Er schüttelt den Kopf.

In der letzten Zeit keine langen Reisen?

Er lacht. »Nö.«

Das versetzt die Ärztin in Verlegenheit. Warum sie sich Sorgen macht, was jeder Allgemeinarzt in der gleichen Situation auf keinen, auf gar keinen Fall übersehen will, ist ein Blutklümpchen, eine tiefe Venenthrombose im Bein, bei der ein Teil sich löst und hoch in Richtung Herz unterwegs ist. Die feinsten Äderchen sind es meist, die das Klümpchen auf seiner Reise stoppen, in anderen Worten: im Gehirn, wo es einen Schlaganfall verursachen kann, oder in der Lunge, wo es eine Lungenembolie auslöst. Indem es den Blutkreislauf durch die Lunge unterbricht, nimmt es einem Teil der Lunge den Sauerstoff, diese Partie stirbt ab, wodurch der Leidende Blut hustet und mit der Zeit kurzatmig wird. Unbehandelt wird das Ereignis immer schlimmer: Akutes Atemversagen raubt dem Herzen den Sauerstoff, und ohne Sauerstoff hört es auf zu schlagen, Herzstillstand. Im Alter erhöht sich das Risiko einer Lungenembolie, aber es ist keineswegs auf die Älteren beschränkt. Umso mehr, als die genetische Veranlagung auch eine Rolle spielt. Die Doktorin weiß, dass es in der Familie mütterlicherseits Fälle von tiefer Venenthrombose gegeben hat. Sie und seine Mutter hatten vor ein paar Jahren genau hier im selben Zimmer darüber gesprochen, als sie nach einer Knieoperation die Notwendigkeit von blutverdünnenden Mitteln durchdiskutierten.

Aber es können auch eine Vielzahl anderer, weniger schwerer Erkrankungen einen Patienten dazu bringen, Blut auszuhusten: eine Halsentzündung, eine Atemwegsinfektion, Zahnfleischentzündung, wenn bei Nasenbluten Blut hinuntergeschluckt wird, sogar ein Magengeschwür. Sicherlich wirst du keinen Patienten ins Krankenhaus überweisen, weil er einen Puls von 88 hat und sich in seinem Speichel eine Spur Rosa findet, ohne dich bei der Aufnahme dem Spott der Kollegen auszusetzen, was sie sich jetzt in Technicolor vorstellt. Und doch, dieses tief sitzende Gefühl einer Unruhe und seine Ausstrahlung bringen sie dazu, sich irgendeine Geschichte auszudenken, die den Kriterien für eine Aufnahme entspricht, damit er dort ordentlich untersucht werden kann. So besorgt ist sie.

All das geht der Doktorin durch den Kopf. Sie denkt an den älteren Doktor, Dr. Johns einstigen Partner, der, als sie damals hier eintraf, sagte: »Vergiss nicht, eine

Krankheit präsentiert sich nicht immer wie im Lehrbuch. Oft spielt sie ihre Karten in der falschen Reihenfolge aus. Deshalb ist Fürsorge und das Wissen über Generationen, über einen langen Zeitraum hinweg, so wichtig. Wenn die Karten in der falschen Reihenfolge kommen, sollten sie dich dazu bringen, dir zu sagen, *Halt, einen Augenblick*.« Einen Moment lang ist die Oberfläche ihrer Gedanken wie ein Fluss voller Pik, der vor Buben, Königen, Königinnen und Assen brodelt.

Wenn es um medizinische Erstversorger geht, bezeichnen manche das als »Bauchgefühl«, als einen sechsten Sinn, eine Art Hellseherei auf Seiten des Doktors. Andere sind der eher geerdeten Ansicht, dass das Bauchgefühl ein unbewusster Prozess ist, in dem Muster in einem komplexen Arsenal von verbalen und nicht verbalen Hinweisen wiedererkannt werden. Nach diesem Modell setzt sich das unbewusste Wiedererkennen der Wechselwirkung bestimmter medizinischer Symptome über das bewusste Wissen ihrer Ursachen hinweg – eben der Reihenfolge, in der die Karten ausgespielt werden. In der Tat gibt es heutzutage in Großbritannien wie überall in Europa einen anerkannten Zweig der Medizin, der versucht, innerhalb eines theoretischen Rahmens die Funktionsweise und Effizienz des Bauchgefühls in der Allgemeinpraxis zu verstehen. Neulich legte eine Studie zur Rolle der Intuition in der Krebsdiagnose überzeugende Belege für deren Brauchbarkeit vor, obgleich eingeräumt wurde, dass Skepsis auf Seiten der Krankenhausspezialisten die Allgemeinmediziner davon abhält, ihr Bauchgefühl in Arztbriefen anzuführen. Was aber allgemein Zustimmung findet, ist, dass eine Kombination von medizinischer Erfahrung, von jahrelangem Praktizieren als Allgemeinmediziner, von Kontinuität der Fürsorge sowie der genauen Langzeit-Kenntnis eines Patienten signifikanten Einfluss auf die Genauigkeit des Bauchgefühls eines Doktors hat. Es geht um dessen Vertrautheit mit der Gemeinschaft wie deren Individuen.

Nun zieht der Mann seine Fleecejacke wieder über. Hier in der Praxis kann sie keine weiteren Untersuchungen anstellen. Sie sagt ihm, sie könne nicht viel entdecken, das falsch liefe. »Aber schau, ich mache mir Sorgen um dich.« Sie sagt seinen Namen. »Ich frage mich, ob wir dich nicht im Krankenhaus durchchecken lassen sollten. Irgendetwas ist nicht in Ordnung. Der Tropfen Blut, den du erwähnt hast, wie sah der aus?«

»Ich kann's dir zeigen, wenn du willst«, sagt er. »Willst du's sehen?«

Der Mann beugt sich nach unten, greift in die Plastiktüte, die er mitgebracht hat. Zwischen einer Ausgabe der Lokalzeitung und einer Packung Kekse zieht er einen Joghurtbecher hervor mit einem improvisierten Deckel aus zerknitterter Alufolie. Er zieht ihn ab und hält den Becher hoch. Sie hat während ihrer Zeit als Ärztin so manche blutgefleckten Taschentücher gesehen, aber so etwas noch nie. Der Becher ist einer mit zwei Fächern, einem Fach für den Joghurt, das andere für die Fruchtbeilage. Beide Fächer sind voll von etwas, das wie Cranberry-Soße wirkt, aber in Wirklichkeit ist es eine beträchtliche Menge von blutgefllecktem Auswurf und einer Reihe dicker Knoten.

Sie klingelt sofort zur Rezeption durch und bittet, einen Notruf durchzugeben.

»Bist du dir sicher«, fragt er und benutzt wieder ihren Namen. »Du hast gesagt, meine Werte seien in Ordnung. Vielleicht biegen es ein paar Antibiotika oder etwas Hustenmedizin wieder hin? Hab Dad gesagt, ich sei in einer halben Stunde wieder beim Melken. Oder vielleicht kann ich heute Abend da kurz vorbeifahren?«

Es ist eine der Gelegenheiten, an denen die Ärztin hart bleibt. Keine Antibiotika, kein Hustensaft, kein Arbeiten, kein Sich-selbst-zum-Krankenhaus-Fahren. Sie führt ihn über den Flur zu dem leeren Nebenzimmer, legt ihm eine Hand auf die Schulter, sagt ihm, er soll ruhig rufen, wenn er sich unwohl fühlt. Er kann hier auf den Krankenwagen warten. Wird nicht lange dauern. Sie werde von Zeit zu Zeit den Kopf hineinstecken.

An diesem Abend arbeitet die Ärztin im Home Office, als sie online die Krankenhauswerte prüft. Der Mann ist stabil, aber ein Scan hat eine signifikante bilaterale Lungenembolie zutage gebracht, das heißt: große Klumpen in beiden Lungenflügeln. Es war kurz vor zwölf. Als die Schatten der Bäume sich im Wind bewegen, schaut sie hinaus in die Nacht. Einen Moment lang hört sie wieder, wie der Collie des Mannes hinten im Auto, draußen vor der Praxis, bellte.

Manchmal ist da selbst bei Tag eine Dunkelheit.

Noch heute regt mich die Geschichte auf, obwohl es vor Jahren am Anfang meiner Karriere passiert ist. Ein Mann, der allein lebte. Ich hatte die Morgensprechstunde hinter mich gebracht und hatte jetzt die Liste mit den Hausbesuchen vor mir. Einer war bei diesem Mann. Ich wusste nichts über ihn. Er kam fast nie in die Praxis, auf der Liste hieß es einfach »Bauchschmerzen«, und ohne richtigen Grund ging ich zuerst zu ihm. Fand das Haus, klopfte an die Tür. Keine Antwort. Ich rief wie gewohnt, »Es ist die Ärztin, ich bin allein«, öffnete die Tür und schloss sie hinter mir.

Ein Flur, die Küche am Ende, eine Wohnzimmertür, dann vorn die Treppe. Und da war er, die Beine hingen über den Stufen in der Luft. Ich glaube, er hatte um einen Hausbesuch gebeten, damit der Doktor ihn findet und nicht jemand, der sich um ihn sorgte. Ich hoffe, es war so, nicht dass er hoffte, der Arzt wäre schneller. Man macht sich so seine Gedanken.

Ich rannte hin, stand unter ihm und versuchte, ihn anzuheben, um den Druck von seinem Hals zu nehmen, aber ich war nicht stark genug. Ich drückte mich an ihm vorbei, lief hoch und versuchte hektisch, den Knoten zu lösen. Ich war einmal Bergsteigerin, aber ich bin nicht gut mit Knoten, und da war die Ahnung, ich kann's nicht beschreiben, nur: Ich bin ein hoffnungsloser Fall, ich bekomme den Knoten nie auf, und alles ist meine Schuld, weil ich nicht gut mit Knoten bin. So presste ich mich wieder an ihm vorbei, rannte die Treppe hinunter. Fand die Küche. Fand die Küchenmesser. Rannte wieder hoch. Drückte mich an den Beinen vorbei. Sägen und sägen und sägen und sägen, aber das Messer war stumpf. Am Ende ließ ich es, fand suchte sein Telefon und wählte den Notruf. Ich habe ihn nicht runtergekriegt.

Ich glaube, was ich erklären möchte, ist das Gefühl, vollkommen nutzlos zu sein, eine Versagerin. Als ob ich wertlos sei. Ich habe nicht das Format für diesen Job, verstehst du? Ich fühlte mich sehr jung und hoffnungslos. Dann kamen die Polizei und das Notarztteam, und ich ging. Ich sah nie, wie sie ihn heruntergeschnitten haben. Ging gleich zu den beiden nächsten Hausbesuchen. Kam zurück, gleich in die Abendsprechstunde, sah niemanden von meinen Kolleginnen, ging nach Hause und hab kein einziges Mal richtig darüber gesprochen. So war das damals. Heute sprechen wir darüber. Es wäre ein »signifikantes Vorkommnis«, aber damals gab es keine »Analyse von signifikanten Vorkommnissen«. So, professionell gesehen, endete die Geschichte, als ich das Haus verließ. Ich bin noch einmal durch meine Tagebücher gegangen, ich hatte es noch nicht einmal notiert. Mein Mann erinnert sich nicht daran. Ich glaube, es könnte sein, dass ich es nicht erwähnt habe, aber ich weiß es nicht mehr.

Das war mein erster Selbstmord.

Tatsache ist, der Vater von meinem Dad hat sich erhängt und wurde von Dads Bruder gefunden. Ich lernte meinen Großvater nie kennen, aber das warf tiefe Schatten auf die Familie, und ich weiß, welche Auswirkungen das auf meinen Lieblingsonkel hatte. So bin ich, vielleicht, froh, dass dieser Mann mich gerufen hat. Ich bin froh, weil ihn nicht jemand aus der eigenen Familie finden musste, denn, welche Last es auch für mich bedeutet, das ist nicht zu vergleichen mit dem, was meinem Onkel zustieß. Dad sagte nie viel dazu, aber er meinte: »Das war für deinen Onkel sehr schwer.« Nichts weiter, weißt du, nur diese Worte. Ich bin sicher, jeder Arzt hat seinen eigenen Horror, aber das Sich-Erhängen, das finde ich echt fürchterlich. Ich kam bei eini-

gen hinzu, jeder für sich elend, und das Gefühl der absoluten Ohnmacht ist einfach schrecklich. Als Ärzte wollen wir nützlich sein, wir nützen, indem wir helfen, weißt du? Sogar wenn jemand stirbt, kann ich den Weg dorthin ein wenig erleichtern. Aber gibt es etwas Vergleichbares wie angesichts eines Selbstmords zu versagen? Da hast du vollkommen versagt.

Ich denke, das verlässt mich nie, und immer, wenn ich einen Patienten mit Suizidneigung treffe, steht mir das alles wieder klar vor Augen.

*

IN DEN SICH ÜBER MEHRERE MONATE hinziehenden Gesprächen über Leben und Arbeiten der Ärztin im Tal kommt das Thema Selbstmord immer wieder vor. Das ist erstaunlich bei einer Frau, die so sehr zu Optimismus neigt. Es gibt acht ganz unterschiedliche Todesfälle durch Suizid, auf die sie in Bruchstücken ihrer Hintergrundgeschichte anspielt – ein Blick auf die Nachwehen, die unbeantwortbaren Fragen und die untröstliche Trauer danach. Es ist zunächst verführerisch einfach, dies als dunklen Schatten zu verbuchen, den der letzte Schritt von Dr. John wirft oder der des Großvaters, den sie nie kennenlernte. Aber das verkennt das Spezifische an der Arbeit einer Allgemeinmedizinerin an einem Ort wie diesem. Schließlich ist die Ärztin die erste Anlaufstelle und medizinische Türwächterin für jede ernste Krise, die ihre Patienten, ob körperlich oder geistig, befällt. Diese Verantwortung und die Beziehungen, die ihr Leben bestimmen, leitet sie von der Vorstellung ab, dass intensive Gewissenhaftigkeit und die bewusste Entscheidung, auf die Karte der Hoffnung zu setzen, immer nützlich sind, ganz gleich, wie elend die Umstände auch sind. Scheitert dies, fühlt sie sich entwurzelt.

Im Lauf ihres Berufslebens hat sie, so sagt die Ärztin, mit elf Todesfällen durch Suizid zu tun gehabt, im Durchschnitt einer alle zwei Jahre – dazu kommen zahllose Versuche, von Teenagern bis zu hochbetagten Patienten. Darüber hinaus gehören auch Bemühungen, es gar nicht zum Suizid kommen zu lassen, entschieden zu ihrem Auftrag – die frühen Anzeichen zu erkennen und den Menschen zu helfen, bevor es zu spät ist. Woche für Woche kommen in ihre Sprechstunde Patienten mit Selbstmordgedanken oder der Neigung zur Selbstverletzung. Wie allen Allgemeinmedizinern auf der Welt ist ihr die Gesichtsfarbe der Verzweiflung vertrauter als anderen.

2018 stellte eine Studie fest, dass in den Nachwehen eines Suizids bis zu 135 Menschen Unterstützung suchen, sei es medizinisch oder seelsorgerisch. Jedes verlorene Leben löst in der Familie, unter Freunden und in der Nachbarschaft seismische Erschütterungen aus und führt zu Narben, die jahrzehntelang bleiben. In einer Gemeinschaft wie dieser hat die Trauer eine für die Ärztin spürbare Dichte, und im Lauf der Jahre hat sie verstanden, dass es keine Traurigkeit ist, die sie einfach im Interesse der Selbsterhaltung ausklammern kann. Man muss ihr mit Mitleid begegnen und eine Gegenwart geben – und sie eines Abends irgendwie loslassen.

DIE ÄRZTIN MACHT EINE LISTE all der Dinge, die ihr in schweren Zeiten helfen, den Halt nicht zu verlieren.
- Musik (laut).
- Sport (mit Energie).
- Lesen (ein Roman und ein Sachbuch, beides immer gleichzeitig).
- Natur (täglich, mit dem Duft von Feldblumen oder in regengetränkter Dosis).
- Tiere (ihr Pferd auf der Koppel, drei bewunderte Hunde).
- Familie (ihr Ehemann, seit 20 Jahren, und zwei Söhne im Teenageralter, die sie seit kurzem »Das Mutterschiff« nennen. Das ist ihr Lieblings-Spitzname).

Um die Wirkung zu steigern, nimmt sie einen Cocktail aus all diesen Medikamenten zu sich. In Wirklichkeit unterstützen diese sie in ihrem Job genauso wie der Inhalt ihrer Arzttasche oder die Jahre praktischer Erfahrung. Sie machen sie glücklich, ganz, widerständig.

Nichts davon ist den Patienten ein Geheimnis oder ein Doppelleben, von dem sie ausgeschlossen wären. In einer Gemeinschaft wie dieser ist es ohnehin schwer, sich zu verstecken, aber sie hat sich freiwillig entschieden, es erst gar nicht zu versuchen, und die Menschen spüren das bei ihrer Doktorin. Sie kennen ihren Mann, haben die Jungs aufwachsen sehen, sie fragen nach ihnen; sie sehen, was sie in ihrer Freizeit anfängt, wenn sie nicht in der Praxis ist, um sich um sie zu kümmern. Ein Patient hat seinen Spaß daran, wenn sie ein Lied aus den 80ern trällert, während sie einen feuchten Pfad am Rand eines Bachs hochläuft. Ein anderer sieht sie eines Sonntagmorgens beim Wandern mit ihrem Sohn und ist erstaunt, dass sie ihr Stethoskop um den Hals hängen hat, als würde sie beim nächsten Knacken eines Astes sofort in ihren Profimodus springen. Als er näher kommt, erkennt er, dass es eine Schleuder ist, und alle drei lachen darüber, als sie beim Weitergehen Höflichkeiten austauschen. Ihre Beziehung ist keine Transaktion. Sie ist eine von ihnen.

Das macht sie glücklich, ganz, widerständig.

*

MEHR ALS IN ALLEN ANDEREN BERUFEN hat es in den letzten fünfzig Jahren in der Allgemeinmedizin eine erdbebenartige Verschiebung der Geschlechterverteilung gegeben. Als *A Fortunate Man* geschrieben wurde, waren weniger als ein Viertel der praktizierenden Ärzte Frauen. Vierzig Jahre später, 2007, genau im Jahr, als die junge Ärztin in Dr. Johns alter Praxis Vollzeitpartnerin wurde, hat diese Zahl einen stattlichen Sprung auf 42 Prozent gemacht. 2014 haben sich die Waagschalen weiter verschoben, zum ersten Mal bildeten Allgemeinmedizinerinnen die Mehrheit. Ein weiteres Jahr später zählte das General Medical Council, dass 69 Prozent von den in Ausbildung befindlichen Allgemeinmedizinern weiblich sind, so dass auf einen männlichen Kollegen zwei weibliche kamen. Es gibt wenig Zweifel, dass die Zukunft der Allgemeinmedizin in den Händen der Frauen liegt.

Die Ärztin erklärt diesen Gezeitenwechsel zum Teil dadurch, dass die Allgemeinmedizin zu den familienfreundlicheren unter den verschiedenen Medizinzweigen gehört. Sie selbst wollte immer Kinder bekommen, und sicherlich spielte das bei ihrer beruflichen Entscheidung in ihren späten Zwanzigern eine Rolle. Sie unterstreicht, dass sie niemals, kein einziges Mal das Gefühl hatte, dass Frau- oder Muttersein sie eingeschränkt hätten. Im Gegenteil, es habe sie zu der gemacht, die sie ist; sie wurde dadurch in ihrem Job besser, sagt sie.

Es lohnt sich, letzteren Punkt genauer zu betrachten. Als die Hauptverdienerin in der Familie, weist die Doktorin immer rasch darauf hin, dass ihre steile Karriere nicht möglich gewesen wäre, wenn sie nicht dank ihres Ehemannes in Vollzeit hätte arbeiten können. Als ihre Söhne zur Welt kamen, ließ er seine Arbeit als Tontechniker über fünf Jahre ruhen. »Er ist mein Fels in der Brandung«, sagt sie, »ja, als psychologische Unterstützung, aber auch in einem praktischen Sinn, denn er ist ein hervorragender Dad. Nicht, dass ich das im Sinn hatte, als er um meine Hand anhielt. Das alles war nicht geplant. Ich glaube, ich hatte einfach Glück, aber für eine berufstätige Mutter bedeutet das so ein anderes Leben. Es war einfach großes Glück.«

Wenn man ihren Mann fragt, drückt er es so aus: »Wir sind ein Team. Wir sorgen dafür, dass es klappt. Es war immer die Rolle der Frau, oder nicht, für den Doktor zu sorgen, der normalerweise männlich war. Ich denke, wir haben das einfach umgedreht, damit sie tun kann, was sie tun muss. Ich weiß nicht, ob sie das ohne mich hinbekommen würde.«

»Was?«, fragt sie und kommt in die warme Küche.

»Zu tun, was du tun musst«, sagt er.

»Keine Chance«, sagt die Ärztin.

Seit sie verheiratet ist, arbeitet die Ärztin sehr daran,

das Persönliche mit dem Beruflichen ins Gleichgewicht zu bringen, einmal für die Familie und für sich, aber auch für ihre Patienten. Die Vorstellung, in ihrer Berufung nicht von der Mutterschaft eingeschränkt zu sein, und in ihrer Mutterschaft nicht von der Berufung, ist in feministischer Sicht ein Schritt, aber das ist es nicht allein, worauf sie hinauswill. Ihre Perspektive richtet sich nicht unbedingt auf die Frage nach dem Geschlecht, sondern nach dem Gleichgewicht, das die Arbeit nachhaltig macht, dafür sorgt, dass sie dem Druck widersteht. Wird das Gleichgewicht erreicht, sorgt es für die größte Belohnung im Job. Denn hier zu sein, an den meisten Tagen immer erreichbar, ist eine der Grundsäulen für den Aufbau von Beziehungen, und starke, tief verwurzelte Beziehungen tun nicht nur den Patienten gut, sie helfen auch der Ärztin.

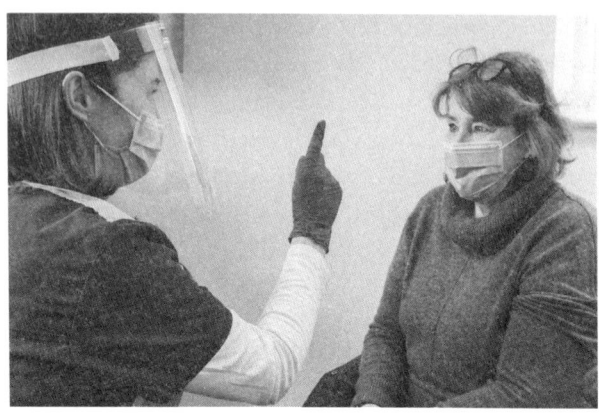

DIESER ORT GALT EINMAL als ein Dorf für sich, und auf der Karte ist er noch so verzeichnet. Nicht, dass es unter den Bäumen oder den dichten Hecken ein Schild oder so etwas gäbe. Es ist möglich, dass man viele Jahre in diesem Tal lebt und nie auf diese Anhäufung von Steinhäusern gestoßen ist, die sich in ein Patchwork kleiner Felder hineinducken, die den Grenzen eines feudalen Besitzes folgen. Es ist kein Ort, den man auf dem Weg woandershin kreuzt oder über den man stolpert, es sei denn, man hat sich schlimm im Wald verfranzt. In dem Fall findest du die Stelle einmal, aber das ist keine Garantie, dass du den Ort wiederfindest. Die üblichen Orientierungsmöglichkeiten haben ihre Geltung verloren. Tatsächlich besitzt dieses halbgare Dorf unter den Bäumen die erstaunliche Eigenschaft, seine Gestalt zu ändern, als ob Escher seine Geometrie zugunsten einer Baumschul-Idee aufgegeben und einen belaubten Ort geschaffen hätte, der aus jedem Blickwinkel und zu jeder Jahreszeit anders erscheint und nicht wiederzuerkennen ist.

Zwei Jahrzehnte lang lebt die Ärztin schon etwas über eine Meile Luftlinie entfernt auf der anderen Schulter des steilen Nebentals, das von der Hochebene zum Fluss hinabfällt. Und trotzdem verirrt sie sich scheinbar jedes Mal, wenn sie zu einem Hausbesuch auf die andere Seite des Bachs gerufen wird. In letzter Zeit neigt sie dazu, lieber mit den Hunden zu gehen, statt die Reise mit dem Auto zu versuchen – oder mit dem E-Bike, das sie heutzutage für viele Visiten bevorzugt. Zu Fuß wird sie sich nicht die Stoßstange beim Wendeversuch in einer der verstopften Kapillare von Wegelchen verkratzen, noch wird sie in dem Irrgarten aus steil abfallenden Pfaden, die sich durch den Wald schlängeln, vom E-Bike stürzen. Wenn sie den Weg in Schrittgeschwindigkeit per Trial-and-Error sucht, kommt sie schneller an und das in einem entspannteren, ordentlicheren Zustand. Heute, im klamm-feuchten Grau des Herbstnachmittags, ist sie zu einer alten Dame unterwegs, die angerufen hat und über Kurzatmigkeit klagte.

Es ist schon das dritte Holztor, das sie innerhalb von zehn Minuten öffnet, aber das ist endlich das richtige Haus. Sie erinnert sich an die geblümten Vorhänge im Wohnzimmerfenster, die stets geschlossen sind, als ob es an diesem abgeschiedenen Ort viele neugierige Augen gäbe. Die Frau hat das Holztor gehört und öffnet die Tür, bevor die Doktorin sie erreicht.

»Ja, kommen Sie herein«, sagt sie und spricht die Ärztin mit Frau Doktor und Nachnamen an. »Ich bin so froh, dass Sie gekommen sind, ich habe Sie erwartet.« Die Ärztin legt die Schlaufen der Hundeleinen über die gusseisernen Stiefelknechte unter dem Eingang, zieht instinktiv den Kopf ein und tritt unter dem niedrigen Türbalken hinein. Das Haus fühlt sich feucht an. Die ältere Dame macht schnell die Tür hinter ihr zu und schließt mit Schlüssel und zwei Riegeln ab, einer oben, einer unten. Die Ärztin fragt, ob sie sich, bevor sie beginnen, die Hände waschen könne, und die alte Lady führt sie in die vollgestellte Küche, streichelt über ein verblichenes blaues Handtuch an dem metallenen Spülbecken und zieht auch hier den Vorhang zu. Der Formica-Tisch in der Mitte des Raums ist voller Papierstapel, Briefe und Dokumente. Während sich die Ärztin die Hände trocknet, setzt sich die Frau hin.

»Unter Atemnot zu leiden, ist eine fiese Sache«, sagt sie, greift in ihrem Rucksack nach Stethoskop, Thermometer und Pulsoximeter.

»Es ist schrecklich,« sagt die alte Dame, die so wie immer ausschaut, betagt, aber robust und mit rosa Wangen. »Furchtbar, als gäbe es nicht genug Luft auf der Welt.« Die Ärztin schlägt vor, mit der Untersuchung von Herz und Lunge zu beginnen.

»Oh, ich bin mir nicht sicher, ob das nötig ist,« sagt die Frau, »aber was ich Ihnen gerne zeigen würde, sind die paar Dinge hier.« Sie setzt die an einer Kette um ihren Hals baumelnde Brille auf und greift nach einem Stapel Korrespondenz, der auf einer Obstschale voll kleiner roter Äpfel balanciert. »Nehmen Sie sich einen, wenn Sie möchten«, sagt sie, ohne aufzuschauen, und blättert eilig durch die Papiere. »Sie sind von dem Baum da draußen. Nun, schauen Sie sich das an. Das reicht, um jeden krank zu machen.«

In aller Ausführlichkeit beginnt sie zu erklären, wie sie

mit dem neuen Nachbarn, der erst kürzlich das Haus auf der anderen Seite ihres Obstgartens bezog, in Streit geraten sei über einen Plan. Sie zieht Seite für Seite hervor, Briefe von ihrem Parlamentsabgeordneten, dem Vorsteher der Baubehörde, dem Kopf der Gemeindeverwaltung, Baufirmen, Architekten, Plänen, Karten, Urkunden.

»Es ist das Schlimmste, mit dem ich mich je habe herumschlagen müssen«, sagt die alte Dame. »Und es ist einfach nicht recht. Unsere Familie hat seit den 1930ern in diesem Haus gelebt. Sie können das nicht wissen, denn Ihnen ist das neu hier – Sie sind eben erst hergezogen –, aber die Eltern meines verstorbenen Mannes haben hier vor uns gelebt. Mein Schwiegervater arbeitete für die Eisenbahn, die aufgegeben wurde. Er pflanzte den Obsthain. Und dann kommen Leute von außerhalb und tun, als ob ihnen hier alles gehörte, und wollen aus einem perfekten Haus, einem wunderschönen alten Haus, etwas richtig Großes machen, mit Wintergarten und einem Carport. Einem Carport! Sie wollen die Aussicht genießen, sagen sie, aber warum? Man kann ja einfach ums Haus laufen, wenn man die Aussicht sehen will. Und das, Frau Doktor, macht mich krank.«

Die schrägen Talschultern sind mit einstigen Steinmetzhütten übersät. Viele wurden vor Hunderten von Jahren zu Behausungen ausgebaut; Schweineställe und Viehunterstände wurden mit großen Felsbrocken aus dem Wald zu Wohnhäusern vergrößert, die oft nicht mehr als ein Zimmer hatten. Die meisten der Hütten drehten ihre Schultern dem heranstürmenden Wetter zu, den großen Stürmen, die sich im Winter von der Mündung her durch den Trichter der steilen Talwände nach Norden drückten. Damals war es wichtiger, Wind und Regen draußen zu halten, als dieses dezidiert moderne, durch Zentralheizung möglich gewordene Getue um »die Aussicht«. Aber in den letzten fünfzig Jahren wehte mit dem Wind ein gewisser Wohlstand hierher und trieb flussauf. Nur wenige von jenen, die sich heute noch der Arbeiterklasse zurechnen, können sich diese Waldarbeiterhütten leisten. An den meisten wurde angebaut und wieder angebaut, das Althergebrachte wurde zum Tal hin von einem Palimpsest aus Fenstern, Wintergärten und Sonnenterrassen überzogen. »Unsere Hütten wachsen wie Kartoffeltriebe«, sagte ein Bewohner aus der guten alten Zeit voll Trauer.

Das Gefühl, sich aus einer einfacheren Vergangenheit zurückziehen zu müssen, scheint den Lungen der alten Dame die Luft genommen zu haben. Sie macht weiter und weiter. Kein Detail aus dem Streit um die Pläne ist zu klein, um es nicht auszuwalzen. Die Ärztin baut sie auf. Sie legt ihre Instrumente auf den Tisch und schaut sich jedes Blatt an, das ihr gereicht wird, bis ihr ganzer Schoß voller Dokumente ist. Es braucht eine gewisse Zeit und eine bestimmte Überredung ihrerseits, bis man auf das Thema der Kurzatmigkeit zurückkommt. Nur widerstrebend willigt die Dame der Untersuchung zu, Blutdruck, Puls, Temperatur, Sauerstoffsättigung, ein genaues Abhorchen des Herzens, um Herzflimmern oder eine Lungenentzündung auszuschließen. Und die Patientin hört nie auf zu reden.

»Ich glaube nicht, dass Sie etwas finden, Frau Doktor. Das Problem, das sind die neuen Nachbarn.«

Sie treten in das dunkle Wohnzimmer, damit sich die Frau auf dem Sofa zurücklehnen kann, während die Ärztin ihren Bauch abtastet. Ein Tumor im Unterbauch kann in Richtung Lungen nach oben drücken und eine Person kurzatmig werden lassen, aber nein, wie beide es vorhersahen, spürt sie unter der sanften Blässe der Frauenhaut nichts Ungewöhnliches, nichts anderes als Ängstlichkeit, Einsamkeit und Empörung.

Nach einer Dreiviertelstunde ist der Zorn der alten Dame verraucht, und die Ärztin macht sich zum Aufbruch bereit. »Ich weiß nicht, was jetzt geschehen muss«, sagt die Frau, als sie die Eingangstür entriegelt, »aber ich wollte, dass Sie Bescheid wissen, und ich fühle mich schon besser, wo ich es Ihnen erzählt habe. Weniger atemlos, denk ich. Vielen Dank.«

Inzwischen ist es dunkel. Da sie nicht ahnte, dass es so lange dauern würde, hatte die Ärztin nicht daran gedacht, eine Taschenlampe einzustecken und die Batterie ihres Smartphones ist schon schwach, sie kann den Pfad zurück durch den Wald kaum erkennen. Sie späht im tintenschwarzen Himmel nach dem vertrauten Hügel vor ihr. Mit den Fingerspitzen berührt sie die raue Borke jedes Baumes und die Welt fühlt sich wieder uralt an. Einer der Hunde findet einen langen Stock und stößt ab und zu gegen ihren Unterschenkel. Jedes Mal erschrickt sie und schaut sich um. Es ist ein langer Weg nach Hause, der Wald ist samtig schwarz, Eulen rufen, Fledermäuse flitzen zwischen den Bäumen.

*

DIE ÄRZTIN HAT EINE BESONDERE Abneigung für den Ausdruck *the worried well*, »den besorgten Gesunden«, womit Patienten gemeint sind, deren Symptome oder Beschwerden nicht sauber den pathologischen Befunden folgen. In ihren Ohren hat der Ausdruck einen lässig abwertenden Beiklang, der sich mit allem reibt, was sie im Lauf der Jahre über die komplexe Schichtung von sich über lange Zeit gebildeten Beziehungen gelernt hat. Es hat einen garstigen Beigeschmack von »wir und die«, jenen, die die Aufmerksamkeit der Doktorin verdienen, und denen, die die Zeit der Ärztin verschwenden, als ob Zeit und Aufmerksamkeit nicht der Kern ihrer Verpflichtung gegenüber jedem Einzelnen bilden würde. Trotz des steigenden Gebrauchs des Begriffs bei Gesundheitsfunktionären und manchen Ärzten, ist sie mit ihrer Ansicht nicht allein. Ein neuerer Artikel im *British Journal of General Practice* rief dazu auf, das Label der »besorgten Gesunden« ganz fallenzulassen und wies auf das Beruhigen als die wichtigste Vorsorge hin, die ein Allgemeinmediziner seinen Patienten bieten kann, ob gesund, krank oder irgendwo dazwischen. Diese Beruhigung ist nicht einfach ein Prozess, in dem man sagt, »ja, ja, machen Sie sich keine Sorgen, Sie bekommen keinen Herzinfarkt«. Sie ist unterfüttert von der Sicherheit, dass man Zeit hat, sich auszusprechen, und dass jemand zuhört, dass der Arzt ein Zeuge ist von allem, was jemand durchmacht. Das Entscheidende ist, dass dieses Zusammenspiel von Zuhören und Beruhigen nicht einfach ein nettes Extra ist. Es hinterlegt Informationen für zukünftige Unterredungen und, wichtiger noch, stärkt im Kern das Vertrauen zwischen Arzt und Patienten. Es ist die Freundlichkeit, durch die die Menschen sich besser fühlen, und darauf kommt es an.

Letzte Woche kam ein Mann in Begleitung seiner Frau zu ihr. Er hatte ein »komisches Ding« gehabt, sagte die Frau, »am Samstagabend, ein plötzlich so heftiger Schmerz in der Brust, dass er aufschrie«. Die Ärztin untersuchte den Mann, organisierte eine Röntgenaufnahme der Brust sowie ein EKG, um sicher zu sein, aber sie fand nichts, das den Vorfall erklärte. Vielleicht eine Verkrampfung des Bewegungsapparats, sagte die Ärztin, nichts, worum man sich Sorgen machen müsste. Aber die Frau zögerte, das Sprechzimmer wieder zu verlassen. Es passierte gerade, sagte sie, als ihr Mann die Lottozahlen im Fernsehen überprüfte, und sie dachte für den Bruchteil einer Sekunde, sie hätten gewonnen. In diesem Augenblick waren der Bungalow und die Eintönigkeit des Rentnerdaseins wie weggeblasen und sie hatte alles vor Augen: die Palmen, der Infinitypool, der Whirlpool, der Cocktail im Luxusglas, das riesige Bett mit tropischen Blüten auf den Kissen. Sie spürte die schwüle Hitze und das Säuseln fremder Gitarren. »Wir haben beide unser ganzes Leben hart gearbeitet, und wir waren nie in den Ferien, in der Sonne, im Ausland, und ich hatte … Nun, ich hatte auf einmal alles vor Augen, das war's.« Und schweigend sind sie zurück zum Auto.

Sie könnte nicht sagen, warum, aber das war eine der traurigsten Geschichten, die sie seit langem gehört hatte. Die Frau hatte nicht die Absicht, sie traurig zu machen. Und sie hatte zu Recht nicht eine Sekunde daran gedacht, dass sie traurig würde, aber was die Ärztin in all den Jahren im Tal entdeckt hat, ist, dass ein Maß an emotionaler

Anteilnahme am Leben ihrer Patienten nicht nur unausweichlich ist, sondern zentral, um ihren Job gut zu machen.

Ein anderer problematischer Spitzname, der zu einer gewissen Stigmatisierung führt, ist der Ausdruck *Heartsinking*, der sich auf »Seufzerpatienten« bezieht. Er wurde in den 1980ern geprägt, ist unter Doktoren weit verbreitet und meint die Patienten, deren Name auf der Sprechstundenliste dem Arzt ein banges Gefühl abringen, ein *Oh nein, nicht der schon wieder*. Die Behauptung, dass ihr das nie passieren würde, wäre eine Lüge. Auch ihr passiert das. Sie ist keine Heilige. Doch es ist einer der Momente, an denen ihre angeborene Neigung zu Introspektion ihr guttut, ihre Neigung, jede Situation in Gedanken hin und her zu wälzen, bis nichts mehr ihren Kopf beruhigen kann als ein langer, anspruchsvoller Lauf durch den Wald.

Der zeitgenössischen Allgemeinpraxis liegt die Idee zugrunde, dass die bewusste Reflexion der Dynamik jeder Begegnung mit einem Patienten sowie der den daraus folgenden nächsten Schritten wesentlich sind, um den medizinischen Standard zu halten. Eine prüfende Nachbetrachtung dessen, was richtig und was falsch lief und warum, ist ein Mittel, durch das sich ein guter Arzt gegen Selbstgefälligkeit wappnen und von seinen Fehlern lernen kann.

Sie arbeitete hier schon seit gut zehn Jahren, als während einer Nachbetrachtung die Sprache auf eine bestimmte Patientin kam, die erstaunlicherweise ihr Herz bange werden ließ. Sie hasste es, es zuzugeben, aber diese Frau war eine echte Qual, sie war streitsüchtig und stur. Jedes Mal, wenn sie in die Sprechstunde kam, und das geschah oft, verknotete sich etwas vor Zorn im Magen der

Ärztin. Der Prüfer schlug vor, dass sie einen Blick in neuere Forschungen zu dem »Heartsinking«-Phänomen werfen solle, die ihr vielleicht eine andere Perspektive darauf verschaffe. Für die Ärztin war dies eine Offenbarung. Nicht nur führte die Forschung an, dass die weniger fähigen, unerfahrenen Ärzte einen höheren Anteil von »heartsink«-Patienten hätten (ein exzellenter Stups für das Mädchen, das immer noch nur Bestnoten haben wollte), sondern auch, dass das Externalisieren des Problems auf die Patienten grundlegend falsch war. Tatsächlich lag die emotionale Reaktion, das schwere Herz, auf Seiten des Mediziners, und so war der Arzt verantwortlich, es anzusprechen, so wie er sich auch verhalten würde, wenn eines seiner Instrumente verrückt spielte. In gewisser Weise war es genauso. Die Beziehung »spielte verrückt« und wurde am besten repariert, indem man das Problem ansprach, statt es zu ignorieren. Indem man sich fragte, warum man den Patienten so empfand und warum diese Gefühle eine solche Reaktion provozierten, konnten aktiv Strategien entworfen werden, um die emotionale Reaktion anders zu fassen und die Reaktion neu zu justieren.

Diese Entdeckung veränderte von Grund auf die Art und Weise, wie die Ärztin mit bestimmten belastenden und lästigen Patienten umging, die nicht mehr länger wie zuvor an den Käfigstäben rüttelten. Im Lauf der Zeit machte sie das in ihrem Job glücklicher. Wie immer war auch hier von Herz und Verstand beides gefordert: Adaptionsfähigkeit und Eifer. Inzwischen wird ihr nur bei wenigen Patienten das Herz bang.

MUM UND DAD GEHÖREN noch in die alte Zeit, sagt die Person, die ihre Sprechstunde aufgesucht hat, und zappelt im Stuhl vor ihr herum. Die verstehen nicht, wie das Leben heute für die jungen Leute so ist. Sie haben keinen Schimmer, nichts. Und ganz bestimmt verstehen sie mich nicht. »Die denken, ich wäre lächerlich. Die meinen, das alles wäre wie … wie eine Mode oder so was.«

Die Ärztin kennt die Eltern, von denen die Rede ist, ohne dass sie je darüber gesprochen hätten. Sie vermutet, dass sie mit niemandem außerhalb der eigenen vier Wände darüber geredet haben, einem Haus mit gepflegtem Garten im schöneren der beiden Neubaugebiete am Dorfrand. Alles in ihrem Leben scheint darauf ausgerichtet, die Wildnis im Zaum zu halten, bis zu dem geraden und aufrechten Zaun, der ihren kurz getrimmten Rasen von der hohen Wiese mit den Bäumen dahinter trennt.

Es ist ihr mittleres Kind, das immer das »Unbeholfene« gewesen ist (in den Worten der Eltern, nicht der Doktorin), mit einer Neigung zu »Dramatik« und zu »Unsinn«. Aus dem, was die Person erzählt, folgert die Ärztin, dass Mum und Dad nur einfach wegschauen, es als nicht real abweisen, als ob es solche Dinge gar nicht gäbe. »Sie lehnen mich ab«, sagt das mittlere Kind mit aufgerissenen Augen, als es ihr es erzählt.

Sie kennt die Person seit vier oder fünf Jahren, seit Mitte der Pubertät. Die allererste Sitzung war erfüllt von akuter Angst, und einige Monate lang ging es um Schulprobleme. Genauso wenig wie in der lohfarbenen Uniform fühlte sich die Person in ihrer Haut wohl, was bei ihrer Mutter Augenrollen auslöste und den Vorschlag, dass etwas Verliebtsein die Dinge gerade biegen könnte. Danach kam das Kind nur noch allein zu Einzelgesprächen. Oft war es kratzbürstig und verteidigte sich reflexartig, aber mit der Zeit wurden die Gespräche offener. Die Ärztin mag diese Begegnungen am Tagesschluss, wenn die Straßenlaternen draußen vor der Praxis angeschaltet werden. Manchmal erscheint ihr Gegenüber mit brutal kurzgeschorenen Haaren und fummelt an ihnen herum, streicht immer wieder mit dem Handteller über die stoppelige Schädelkontur, als ob ein bitterer Wind wehen würde. Die Doktorin vermutet die Eltern hinter diesem GI-Schnitt. Ein andermal ist das Haar recht lang, und es ist etwas an den Bewegungen der Person, das vermuten lässt, dass ihr das Gefühl auf dem Kopf augenblicklich Vergnügen bereitet. »Ich habe immer gespürt, das mein Körper nicht zu mir passt«, kommt es schließlich vor etwa einem Jahr wie aus heiterem Himmel. »Ich, wie ich innen bin.« Die Doktorin hatte diese Möglichkeit bis dahin nicht bewusst erwogen, aber war nicht überrascht von diesem in der Luft hängenden Satz, am Ende einer Sitzung herausgeblafft, bei der es eigentlich um etwas ganz anderes ging.

In den folgenden Sprechstunden verstand die Ärztin langsam, dass es sich um ein schon lang gehegtes Gefühl handelte, etwas, das den ganzen Alltag bestimmte. Sie bemerkte, wie die Schüchternheit nachließ, wenn sie darüber sprachen. »Ich wusste es schon immer«, erzählte ihre Patient*in, »seit ich, ich war noch klein, das Nachthemd meiner Cousine überstreifte, obwohl mir von Anfang an klar war, dass das vor Mum und Dad verborgen bleiben musste.« Erst, als die Patient*in online Unterstützung fand und über Monate Gespräche mit Fremden führte, die zu Freunden wurden, konnte they sich ein Herz fassen und es vor der Ärztin überhaupt erwähnen. Tatsächlich öffnete sich so ein Weg, es auszudrücken. An dem Tag, als sie sich darauf einigten, eine Überweisung für die Gender Identity Clinic auszustellen, fragte they die Ärztin, ob eine Umarmung sie stören würde. Natürlich nicht, sagte sie, das muss sich großartig anfühlen.

Die Ärztin hat mehrere trans Patient*innen, die glücklich sind und auf Rezept Hormone verschrieben bekommen. Wenn es um Gesundheitsfragen geht, die empfindliche Bereiche berühren – ein Mann braucht einen Abstrich oder einer Frau muss die Prostata abgetastet werden –, findet sie, dass sich diese Gespräche mit Ehrlichkeit und Respekt genauso wie andere vertraulichen Konsultationen führen lassen. »Es geht immer nur um Menschen«, sagt die Doktorin.

In diesem Teil des Landes wartet man zwei Jahr auf einen Platz in der Klinik. Weil ihr klar ist, dass sie vielleicht der einzige Mensch in der realen Welt ist, mit dem die Patient*in darüber sprechen kann, sehen sie sich seit der Überweisung einmal im Monat zur Nachverfolgung. Ihr ist bewusst, dass das nicht reicht, aber mehr kann sie nicht tun. Sie möchte den psychologischen Zustand der Patient*in im Blick behalten, die mit der unabsehbaren Wartezeit und mit der Entscheidung klarkommen muss, und das alles bei diesen Eltern. Sie lässt die Patient*in das Gespräch bestimmen, und tatsächlich diskutieren sie alles Mögliche in diesen Zehn-Minuten-Bruchstücken von Redefreiheit. Pronomen (der Wechsel von »er/ihm« zu vorerst »they/them« ist ein riesiger Schritt). Wann es am besten den Freunden sagen (noch nicht, beschließen sie). Ob es sich noch immer als die richtige Entscheidung anfühlt (oh, ja, ja). Und worüber sie wirklich sprechen wollen, vor allen anderen Dingen – Kleider und Make-up.

»Ich fühle mich heute sehr wohl«, sagt they und glättet die Falten aus dem T-Shirt und über der Hüfte der Jeans. »Ich trage *meine* Kleider. Ich mag das.«

Eigentlich denkt die Ärztin nicht viel über Mode nach, weder für sich noch bei anderen, und so kann sie keinen wirklichen Unterschied zu dem feststellen, was they sonst trägt. In ihren Augen wirkt es nicht femininer, obwohl sich ihre innere Stimme gleich meldet – *aber was weiß denn ich?* In ihrem Schrank hat sie einen oder zwei Anzüge für die Arbeit, in denen sie sich wohl fühlt und die sie für Konferenzen beiseitegehängt hat – oder für Tage, an denen ihre Laune auf Halbmast hängt. Aber wenn es um feine Nuancen von Schnitt und Naht geht, ist sie außen vor. Sie sei, das gibt sie entschuldigend lachend zu, »keine Hilfe beim Kleiderkauf«.

»Und wie ist es mit Lidschatten? Wissen Sie, wie man ihn richtig verblendet?«

Seit der Schulzeit hat sie keinen Lidschatten mehr getragen, sagt sie, und auch damals war sie nicht gut darin, aber wir haben ja noch ein paar Minuten, sagt sie, schauen wir im Internet nach.

Die Konsultation endet, indem Ärztin wie Patient*in sich über den Computerbildschirm beugen, während ein Make-up-Artist am anderen Ende der Welt seine Augenlider mit einer Palette aus Perlmutttönen bestreicht, so wie das kalte Winterlicht, das auf den Spiegel des Flusses trifft. Alle drei lächeln.

DER IN SICH VERSCHLUNGENE WALD, der das Tal über-
zieht – jede Schlucht und jede Felskanzel, jede sanfte
Anhöhe und jeden wogenden Hang –, vermittelt den
Eindruck, als wäre er seit unvordenklichen Zeiten unberührt vom Wandel hier. Aber in Wahrheit scheint sich
das Tal heute mehr als in den letzten tausend Jahren seinem ursprünglichen Zustand anzunähern. Denn die Wälder wuchsen und verschwanden über Jahrhunderte, die
Bäume wurden heruntergeschnitten, gefällt, die Hänge
wurden zu Feldern, und dann wieder zu Wald, und das
wieder und wieder. Auf alten Fotografien vom Fluss oder
von der längst verschwundenen Eisenbahn, deren Schienen den Trog der Schlucht von Anfang bis zum Ende
durchschnitten, sind die vertrauten Hänge oft merkwürdig nackt, als hätte sich der Wald der Schere eines über-
eifrigen Barbiers überlassen. Und doch findet sich hier
und da verstreut eine Reihe uralter Bäume, die gerade so
sehr geschätzt wurden, dass sie der Axt entgingen. Sie
wachsen um Mauern, Zäune, Felsen, drehen und winden
sich in den unsichtbaren Bögen des Windes. Und so
leben sie inmitten ihrer jungen, ungebeugten Cousins
mit ihrem exzentrisch hohen Alter als stumme Zeugen
von Jahrhunderten flüchtiger, manchmal brutal kurzer
Menschenleben.

*

DIE SCHLAFZIMMERWAND des kleinen Mädchens ist voller
Pferdebilder. Sorgfältig aus dem PONY-Magazin ausge-
schnitten, sind sie mit Reißzwecken in Reihen ange-
tackert und zeigen rehäugige Pferdegesichter mit pastell-

farbenen Halftern, die Bildunterschriften sind in bonbonfarbene Buchstaben wie »Pony BFF ❤!!« Als die Ärztin mit der Untersuchung des kleinen Mädchens fertig ist und ihre Tasche neben dem Nachttischchen mit dem Muschelrand und der sorgfältig arrangierten Menagerie von Stofftieren, zusammenpackt, sagt sie, wie wunderschön ihre Bilder wären. Sie fragt, welches Tier ihr liebstes wäre. Die blauen Augen des Mädchens heben sich und blinzeln langsam, als ob an ihren Lidern Gewichte hängen. Ohne ihren Kopf zu drehen, betrachtet sie einen Moment die Wand, sagt aber nichts.

»Was meinst du, Liebling?«, fragt die am Fußende des Bettes sitzende Mutter. »Du magst doch das schwarze, oder? Das mit dem türkisfarbenen Halfter. Oder wie wäre es mit dem wunderbaren Schimmel? Den lieben wir doch, oder? Wunderschöne Augen.«

»Ja«, sagt das Mädchen und blickt zur Mutter, »der Schimmel. Er war unser Liebling.«

»Wir haben die Bilder letztes Jahr aufgehängt«, sagt die Mutter zur Ärztin, als müsste sie erklären, warum die Tochter das Perfekt verwendet.

Das Mädchen ist neun Jahre alt und leidet an Leukämie. Sie wird vom Krankenhaus betreut und war in den letzten zwei Jahren in einer intensiven Chemotherapie. Jede Woche hat sie einen Termin beim Kinder-Onkologen, aber seit den letzten vierundzwanzig Stunden geht es ihr schlecht; sie leidet unter extremer Müdigkeit, Kurzatmigkeit und einigen Schwellungen im Leistenbereich. Bevor sie darüber entscheiden, ob sie ins Krankenhaus kommen muss, hatte der Onkologe vorgeschlagen, der Allgemeinmediziner solle testen, ob ein Atemwegsinfekt vorläge oder ob es einen einfacheren Weg gäbe, die Symptome des Mädchens zu lindern. Leider nein, ergab die Untersuchung, die die Ärztin gerade abschließt.

In dem Haus auf dem Hügel, der in der Stadt am ferneren Ende des Tals ausläuft, gibt es nur die beiden, Mutter und Tochter. Keine Geschwister, und von dem Vater hat die Ärztin nie ein Zeichen gesehen. Sie weiß nicht warum, und sie fragt auch nicht nach. Wie zwei Hälften eines Ganzen scheinen sich Mutter und Tochter sehr nah zu sein. Wenn sie ihre Patienten zu Hause besucht, passiert es selten, dass sie sich als Eindringling empfindet, aber hier ist es so. Jede von beiden konzentriert sich so auf die andere, dass die Ärztin sich fühlt, als wäre sie hinter einer Wand aus dickem Aquariumsglas.

Das Kind regt sich ein wenig und schaut auf die Doktorin. Sie bittet ihre Mum um eine Packung Fruchtsaft. Sie lauschen beide auf die Schritte der Mutter, die die Treppe hinuntergeht. Als sie hört, dass sich die Küchentür schließt, bittet das Mädchen die Ärztin, in das Buch zu schauen, dass sich in der obersten Schublade ihres Nachttischchens befindet. Sie habe einen Brief geschrieben, sagt sie, für Mum.

»Ich dachte, Mum könnte ihn lesen, wenn ich einmal nicht mehr da bin«, sagt sie geradeheraus. »Ich will ihr sagen, sie soll sich nicht immer über alles Sorgen machen. Ich glaube, sie wird die Fassung verlieren, und ich dachte, es wird ihr helfen, wenn ich einige schöne Dinge aufschriebe.«

Es gibt eine Pause, und das Mädchen setzt hinzu: »Denn ich weiß ja, was mit mir passiert.«

Die Ärztin fragt, ob ihre Mutter über den Brief Bescheid wisse, faltet ihn und lässt ihn wieder in das Buch und in die Schublade gleiten.

»Nein«, sagt das Mädchen rasch, »und versprechen Sie mir, dass Sie es ihr jetzt nicht verraten. Ich glaube nicht, dass sie es im Moment ertragen kann, der Gedanke, dass ich es weiß. Dass ich weiß, dass ich sterbe.«

Seit sie im Tal ist, sind der Ärztin eine Handvoll todkranker Kinder begegnet, aber so ein Gespräch hat sie nie geführt. Wie auch immer, als Medizinstudentin hatte sie überlegt, in die Pädiatrie zu gehen, als Wahlfach hatte sie Kinder-Onkologie, so dass sie weiß, wie außergewöhnlich, ja außerirdisch, sterbende Kinder oft sind. Sie tun und sagen Dinge, die völlig aus dem Rahmen dessen fallen, was andere Kinder sagen und tun. Etwas an dem grausamen Prozess, dem Schmerz, der Angst, dem Beschützen ihrer Nächsten – »sie werden zu Anderen«, sagt sie. Sie kann sich keinen besseren Ausdruck dafür denken.

Sie unterdrückt, was sie unwillkürlich empfindet: den Reflex, das Kind zu trösten und ihm zu versichern, »natürlich geht es dir wieder besser, es wird wieder gut«; stattdessen sagt die Doktorin etwas, das auf jeden, der alles Mögliche unternimmt, um zu helfen, sinnlos wirken wird. »Du bist so ruhig«, sagt sie zu dem kleinen Mädchen in seinem Bett.

Jetzt können sie hören, wie die Mutter wieder die Treppen hochkommt, so lächelt das Mädchen und flüstert: »Ich denke, Sterben lässt einen schnell erwachsen werden. Aber können Sie darauf achten, dass Sie es nicht vergessen, ihr später von dem Brief zu erzählen?«

Auf dem Weg zurück in die Praxis fährt die Ärztin

nach einer Viertelmeile in eine Haltebucht neben einer Gruppe riesiger, knorriger Kastanienbäume. Sie müssen Hunderte von Jahren alt sein, und doch erscheinen immer noch auf jedem ihrer Zweige grüne Knospen. Sie stellt den Motor ab und starrt durch die Windschutzscheibe.

DER MORGEN IM TAL BEGINNT für die Ärztin um sechs. Zähneputzen, eine halbe Stunde auf dem Crosstrainer, während sie auf ihrem Tablet die Nachrichten liest, Dusche, Kaffee, Müsli, Sandwich vorbereiten für den Mittag, Tee mit den Jungs, eine Umarmung, los um 7:40, mit dem Fahrrad zur Arbeit, bei Regen im Auto, dort sein vor acht. Wasserkocher angestellt, kurzes Hallo mit dem Team, dann gleich die Blutwerte der Nacht prüfen, Termine zur Nachverfolgung ausmachen, soviel sie kann, an die Krankenschwestern delegieren, eine kurzer Blick auf die Krankenberichte vom Spital, ein kurzer Blick auf die Liste für die Morgensprechstunde, und die Konsultationen beginnen.

Es gibt keinen richtig typischen Praxistag, aber hier ist der Morgenablauf ein paar Wochen vor Anfang ihres zwanzigsten Jahres als Allgemeinpraktikerin im Tal. Es ist gegen Ende 2019.

9.00 *Mann mittleren Alters, Depression.*

9.10 *Junger Mann, Schmerzen in der Brust, Harn-Symptome.*

9.20 *Älterer Mann, hat aus Angst Operation abgesagt, Diskussion über Zukunftspläne/Risiko, sich nicht operieren zu lassen.*

9.30 *Ältere Frau, Gastroenteritis seit Heimkehr vom Indienurlaub.*

9.40 *Frau mittleren Alters, unbeabsichtigt schwanger, belastende familiäre Verpflichtungen (gebrechliche Mutter, Kinder Teenager), hat das Gefühl, die Schwangerschaft sei unmöglich, aber will sie. Verzweifelt.*

9.50 *Frau mittleren Alters, Nackenschmerzen, Säurere-*
     flux, Ängstlichkeit.

10.00 *Älterer Mann, hoher Blutdruck, Prostata-Probleme.*

10.10 *Frau mittleren Alters, schwerer Atemwegsinfekt, Na-*
     ckenschmerzen.

10.40 *Frau mittleren Alters, rechtsseitig Neuralgie, Kopf-*
     schmerzen, starke Angst wg. Gehirntumor.

10.50 *Ältere Frau, gelegentlich Schwäche in den Beinen,*
     Gehschwierigkeiten, Patientin weiß nicht, warum.
     Normale Untersuchung.

11.00 *Junger Mann, Aggressionstherapie, Schulden, zuletzt*
     im Gefängnis, bedrohliches Verhalten in Praxis.

11.20 *Frau mittleren Alters, Hormonersatztherapie nicht*
     mehr verfügbar, Angst deswegen.

11.30 *Junge Frau, Angst, Depression, viele belastende Le-*
     bensereignisse.

11.40 *Mann mittleren Alters, entzündete Zyste, exzessiver*
     Alkoholkonsum, Leber, überwiesen zum Scan.

11.50 *Ältere Frau, Angst, Depression, hofft, das sei Grund*
     ihrer Gedächtnisstörungen.

12.00 *Ältere Frau, Chronisch Obstruktive Lungenerkran-*
     kung, Nachbetrachtung.

Hausbesuche:
     Älterer Mann, Kurzatmigkeit, Ohnmachtsgefühl.
     Ältere Frau, Treppensturz, verweigert Krankenhaus.
     Älterer Mann, kann nicht aufstehen.

Über diesen Novembermorgen sagt einem die Liste alles und nichts. Sie kann vielleicht einen Hinweis geben auf die Tragweite dieser Arbeit, auf die Geschwindigkeit und auf die ungelösten Enden. Aber darauf, was sich im fluoreszierendem Leuchten hinter den Fenstern der Praxis in menschlicher Hinsicht abspielt, öffnet die Aufzählung bestenfalls einen Spalt. Es ist, als ob man vom Kassenzettel eines Einkaufs hofft, den Geschmack des Gerichts heraufzubeschwören, das zubereitet werden wird, einen Vorgeschmack auf das, was während des Essens diskutiert wird und mit wem, welche Geschichten erzählt werden. Diese Liste könnte sich genauso so lesen: Simon, Danny, Robert, Christine, Sarah, Amanda, Neville, Joanne, Claire, Beryl, Andy, Ruth, Chantal, Richard, Pat, Eleanor, Edward, Jackie, Ron. Oder wie irgendeine andere Namensliste. Wie sich herausstellt, gibt es unter diesen neunzehn Patienten, denen sie alle Auge in Auge gegenübersitzt, einen Fall von Krebs, eine schwerwiegende psychische Störung, einen Verdacht auf Missbrauch in der Vergangenheit, eine neue Diagnose für ein Herzleiden und zwei Mal einsetzende Demenz, für die die Morgensprechstunde die ersten Hinweise lieferte. Obwohl die Ärztin an dem Morgen davon nichts sicher wissen kann, ist es doch ein wesentlicher Zug der Arbeit einer Allgemeinpraxis, dass jede Vermutung auf eine ernste Erkrankung nur provisorisch ist und niemals eine vollständige Diagnose darstellen kann, sie ist immer nur Ausgangspunkt auf dem Weg zu einem Spezialisten anderswo. Sie wusste, es waren nur Einblicke in neunzehn sehr unterschiedliche Lebensgeschichten, aber auch in ein Wurzelwerk aus weit zahlreicheren, über das ganze Tal verstreuten Lebensläufen, in denen Auswirkungen von dem spürbar werden würden, was sie an diesem Morgen mit den Patienten besprochen hat – während sich draußen die letzten Blätter des Jahres im Wind drehten.

Aber natürlich, das war nur der halbe Tag. Gegen Mitte des Nachmittags sitzt die Doktorin wieder über Papieren, erkundigt sich per Telefon bei Patienten, bevor sie die Abendsprechstunde mit weiteren zehn Konsultationen vorbereitet. Zwölf oder mehr Stunden, nachdem sie von zu Hause aufgebrochen ist, kehrt sie in das Haus auf dem Hügel heim. Es gibt etwas zu essen, einen Gang in den Wald oder eine Stunde Fernsehen mit der Familie und weitere eineinhalb Stunden am Schreibtisch, wie an den meisten Abenden, vielleicht etwas Yoga, ganz bestimmt etwas Lesen, Licht aus um 23.30. Schlafen.

Während ihrer ersten zwanzig Jahre im Tal hatte die Ärztin ungefähr 130 000 Begegnungen mit Patienten. Aber sie hat gelernt, dass das Statistische und Technische, selbst das offensichtlich Medizinische, nur einen Bruchteil der Geschichte darstellt. Was hinter vielen dieser 130 000 Begegnungen steckt, ist etwas, an dem die meisten Ärzte die Freude verloren haben: eine ins Gewicht fallende Anzahl von seit langem bestehenden wertvollen Beziehungen, die das Fundament bilden für die tragenden Säulen einer jeden guten Gesundheitsfürsorge: Vertrauen, Verlässlichkeit und Empathie. Obwohl die Zahl Freunde und Nachbarn mit einschließt, ist es wichtig zu verstehen, dass diese Beziehungen keine Freundschaften an sich darstellen. Im Gegenteil, sie stellen eine davon unterschiedene einzigartige Art der Beziehung dar, die ihrer Definition nach dynamisch ist und auf einer empfindlichen Balance zwischen Nähe und Distanz beruht.

All das hat sich teils durch Absicht, teils durch Zufall entwickelt, durch einen Zusammenfluss von Ursache und Wirkung, in dem sich alles für *die glückliche Frau* bestens fügte. Natürlich, zuerst wählte sie dieses Tal, dann diese Praxis und lernte mit der Zeit, auf die ihr eigene Art zu arbeiten. Dass es eine kleine ländliche Praxis ist, war keine Absicht, sondern sie liegt eben in einem kleinen, ländlichen Ort. Das bedeutet, die Doktorin muss sich keine Liste von 50 000 Patienten mit einem Dutzend anderer Ärzte teilen und sieht nicht wie manche Kollegen in der Stadt vierzig, fünfzig oder gar sechzig am Tag. Obwohl und weil sie ewig beschäftigt ist, schafft sie ihre Arbeit und kann ihre Zeit den Patienten widmen. Mit einem kleinen, engmaschigen Team teilt sie sich die relativ festgefügte Patientenzahl, denn hier im Tal bleiben die Leute lieber an ihrem Ort, und haben sie ihre Ärztin erst einmal kennengelernt, wollen sie im Krankheitsfall zu ihr. Das ist kein Wunder, und gleichzeitig doch.

Während ihrer Jahre hier hat der Aufstieg einer evidenzbasierten und patientenorientierten Medizin Fortschritte gebracht, die kaum vorstellbar schienen – im Hinblick auf Krankheitsbehandlungen wie auf Heilungserfolge. Am Anfang war es sicherlich eine Neuigkeit, dass eine junge Doktorin ihre medizinischen Entscheidungen aufgrund eines von Best Practice bewiesenen Rahmens fällte, der durch die neueste Forschung gedeckt war. Aber es stellte sich heraus, dass innerhalb dieses neuen Rahmens der Wert der Arzt-Patienten-Beziehung in Bezug auf ihre Effektivität nur schwer zu messen ist, weshalb sich die Leistungskennzahlen zur Incentivierung der Arzthonorare an der Bevölkerungszahl statt an einzelnen Individuen orientieren. An sich ist das nichts Schlechtes, doch hat die Verschiebung in Richtung Standardbehandlung häufiger Krankheitsfälle eine Lawine unbeabsichtigter Folgen für die Erstversorgung mit sich gebracht, und vieles davon hat die Beziehung von Ärztin zu Patientin, auf denen sie aufbaut, erodiert.

Die Arbeitsbelastung ist gestiegen. Praxen und ihre Belegschaften sind gewachsen. Der Gebrauch von Technologie weitete sich aus. Teilzeitarbeit wurde zur Norm. Ein Teil der Presse greift immer wieder dieses Thema auf, um die steigende Zahl von weiblichen Allgemeinmedizinerinnen zu geißeln, aber für Doktoren, egal welchen Geschlechts, ist Teilzeitarbeit oft der einzige Weg, dem Druck standzuhalten. Trotz alledem übertrumpft ein Risikomanagement, das sich an standardisierten Leitlinien hält, das Urteil eines individuellen Doktors. So hat sich Schritt für Schritt die Achse vom Patienten zur Erkrankung verschoben, von der Interaktion zur Transaktion. Und je mehr die Patientenzahl anstieg, desto mehr hatte der Zugang zu einem Arzt, egal welchem, erste Priorität, und individuelle Beziehungen wurden weiter marginalisiert. Über Kontinuität in der Versorgung wird viel gesprochen, doch wird sie selten erreicht, und da sie nur schwer zu messen ist, spielt sie als Incentivierungsfaktor im Rahmenwerk der Arzthonorare der Allgemeinmediziner keine Rolle. Egal, wie man es wendet, sind das tausend tödliche Hiebe gegen die Beziehung Patient-Arzt, die sich so weit von Dr. Sassalls Geschichte in *A Fortunate Man* entfernt hat, dass diese wie ein melancholisches Märchen aus lang und längst vergangenen Zeiten wirkt.

In der Allgemeinmedizin gibt es insgesamt ein wachsendes Bewusstsein dafür, dass all das nichts weniger bedeutet als einen existenziellen Notfall. Die Befürchtung, dass etwas Lebenswichtiges verloren ging, führte zu einer verstärkten Forschungsanstrengung, um, bevor es zu spät ist, die Bedeutung menschlicher Beziehungen in der medizinischen Pflege besser verstehen, beschreiben und messen zu können. Harte Fakten sind vonnöten, um eine politische Veränderung zu erzwingen. Und tatsächlich, eine wachsende Zahl von Forschungen verknüpft die Tatsache, über einen langen Zeitraum den gleichen Doktor zu sehen, mit einer Reihe von bedeutsamen, medizinischen wie finanziellen Vorteilen. Diese umfassen das bessere Befolgen von medizinischen Ratschlägen, eine höhere Akzeptanz von Impfungen, einen zurückgehenden Bedarf an Bereitschaftsdiensten, niedrigere Überweisungsraten, größere Praxistreue, höhere Zufriedenheit der Patienten und weniger Notaufnahmen im Krankenhaus. Laut zweier einflussreicher Aufsätze, die 2018 im *British Medical Journal* und 2021 im *British Journal of General Practice* erschienen sind, zeichnet sich immer deutlicher ein Zusammenhang ab zwischen der Kontinuität der Versorgung und einer sinkenden Todesrate. In der Tat, je länger die Beziehung zwischen Arzt und Patient hält, desto niedriger die Mortalitätsrate; nach fünfzehn und mehr gemeinsamen Jahren fällt sie um 25 % im Vergleich zu einer nur einjährigen Bekanntschaft. Der Vorsitzende des Royal College of General Practitioners formulierte es so: »Wären Bezichungen eine Arznei, würden die Verfasser dieser Richtlinien ihre Verwendung befürworten.«

Doch Familienärztinnen wie die Frau, die in der kalten Talluft in der Hintertür steht und zu dem früheren

Grundstück des *Fortunate Man* hinüberblickt, empfinden sich als bedrohte Spezies. Gegen Ende 2019 kann die Ärztin noch nicht ahnen, welche neue Gefahren lauern, für ihre Patientinnen wie für ihren Beruf, den sie so liebt. Wie immer sirrt ihr Kopf mit neuen Plänen. Sie arbeitet an einer Graswurzel-Initiative für anfällige Erwachsene und Kinder der Gegend. Sie ist wie elektrisiert von Hoffnungen für das kommende Jahr.

DER FLUSS UNTERHALB IHRES HAUSES schaut weder in die Zukunft noch in die Vergangenheit. Seit zahllosen Jahrtausenden existiert er in einer schnellfließenden Gegenwart und hat so viele Stimmungen wie das Jahr Tage. Manchmal sind seine Wasser still und silbrig, an anderen Tagen sind sie ein tiefer Choral aus Grün oder, nach einem Unwetter, von einem erschreckend donnernden blutigen Purpurrot durch die Erde, die der heftige Regen von den Hängen spülte, und gewaltig brodelt die Strömung mit aus dem Wald gerissenen Baumstämmen. Obwohl das Tal so tief ist, dass es an vielen Stellen unmöglich ist, Wasser und Himmel auf einen Blick zu erfassen, umarmen die fließenden Farben den Tag und reflektieren die Stimmungen des Firmaments. Diese kaleidoskopische Meisterschaft mag der Grund sein, warum fast jeder, der hier lebt, auf den Fluss als seinen Vorfahren blickt und, besser, als Mittelpunkt aller Dinge. »Hast du heute schon den Fluss gesehen?«, fragen sie einander, wenn das Wasser hoch steht oder niedrig oder blau ist oder braun oder klar oder bewölkt oder spiegelglatt oder zornig wie das Höllenfeuer. Es ist, als ob der Fluss ein beliebtes, aber unberechenbares Mitglied der Familie wäre.

Und doch waren nur wenige darauf eingestellt, was im folgenden Februar passieren sollte, als der Fluss entschied, die Liebe zurückzugeben, seine Ufer zerstörte und von einem Ende zum anderen des Tals in die Häuser lief. Das war der Auftakt zu dem, was ein außergewöhnliches Jahr werden sollte.

IV

DER FEBRUAR IM TAL ist hart. Tagelang gibt es kaum Licht. Der Himmel ist von einem schweren Betongrau, das düster auf die Höhenlinie drückt und alles darunter einzwängt. Seit Wochen regnet es, kein aufregender, reinigender, donnernder Regen, sondern Tag und Nacht das zermürbende Rinnen von kaltem Wasser aus einem niedrigen Himmel. Der Fluss steht hoch und fließt schlammbraun, unberührt von dem wenigen Licht, ist er eine dichte, gefurchte Fläche wie ein gepflügtes Feld. Die Erde ist durchnässt und dunkel, jeder Versuch zu wandern endet mit Waten, Sinken, mit einem Schlittern im Matsch. Mit dem Fahrrad zur Arbeit zu kommen, kann sie vergessen, es sei denn, sie will ihren Patienten entgegentreten wie ein armer, gerade aus dem Ersten Weltkrieg heimgekehrter Soldat. Im Flur stehen aufgeweichte Schuhe und Stiefel auf feuchtem Zeitungspapier Schlange. Nasse Mäntel tropfen von den Wäscheleinen und schwören fest, nicht vor dem Frühling trocken zu werden; wo das Wetter sich einen Weg durch das alte Mauerwerk gebahnt hat, bilden sich feuchte Flecken an der Wand. Die dem Kuckuck gestohlenen Frühlingsfreuden, die süßen Wiesen im Sommer und der majestätische Glanz des Herbstes sind im Februar mit Zinseszins zurückzuzahlen. Diejenigen, die hier wohnen, kennen das und knirschen einen Monat lang mit den Zähnen.

Es ist Wochenende, und die Ärztin sitzt zu Hause in ihrem Arbeitszimmer und schreibt für eine Website zu Gesundheitsfragen einen Beitrag über Vorsorge. Es war eine harsche Woche, das Hochwasser hat eine Reihe Patienten, deren Häuser von dem angeschwollenen Fluss überschwemmt wurden, zur Verzweiflung getrieben. Jetzt kampieren sie bei Verwandten oder Freunden, ihre Sofas in Containern, Industrie-Entfeuchter richten ihr Gebläse auf schlammverschmutzte Wände. In zwei Dörfern des Tals wurden tiefer gelegene Häuser evakuiert, die nächstgelegene Stadt war auf drei Seiten von der Außenwelt abgeschnitten und der Zutritt zu den beiden Praxen war eingeschränkt. Wie immer in Krisenzeiten versammelte sich ihr Team aus nüchtern pragmatischen Frauen. Im Nu organisierten sie den Zugriff auf Autos mit Vierradantrieb, suchten nach passierbaren Strecken und organisierten Abhol- und Haltepunkte, um sicherzustellen, dass die Praxis für wichtige Termine offen war, die nicht warten konnten, bis das Wasser wieder fiel.

Sie fragt sich oft, was sie ohne diese herrlichen Frauen nur anfangen würde. Tag für Tag stärken sie ihr den Rücken. Manchmal sorgt sie sich, dass sie vor lauter Arbeit nicht dazu kommt, ihnen richtig zu zeigen, wie wertvoll sie für sie und die Praxis sind. Als eifrige Befürworterin von Neujahrs-Vorsätzen, nahm sie sich selbst für 2020 vor: 1. Versuch, immer pünktlich zu sein (was sie sich jedes Jahr vornimmt und stets vergebens), und 2. Nimm dir mehr Zeit fürs Team.

Den Text für die Website schreibt sie im Stil eines Journals und strickt ihn aus eigenen Tagebucheinträgen zusammen. In den nächsten Wochen will sie, wenn immer sie etwas freie Zeit dazu findet, etwas hinzufügen, aber es ist schwierig zu wissen, was sie schreiben soll. Das Thema, wie man sich selbst schützt, ist eines ihrer professionellen Spezialinteressen, aber die Nachrichten kommen ihr in die Quere. Es scheint im Gegenteil etwas hinterwäldlerisch, über Selbstschutz zu schreiben, wenn so viele auf der ganzen Welt von einem Virus reden, das in China aufgetaucht ist und letzte Woche die britische Insel erreicht hat. Noch gibt es, Stand heute, in Großbritannien nur neun Fälle, und so versucht sie unbeholfen, mit beiden Themen zu jonglieren. Aber es ergibt keine flüssige Kombination.

Frühe Einträge lauten so: »12. Februar. Zum Corona-Virus scheint es nicht viel in den Nachrichten zu geben. Vielleicht geht es wieder vorüber. Ich schreibe eine Präsentation darüber, wie sich Erwachsene selbst schützen können. Die ärztliche Grundversorgung durch die Allgemeinpraxis ist der ideale Partner für den Selbstschutz Erwachsener.« Wie auch immer, je mehr Tage vergehen, umso unmöglicher wird es, diesem Leitfaden zu folgen. Tipps zum Selbstschutz verschwinden allmählich von der Hauptbühne, und das Virus nimmt allen Raum ein. »Ärzte diskutieren in Chat-Gruppen, ob sie ihre Testamente ändern« (22. Februar). »Heute gab es den ersten Corona-Toten in Großbritannien« (25. Februar). »Ich habe Mühe, an etwas anderes zu denken als an Covid-19. Wir haben bisher erst einen Patienten getestet, aber negativ.« (1. März).

Die Ärztin wacht jetzt um fünf Uhr morgens auf und starrt in die Finsternis, sorgt sich, was als Nächstes kommt, wie sie am besten die Patienten und das Team in der Praxis schützt. Sie denkt daran für den Fall, dass die Familie in Quarantäne muss, Nudeln zu horten, und ertappt sich dabei, dauernd wie eine aufgedrehte Grundschullehrerin »Hände waschen, das kann jedes Kind« vor sich herzusagen, obwohl sie sich nicht im mindesten aufgedreht fühlt. »Sie sprechen davon, dass die Leute von zu Hause aus arbeiten, dass die Schulen schließen, die Senioren sich selbst isolieren. Es ist lächerlich, aber es ist schwer zu entscheiden, ob das wirklich ernst wird oder wieder verfliegt wie der Millennium Bug an der Jahrtausendwende« (8. März).

Vor einer Woche oder so hat sie sich ein neues wasserfestes Smartphone bestellt, damit sie draußen im endlosen Regen Musik oder ein Hörbuch abspielen kann. Sie darf nicht Tag für Tag drinnen bleiben, sie würde verrückt. Gestern kam das Handy an und am Abend hörte sie unter der Dusche Leonard Cohens *Famous Blue Raincoat*. Es half, aber nur ein wenig. »Boris Johnson schlug heute vor, dass wir Covid-19 einfach hinnehmen, um den wirtschaftlichen Absturz abzufedern« (9. März). »Ich gehe davon aus, dass die Menschen darüber zu reden anfangen, ob es genügend Beatmungsgeräte gibt. Wir haben beschlossen, niemanden mehr mit Husten, entzündetem Hals oder Fieber ins Wartezimmer zu lassen« (10. März). »Die Schutzanzüge wurden geliefert. Sie wirken unstabil, kein Vergleich zu den Gefahrenoveralls, die die Nachrichten zeigen« (11. März).

Der Blog geht noch ein paar Tage weiter, aber der Selbstschutz wird nicht mehr erwähnt. Es geht nur noch um das Virus. Die täglichen Planungsrunden in der Praxis. Das ungute Gefühl im Magen, als sie die dichtgedrängten Massen beim größten Pferderennen des Jahres sieht. Der Versuch, die Patienten zur Sprechstunde unter einem flattrigen Partyzelt auf dem Parkplatz zu sehen, wird von heulendem Wind und Hagel vereitelt. Die Entscheidung von oben, dass es mit niemandem, der am Telefon zu erreichen ist, eine persönliche Konsultation geben soll. Das frisch geputzte Behandlungszimmer der Praxis, das man durch die Hintertür betreten kann, damit Risikopatienten untersucht werden können, ohne das ganze Gebäude zu kontaminieren. Die surreale Herausforderung, Atmungsbeschwerden am Telefon zu erkennen – während ein Teenager laut eine Stelle aus einem griechischen Mythos vorliest, soll der Doktor entscheiden, ob er kurzatmig ist. Das Leben aller verändert sich, das sieht sie deutlich.

Ihr Mann ist von den leichten Mund-Nasen-Schutzmasken aus Papier und den Gummihandschuhen nicht überzeugt, fährt in die Stadt zum Baubedarf und kommt mit einer Atemmaske zurück, die das ganze Gesicht bedeckt und vor Asbestfasern und giftigen Dämpfen schützen soll. Sie probiert sie zu Hause in der Küche aus. Zu einem Teil wirkt sie wie aus einem Weltuntergangsfilm, zum anderen wie für eine schicke Kostümparty; nichts von beidem wird den Patienten ein gutes Gefühl geben. Die Ahnung, dass jeder nur auf Sicht fährt, ist deutlich und entnervend. Am 15. März tippt sie einen letzten Blogbeitrag, aber ihr Herz ist nicht bei der Sache. Es gibt andere Dinge, denen man sich jetzt stellen muss.

ES SCHEINT DER ÄRZTIN, dass zwei Jahre vergangen sind, seit sie den letzten Tagebucheintrag notierte, nicht zwei Monate. Die Praxis ist unheimlich still, bis auf das Klingeln der Telefone. Das Wartezimmer ist verlassen, jeder zweite Stuhl ist mit gelb-schwarzem Klebeband gesperrt. Draußen ist es für die Jahreszeit zu warm, und noch bevor sich auf den Bäumen die Blätter öffnen, springt das Thermometer auf Sommertemperaturen.

Nach dem Ausbruch der Epidemie und der Anordnung, dass alle Allgemeinärzte bei Eingriffen Operationskittel, »scrubs«, zu tragen haben, stellte die regionale Gesundheitsbehörde fest, dass die Vorräte dazu fehlten. Eine Handvoll Frauen aus der Region setzten sich an ihre Nähmaschinen und schneiderten aus alten Bettlaken Hosen und Jacken für die Ärzte im ganzen Land. Zu Beginn gab es achtzehn dieser »Scubbers«, vierzehn Tage später waren es dreihundert.

Und so steht sie jetzt im Sprechzimmer. Ihr Gesicht hinter Plastik, schwitzt sie in einem alten, blauen, gewirkten Kissenbezug aus der Mitte der 80er Jahre. Das sieht nicht sehr würdevoll aus, die Ärztin weiß das, aber der Stoff ist weich und seltsam tröstlich bei dem steigenden Arbeitsaufkommen und den wachsenden Zahlen an Toten. Einigen schien es zu Beginn unwahrscheinlich, dass das Virus den Weg in eine so idyllische Umgebung finden würde, aber natürlich schaffte es das. Die Kurve an Infektionen, die Zahl der Toten und die Ziffer der Übersterblichkeit entspricht im Tal mehr oder weniger dem Landesdurchschnitt. Die grünen Bäume, der blaue Himmel, die frische Luft, die gurgelnde Biegung des Flusses – es stellt sich heraus, dass nichts von alldem das Virus abschreckte.

Die Ärztin spürt, wie das Vertrauen dünn wird. Ob man eher dazu ermuntert, das Gegebene zu akzeptieren, statt Hoffnung auf eine Wendung des Geschehens zu machen – dieser schmale Grat ist ihr nicht neu. Schon lange denkt sie, dass es ein wesentlicher Teil ihres Berufs ist, die schwierigen Gespräche über Tod und Sterben etwas leichter zu machen – durch Erfahrung, Offenheit, Höflichkeit und Zeit. Aber es ist schwer, etwas so Komplexes und Unergründliches am Telefon zu besprechen, statt Auge in Auge. Und oft finden diese Unterredungen jetzt mit ihr unbekannten Patienten und Familien statt. Und seit die Krankenhäuser darauf drängen, ältere Patienten in die Familie oder in Pflegeheime zu entlassen, ist ihre Liste mit neuen Namen übersät, deren Gesicht, Kontext und Geschichte sie nicht kennt. Sie arbeitet sehr daran, durch lange Telefongespräche, die manchmal bis zu einer Stunde dauern, eine Art Beziehung herzustellen, aber das reicht nicht immer. Heute Morgen fuhr eine Frau sie an: »Sagen Sie es nur. Sie wollen Mum nur loswerden, weil sie alt ist und weniger bedeutet als all die anderen Menschen.« Die Ärztin erklärte es und kann einen Ausweg aus dem Dilemma finden, aber nur mit Kopfweh. Es liegen heute noch fünf solcher Anrufe vor ihr. Auf den von ihr in den letzten acht Wochen unterschriebenen Totenscheinen betrafen 80 % der Covid-19-Todesfälle gebrechliche alte Menschen. Ohne Zweifel ist dieser Frühling die schwerste Zeit, die sie je als Ärztin durchmachen musste: die Angst, die Traurigkeit und das brodelnde Chaos, aber sie hat weniger denn je das Gefühl, dass sie jetzt aussteigen kann. Sie muss dranbleiben, dranbleiben, weiterkämpfen. Sie weiß aber nicht einmal, was das bedeutet.

Spät am Nachmittag, nachdem sie stundenlang am Telefon über den Tod geredet hat und sich über E-Mails mit Fotos von Ausschlag, Leberflecken, Warzen und entzündeten Fußballen gebeugt hat, sieht sie endlich einen ersten Patienten von Angesicht zu Angesicht. Eine junge Mutter bringt ihren kleinen Säugling, einen Jungen, mit Ohrenschmerzen. An normalen Tagen hätte so etwas zuerst die Krankenschwester angeschaut, aber die musste sich selbst isolieren, und hier draußen, wo sich Fuchs und Hase gute Nacht sagen, ist es schwer, kurzfristig Ersatz zu finden. Und so wurden Mutter und Kind ins Sprechzimmer durchgewunken. Seit in den letzten zehn oder mehr Jahren die prä- wie postnatale Betreuung immer mehr in die Hände einer Schar von Hebammen und Krankenschwestern wanderte, sieht sie nicht mehr so viele Kleinkinder wie zuvor, was sie vermisst, und so ist das Baby ein Geschenk am Ende einer schrecklichen Woche.

Während der Pandemie besteht eine der Belastungen darin, wie schwer es ist, mit den Patienten in einen einfachen menschlichen Kontakt zu treten, durch Berührungen, Augenkontakt, Gesten oder Mimik. Sie kennt die meisten Patienten so gut, dass sie sich abgewöhnt hat, sich zu Beginn jeder Konsultation vorzustellen; das war schon jahrelang nicht mehr nötig. Doch jetzt muss sie sich eingestehen, dass selbst einige ihrer Stammpatienten wegen des Schutzanzugs nicht erkennen, wer sie da untersucht. Aus gewissen Gründen fühlt sich das besonders beunruhigend an. Und deshalb beginnt sie nun immer mit einer fröhlichen Ansage ihres Namens, gefolgt von einem »Hallo, ich bin's, unter all dem Brimborium!« Gelegentlich winkelt ein galanter älterer Herr seinen Arm für einen Ellbogen-Gruß ab, und sie lachen beide hinter ihren Masken darüber, wie merkwürdig das alles doch ist.

Während sie nun das Baby anstrahlt, das sein wehes Ohr der pummeligen Schulter entgegenneigt, ist ihr bewusst, dass es sich wie eine Übung in Sachen Vergeblichkeit anfühlt, wenn sie hinter der Maske und dem Gesichtsschild von einem Ohr zum anderen lacht. Doch besteht ein Lachen natürlich aus mehr als Mund und Zähnen, und die Augen des Jungen leuchten auf, ein großes Grinsen kriecht langsam wie ein Sonnenaufgang über sein Gesicht, welche Befreiung. Als sie, nachdem sie Mutter und Kind zur Tür gebracht hat, den Flur zurückgeht, ist ihr Herz, so findet sie, zum ersten Mal seit Wochen unbeschwert.

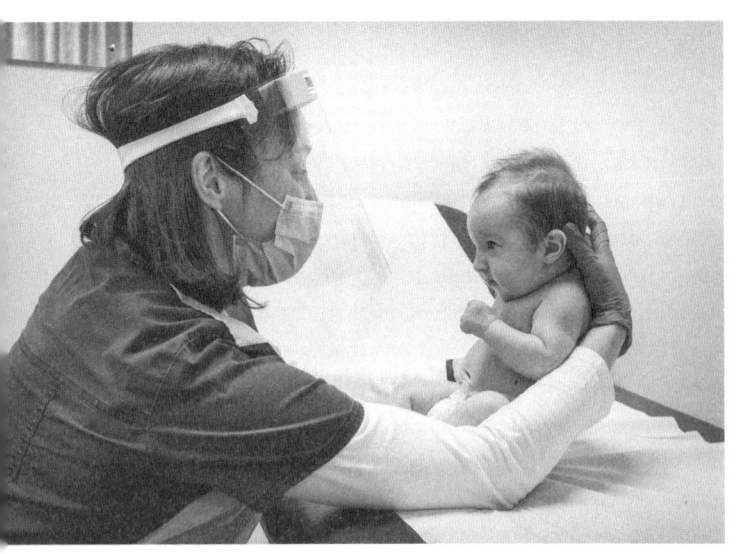

NATÜRLICH SIND LÄCHELN und Augenkontakt nicht die einzigen nonverbalen Faktoren einer effektiven Begegnung zwischen Ärztin und Patientin, um eine belastbare Beziehung aufzubauen. Die Rolle der Berührung ist in der medizinischen Literatur unterbelichtet, doch wird ihr weitestgehend ein bedeutender therapeutischer Wert zugeschrieben. Sie bildet Vertrauen, Empathie und Zusammenarbeit. Darüber hinaus spielt sie in Momenten von Verzweiflung, Angst, Schmerz oder Verlust eine entscheidende Rolle dabei, den Patienten zu trösten. All dies ist vielleicht nicht überraschend; der Tastsinn ist fast in allen zwischenmenschlichen Beziehungen wichtig. Interessanter ist, auf welche Weise die Berührung in der Interaktion von Patient und Doktor eingebaut ist, ohne sich notwendigerweise in den Vordergrund zu spielen. Sie, die Ärztin, bemüht sich immer, den Patienten im Lauf der Konsultation zu berühren. Das baut Brücken, sagt sie. Sei es durch eine sogenannte ausdrückliche, »expressive« Berührung – die spontane Hand auf der Schulter, das leichte Klopfen auf den Arm, sogar, in dem sie den Mantel abnimmt und bei der Tür aufhängt – oder durch eine »prozessuale« Berührung – der körperliche Kontakt, der entsteht, wenn der Puls genommen, die Brust abgehört oder eine ärztliche Untersuchung vorgenommen wird. Sie hat gelernt, wie wertvoll das ist – jenseits von dem, was sie bei der Untersuchung medizinisch feststellen kann. Die Berührung zählt. Sie öffnet Türen.

In diesem Jahr trägt sie, falls es denn je dazu kommt, bei jeder der seltenen Berührungen Handschuhe. Sie bemerkt die Unterschiede in Dutzenden subtiler Abstufungen.

WIE SEHR SICH DIE WELT 2020 verändert hat.

Ihr Vorgänger, der einstige Partner von Dr. John, erzählte oft komische Geschichten von Grenzverletzungen zwischen Arzt und Patient, manchmal sogar buchstäblichen: Eine medizinische Frage wurde durch das Küchenfester gerufen, als er beim Sonntagsfrühstück saß, um 4 Uhr morgens kam ein Anruf zu Hause wegen einer Verstopfung. Vieles von dem verschwand mit dem Ende der 24-Stunden-Bereitschaft der Allgemeinärzte. Und trotzdem fand sich die neue Landärztin zu Beginn ihrer Laufbahn eines Tages unter dem Küchentisch wieder, wo sie Zuflucht vor einem Klopfen an der Tür suchte – von jemandem, von dem sie wusste, dass er bei robuster Gesundheit war und sie wahrscheinlich bei der Arbeit unterbrechen würde, die sie verzweifelt zum Abschluss bringen wollte. Angefressen von der Absurdität, sich unter dem eigenen Küchentisch zu verstecken, beschloss sie, direkter zu sein. Wenn sie in den Jahren seither beim Ausführen der Hunde oder beim Autowaschen in einen Hinterhalt voll ausgeklügelter medizinischer Nachfragen gerät, hat sie sich angewöhnt zu antworten, wie wichtig das doch klingt, aber dass sie besser mit dem Computer arbeitet. »Warum rufen Sie nicht gleich am Montag als Erstes an, dann können wir uns richtig unterhalten, ich habe Ihren Fall vor mir und mein Gehirn ist hochgefahren?« Andererseits, wenn in bestimmten Fällen ein Patient sehr krank ist und sie über Hintergrundwissen verfügt, das die Pflege zu Hause vereinfachen könnte, gibt sie ihre Handynummer heraus und drängt darauf, eher bei ihr anzurufen, als beim Bereitschaftsdienst. Das wird selten missbraucht. Im Großen und Ganzen findet sie, dass die Patienten ihre

Freizeit und ihr Zuhause respektieren. Nur wenige Menschen verschließen hier ihre Tür, sagt sie sich, so brächte mich eine Burgmentalität ohnehin nicht weit.

Vor ein paar Jahren war sie eines Tages zur Mittagszeit kurz zu Hause, als sie unten in der Küche einen Aufruhr hörte. Dort fand sie einen Patienten, ihren Nachbarn, der sich atemlos und von Panik gezeichnet über den Küchentisch beugte, anscheinend ein Herzinfarkt. Sie griff schon nach dem Telefon, um die Notrufnummer zu wählen, aber er winkte ab. Als er am Ende wieder sprechen konnte, wurde klar, dass einer ihrer Hunde, der sich angewöhnt hatte, die Nachbarschaft nach Würsten abzusuchen, in der Garage des Mannes etwas Rattengift gefressen hatte. Die Anstrengung mit dem Terrier im Arm hinüberzurennen, hatte den Nachbarn so an den Rand gebracht, aber alles war gut, Mann und Hund waren gesund. Es war eine der Geschichten, über die man lachte, wenn die Nachbarschaft sich auf dem schmalen Grün zwischen den Häusern zum Grillen oder am Weihnachtsmorgen zum Sherry traf.

Diese Tage scheinen jetzt ein ganzes Leben weit entfernt. Je mehr die Pandemie Fuß fasst, desto schwerer wird es für die Ärztin, sich nicht von dem täglichen Umgang mit ihren Patienten abgeschnitten zu fühlen. Sie sehnt sich nach dem Zufälligen, dem nicht ganz so Ernsten. Ihr Partner in der Praxis fällt schon seit Monaten aus und ist nun in Quarantäne, und so muss sie ohne Co-Pilot eine Arbeitslast bewältigen, wie sie nie größer war. In den meisten Wochen hat sie neun oder zehn Mal Sprechstunde. So viel zum Vorsatz, denkt sie, mehr Zeit mit dem Team zu verbringen. Trotz der Tatsache, dass sie sich von Sonnenauf- bis Sonnenuntergang unter dem gleichen Dach aufhalten, um den Patienten die beste Versorgung zu bieten, die die Ärztin sich vorstellen kann, rennt sie wie im Stillstand. Rennen sie alle.

Im ersten Ansturm der Krise rauft sich die Gemeinschaft zusammen, wie überall im Land und auf der Welt. Bald schon organisiert eine Gruppe aus dem Dorf die Medikamentenversorgung zwischen der Praxis und den Älteren, die sich zu Hause isolieren. Die Gruppe tauft sich auf ihren Vornamen, und sie nennt sie ihre »Armee«. Bei dem Namen verzieht sie das Gesicht, aber sie ist dankbar und stolz auf das, was sie leisten.

Im Lauf der Monate bemerkt die Ärztin, dass sie fast völlig auf ihren Nachnamen und den Dr. verzichtet. Es ist keine bewusste Entscheidung, eher eine intuitive. Vielleicht hängt das mit dem Gewicht zusammen, das ein Name mit dem Kürzel Dr. annimmt, wenn das Gesicht nicht zu erkennen ist oder durch die Schichten eines Schutzanzuges von der Welt getrennt ist – oder damit, dass nur Telefongespräche möglich sind. Vielleicht ist es nur ein Versuch, dem kühlen Geschäft der Fernbehandlung etwas Wärme zu verleihen und die Beziehung am Leben zu halten. Einige in ihrem Team sträuben sich, wenn Patienten nach der Ärztin mit deren Vornamen verlangen oder, schlimmer noch, mit dem kecken Kosenamen, der nur für die Familie oder enge Freunde gilt. »Ich mein, sind wir hier in der Kneipe oder im Laden?«, sagte eine von ihnen. »Sie laufen doch da nicht rein und bestellen ein Bier oder eine Tüte Bonbons?« Aber der Frau Doktor ist das gleich. »Ich mache das unbewusst«, sagt sie. »Ich glaube, ich bin auf diese Förmlichkeiten nicht angewiesen. Die Leute müssen mir ihren Respekt nicht auf so altmodische Weise zollen. Eine Konsultation ist Teamwork, und deshalb möchtest du, dass sich das Gespräch so entspannt und Mut machend anhört, wie es eben geht, doch wenn der Patient etwas Distanz mag und mich Dr. Soundso nennt, dann spiel ich die Rolle, das bekomme ich hin.« Die Ärztin hat eine Patientin, die sie herzlich, aber mit dem falschen Vornamen begrüßt, »und ich würde mich ganz schön ärgern, wenn sie mich jetzt umbenennt.«

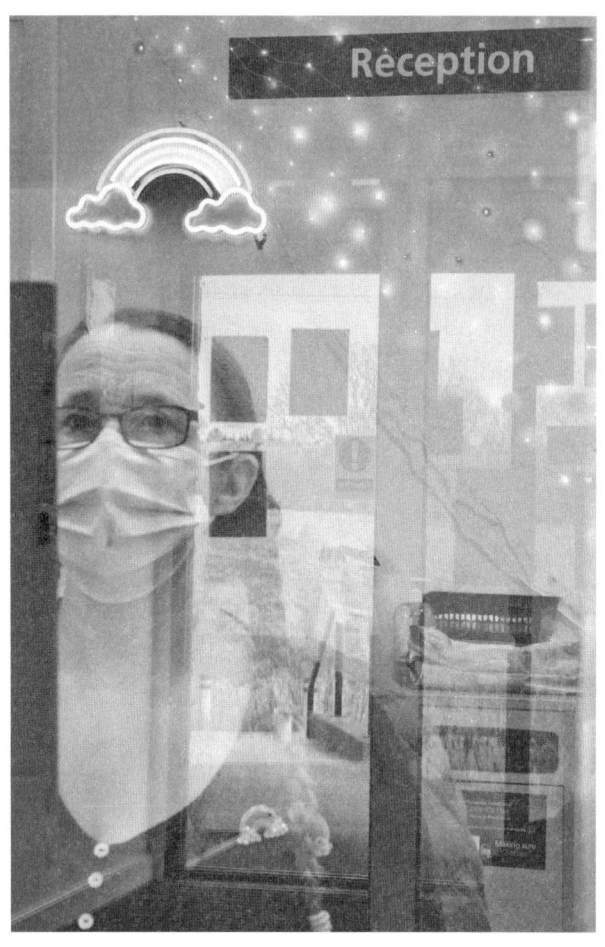

SEINE STIMME AM TELEFON klingt hell, jungenhaft. Er hört sich jünger an, als es der Jahreszahl entspräche, die auf dem Schirm vor ihr aufscheint, und er ist erleichtert, dass die Ärztin bei ihm anruft, obwohl er sich dauernd entschuldigt, dass er ihre Zeit in Beschlag nimmt, als wäre das alles irgendwie seine Schuld. Sie hat ihn vor mehr als einer Woche angerufen, als sein Test positiv war, und spricht seitdem jeden zweiten Tag mit ihm. »Nur, um zu hören, wie es Ihnen geht«, sagt sie, »sehen, wie's läuft.« Um ehrlich zu sein, ist er froh, mit irgendjemandem zu sprechen. Seine Freundin hat sich unten im Wohnzimmer verschanzt, sagt er, und »wahrt Distanz«. Gut, sagt die Ärztin, gut gemacht. »Sie stellt mir ab und zu eine Lasagne aus der Mikrowelle vor die Schlafzimmertür«, sagt er, und manchmal reden sie einen Augenblick oder so, er halb hinter der Tür versteckt, sie unten an der Treppe außer Sichtweite, aber er kann sich nicht vorstellen, zu essen, »kann noch nicht mal fernsehen«. Er läge nur im Bett, sagt er. Im Halbschlaf. »Fühlt sich scheiße an.« Hohe Temperatur. Zittern, Schüttelfrost, eiskalt, brennend heiß, dann wieder eiskalt. »Aber das sagte ich Ihnen ja schon, tut mir leid.«

Die Ärztin fragt nach dem Husten, ist er noch da? »Nicht wirklich«, sagt er. Und die Kurzatmigkeit? »Nein, Atmen geht gut«, sagt er. Sie fragt, ob er ein Buch oder eine Zeitung bei sich rumliegen habe und ob er ihr einen oder zwei Absätze vorlesen könnte, nur um sicherzugehen. Er murmelt sich durch eine Besprechung des Corvette ZR1 von 2019, die neben dem Bett liegt, er schafft ganze Sätze über die »monsterhafte Beschleunigung«, den »Acht-Zylinder-Frontmotor« und den »optionalen Spoiler aus Karbonfaser«. »Genau wie bei meiner Karre«, sagt er ausdruckslos.

Diese neue Methode, mit der Allgemeinmediziner am Telefon Patienten auf Kurzatmigkeit testen können, fühlt sich nicht nach avancierter Medizin an, aber die Ärztin ist zufrieden, dass er nicht mitten im Satz abbricht und nach Atem schnappt wie ein paar andere Patienten, bevor sie in den Krankenwagen verfrachtet wurden.

»Achten Sie darauf zu trinken, bitte«, sagt sie. »Unmengen von Flüssigkeit. Klingt so, als würden Sie alles machen, wie es sein soll. Ich glaube, Sie sind bald überm Berg, aber hören Sie, ich mache mir ein wenig Sorgen wegen der Krämpfe, dem Schüttelfrost, der sich schon ein paar Tage hinzieht. Unterm Strich, ich hätte Sie gerne hier, um sicherzugehen, dass Sie nicht doch Antibiotika brauchen. Dass Sie zusätzlich zu Covid nicht noch einen bakteriellen Atemwegsinfekt haben. Was meinen Sie? Bekommen Sie das hin?«

»Kein Problem, Frau Doktor«, sagt er. Er muss sich nur anziehen, das wird nicht lange dauern. Es sind nur drei Minuten zu Fuß, aber er will nicht einem der Nachbarn begegnen – »sie sind betagt, links wie rechts von uns«, sagt er –, deshalb werde er mit dem Auto kommen.

Eine halbe Stunde später biegt ein gammeliger blauer Kleinwagen auf den Parkplatz. Er ruft aus dem Auto aus die Rezeption an und wartet, bis die Ärztin in voller Kampfmontur erscheint. Er ist ein großer Mann Ende dreißig, was weder zu der hohen Stimme noch zu dem winzigen Auto passt. Sie dankt ihm für sein Kommen, gibt ihm eine medizinische Maske, spritzt Desinfektionsmittel in seine ausgestreckten Hände und sagt: »Mir nach.« Sie gehen an den Stufen des Haupteingangs vorbei, rund um das Gebäude, durch eine hohe Holzpforte in den Hinterhof, vorbei an einer Reihe Tomaten in Wachstumssäcken, die ein dankbarer Patient gestiftet hat, und vorbei an der Glastür der Gemeinschaftsküche. »Gleich sind wir

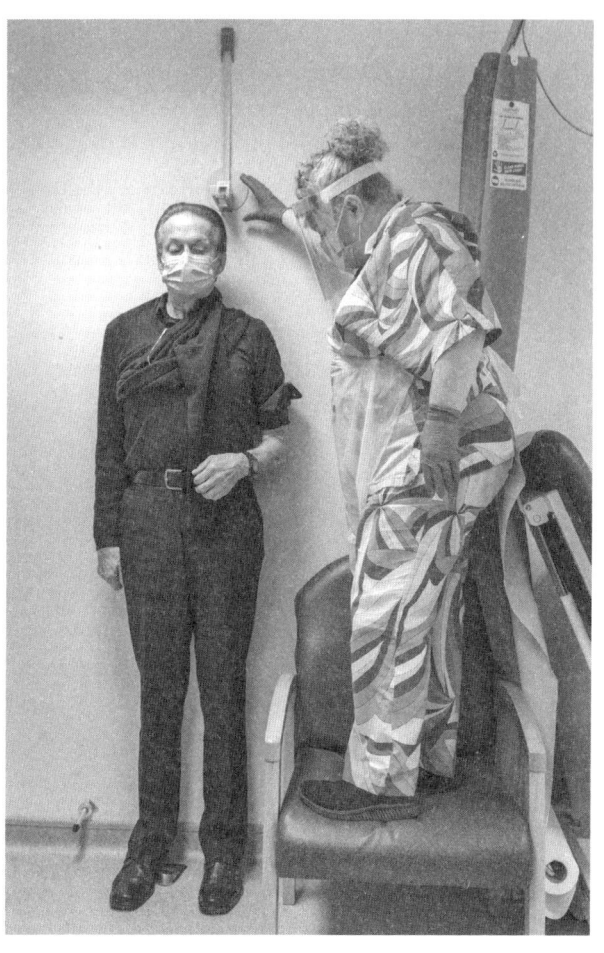

da«, sagt die Doktorin. Sie folgen der Mauer bis zur feuerfesten Hintertür. Sie bemerkt, wie langsam er geht. Drei Mal hält er an, zuerst mit der Hand am Pfosten der Pforte, dann lehnt er die Schulter gegen die Praxismauer. »Entschuldigung, Frau Doktor«, sagt er, »ich schalte einen Gang höher.« Die Ärztin ist nun überzeugt, dass es sich um einen Atemwegsinfekt handelt, und fragt sich, ob der Mann nicht doch ins Krankenhaus gehört. Vielleicht hat Covid ihn erschöpft, vielleicht ist er dehydriert und sein Blutdruck sehr niedrig. Keine Eile, sagt sie und lächelt wirkungslos hinter ihrer Doppelmaske. »Wenn wir drin sind, versuchen Sie, nichts anzufassen«, sagt sie. »Lassen Sie mich die Tür öffnen.«

Der »Covid-Raum«, wie sie ihn nennen, hat zwei kleine geöffnete Fenster, die auf ein Stück Gras und eine dichte Hecke hinausgehen. Die Streifen der vertikalen Jalousie bewegen sich im Wind und werfen Gefängnisgitter aus schwachem Sonnenschein über eine enge Couch, die verloren in der Mitte des Zimmers steht. Daneben zwei Plastikstühle, darüber der mehrgliedrige Arm einer Untersuchungslampe. Die Arbeitsplatte, die sich eine ganze Wand entlangzieht und mit Arznei und Medizinbedarf vollgestellt war, ist nun leer bis auf einen Stapel Desinfektionstücher, zwei Behältern mit Spritzen und eine Schachtel Gummihandschuhe. Draußen vor dem Fenster singt ein winziges Goldhähnchen mit voller Stimme, sein Gesang klingt wie das quietschende Rad eines Krankenhaustrolleys.

Der Mann lässt sich auf einen der Plastikstühle gleiten und beschaut sie, während sie seine Temperatur misst, in ihrer ganzen Kluft. »Ziemlich hoch«, sagt sie. »Tja, ich will kein Klugscheißer sein, aber Sie müssen ja in der ganzen Verkleidung kochen.« Als Nächstes Sauerstoffsättigung des Blutes, sagt sie, dann wird sie seine Brust abhören müssen, und sie können anschließend den besten Behandlungsplan aufstellen. Die Ärztin steckt den Pulsoximeter auf seinen Finger. Die normale Sauerstoffsättigung liegt zwischen 95 % und 100 %; alles darunter ist ein Grund zur Sorge, unter 92 % ein Notfall.

Sie schaut auf die Anzeige. 58 %. Das kann nicht stimmen. Sie versucht es an einem anderen Finger. 58 %. Um sie zu wärmen, reibt die Ärztin mit ihren Handschuhfingern über die Fingerspitze des Mannes und versucht es erneut. 58 %. »Ich glaub, die Maschine spinnt«, sagt sie. Sie versucht es bei sich selbst. 99 %. Mist.

Sie hatte vor ein paar Wochen einen Artikel darüber gelesen: Stille Hypoxie. Manche Mediziner nennen sie »happy Hypoxia«. Es ist ein höllischer Trick des Covid-19-Virus, den Ärzte in den ersten Wochen an der Front der Pandemie beobachteten: Eigentlich eine medizinische Unmöglichkeit, bei der die Blutsauerstoffsättigung des Patienten fällt, ohne dass sich äußere Anzeichen von Atemnot zeigen, keine Kurzatmigkeit, überhaupt kein Ringen nach Luft. Es gibt Fälle, in denen der Patient offenbar ohne Beschwerden mit dem Doktor ein Schwätzchen hält oder in einem Magazin liest und in der nächsten Minute tot umfällt.

Eine mächtige Woge Adrenalin durchflutet sie. Dieser Mann könnte genau hier vor ihr sterben. Vor dem Fenster piept immer noch das Goldhähnchen in der Tonlage einer Hundepfeife, die Zeit löst sich zu unsichtbaren Sekundenfäden, und jeder davon zieht sich in ihrem Kopf zu Spinnfäden.

Sie greift nach der Sauerstoffmaske, schiebt sie über sein Gesicht und murmelt ein paar beruhigende Worte. Mit einstudierter Ruhe bittet sie ihre Kollegin an der Rezeption, die Notrufnummer zu wählen und erklärt ihr,

welche Details sie durchgeben soll: 58 %. Äußerst wichtig:
Weder die Kolleginnen noch der Patient dürfen auch nur
eine Spur der Angst der Doktorin mitbekommen. Alles
ist unter Kontrolle, alles okay, wir tun, was wir können,
der Krankenwagen ist unterwegs. Der Mann fragt, ob er
zuerst noch etwas von zu Hause holen soll. Nein, antwortet
sie, am besten hierbleiben. »Die haben dort alles, was
Sie brauchen.«

Er wird direkt auf die Intensivstation gebracht, wo er
ein paar Tage bleibt. Am Ende überlebt er, aber die Szene
sucht die Ärztin wochenlang heim. Sie kann nicht ohne
Erschaudern an seinem blauen Auto auf dem Parkplatz
vorbeigehen. Weit entfernt davon, ihrem Bauchgefühl
die Rettung gutzuschreiben, ist es ein Moment, in dem
sie das vollkommene Ausbleiben einer Vorahnung auf
ihrer Seite zutiefst alarmiert. Wie konnte sie das nicht
spüren? Was hat sie übersehen? Sie muss etwas nicht erkannt haben, ein Zeichen, ein Hinweis in seinem Atem.
Sie hatte keinen triftigen und dringenden Grund, ihn
persönlich zu untersuchen, und hätte ihn fast überhaupt
nicht angerufen. Aus ihrer Sicht war kein Hausbesuch
nötig, und sie hätte ihn einfach zu Hause hocken gelas-
sen. Der Mann wäre ins Bett gegangen und gestorben,
während seine Freundin unten Fernsehen schaute.

Öfter als einmal hört sich die Ärztin die Aufnahmen
ihres Telefongesprächs an (sämtliche Telefonanrufe werden zu Übungszwecken und späterem Monitoring auf-
gezeichnet). Sie setzt die Kopfhörer auf und dreht die
Lautstärke voll Erwartung auf, in seinem Vorlesen über
die Corvette einen tödlichen Hinweis zu finden, ein Luft-
schnappen oder ein Zögern, das sie, zu beschäftigt oder

abgelenkt, überhört hat. Auf diese Weise hätte sie zumindest etwas, von dem sie lernen könnte, einen Hinweis, besser zu werden, einen Fehler, den sie nie mehr begeht. Eine Erinnerung an ihre eigene Fehlbarkeit wäre leichter zu verdauen als die Alice-im-Wunderland-Wahrheit: dass sie, wenn sie dem Mann lauscht, wie er wieder und wieder die Tugenden des amerikanischen SuperCar rezitiert, wieder und wieder zum gleichen Urteil kommen würde.

Die Ärztin weiß nicht so recht, wohin mit diesem Wissen. Es nagt an ihr. Am Ende sagen ihre Kollegen mit einem gewissen Grad an Frustration: »Aber du hast es doch erkannt, oder? Er kam hierher, und er lebt.« Aber wer will schon einen Doktor, der die Daumen drückt und das Beste hofft? Eine vorsichtige Ärztin, ja, eine besorgte ist eine gute Doktorin. Und wieder dreht sich alles in ihr.

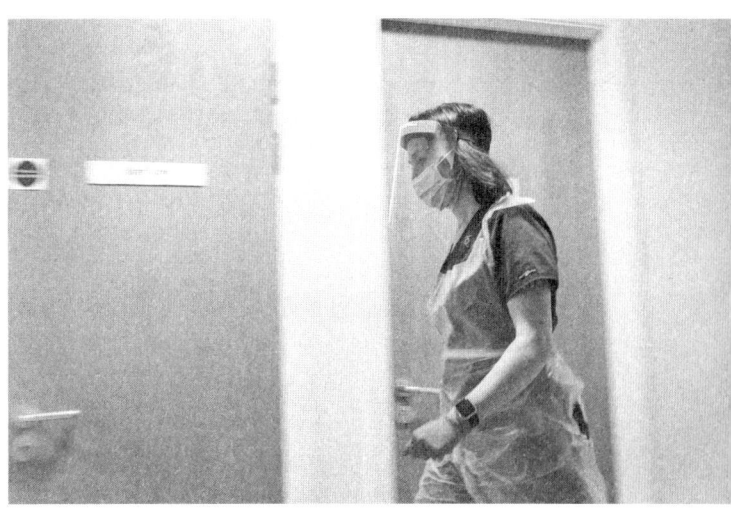

BLICKST DU IN DEN HIMMEL über dem Tal, liest du eine andere Geschichte über den Ort. Und in diesem Jahr ist dieser Anblick die einzige Form von Flucht, die einem bleibt. An milden Sommerabenden kreisen unten am Fluss Schwadronen von Schwalben über die Dächer der alten Häuser und zeichnen Spirograph-Kurven in die zwitschernde Luft. Mitten im Winter kommt die Atmosphäre mit ihren Tricks; in einem Augenblick ist die gegenüberliegende Seite des Hügels so klar und nah, als könne man die Baumwipfel greifen, und im nächsten so fern wie ein lang vergangener, halb erinnerter Ort. Auf dem Höhepunkt des Herbstes fällt an einem strahlenden Tag eine Ladung Licht in die Baumwipfel, als ob ein großes Kirchenfenster als Dach über dem Wald errichtet wäre, um ihn vor dem kommenden Winter zu schützen. Oder lege dich an einem späten Frühlingsnachmittag rücklings auf eine Wiese, und das Blau ist gerecht aufgeteilt zwischen den um deine Nase schwirrenden Schmetterlingen und den Raubvögeln, die in den Aufwinden gleiten. Normalerweise zeichnen hoch, hoch in der Atmosphäre Passagierflugzeuge ihre Käsekästchen-Gitter, aber nicht in diesem Jahr. Monatelang sind die Kondensstreifen verschwunden, und der Himmel gehört wieder den Raumfahrern der Natur.

In weiten Teilen des Landes sind die in den ersten Morgenstunden durch die Vorhänge dringenden Blaulichter das Kennzeichen der Pandemie, auf dem Krankenhausgelände Reihen von Kühlcontainern wie düstere Partyzelte für Tote, leergefegte Straßen, zugenagelte Läden, auf der Autobahn beleuchtete Schilderbrücken, die sagen: Bleib zu Hause. Aber hier scheint die Natur mit der Schulter zu zucken, die Ruhe zu bewahren und weiterzumachen. Abgesehen von den fehlenden Kondensstreifen und den Scharen von Tagesausflüglern in den wärmeren Monaten, sieht die Landschaft genauso aus wie immer, sie riecht, klingt und fühlt sich an wie immer, sie *tut*, was sie immer tut. Wie viele Bewohner des Tals findet die Ärztin einen Trost in der Gewissheit, dass alles hier schon immer so war und so bleiben wird, lange noch, nachdem die Krise vorüber sein wird. Manchmal hilft die Erinnerung daran, wie klein und unbedeutend man ist.

Wo es SARS-CoV-2 gelingt, im Tal seinen rußigen Daumenabdruck zu hinterlassen, entsteht eine Leere im Leben der Menschen. Keine Kinonacht mehr in der Bürgerhalle oder dienstags Pilates mit Debs. Keine Zufallsbegegnungen im Wartezimmer der Praxis oder bei Cider und Erdnüssen im Pub. Kein Samstagsmarkt mit dem Verkauf von Currys und Marmeladen, keine Traube aus Erwachsenen und Kleinkindern an der Schaukel, keine Open-Mic-Comedy, keine Wanderung zu berühmten Bäumen, kein Upcycling-Webkurs und keine Tanzgruppe, in der die Ekstase erweckt wird. Keine jährliche Floßregatta, keine Frühlingskirmes, kein Dorf-Cricket, kein Freudenfeuer, kein Wettlauf der Nikoläuse. Kein Pudding-Club, kein Buchclub, keine Laufgemeinschaft, kein Mal-Vorbeischauen und Durchrauschen, nichts von den Myriaden anderer Gelegenheiten, an denen die Menschen im Tal zusammen kommen und die auf den Fotografien dieses Buches so deutlich fehlen, da sie alle während der um sich greifenden Pandemie entstanden sind.

Die andere Abwesenheiten sind natürlich einschneidender: Familien werden getrennt, geliebte Menschen sterben, Entbehrungen müssen ertragen werden. Und es stellt sich heraus, dass die Bäume und der Himmel auch dafür eine Sprache haben. Versuch es. Schau hoch in die Äste eines Waldes, starre auf der Suche, was da fehlt, hinter Blätter und Äste, suche den Zwischenraum, und du wirst in einen negativen Raum gezogen. Im Winter ist über deinem Kopf ein luftiges Mosaik verlegt, das die schönsten mit Steinchen ausgelegten Böden der antiken Welt übertrifft: Dunkle Äste rahmen eine komplexe Geometrie aus azurfarbenem Glas, aus Marmor, weiß wie Milch, oder rauchigem Blei. Wenn es Sommer wird und der Wald voll ergrünt, zieht sich dieses Mosaik zu einem Firmament winziger Sterne zusammen, Nadelstiche aus Blau in endlosen Konstellationen, die in der Brise schaukeln und glitzern. Ob Sommer oder Winter, diese Lichtlandschaft über unseren Köpfen ist die subjektivste aller Waldansichten, denn sie entsteht einzig im Auge des Betrachters. Drehe dich nach links oder rechts, lehne dich zurück oder nach vorn, und schon verändert sich das Mosaik, die Sternbilder setzen sich neu zusammen. Es unterscheidet sich nicht so sehr von der Erfahrung des menschlichen Verlusts: Beides ist einzigartig, rastlos, es gibt keine Möglichkeit, ihn mit anderen zu teilen, wenn alles, was du sehen kannst, leere Zwischenräume sind.

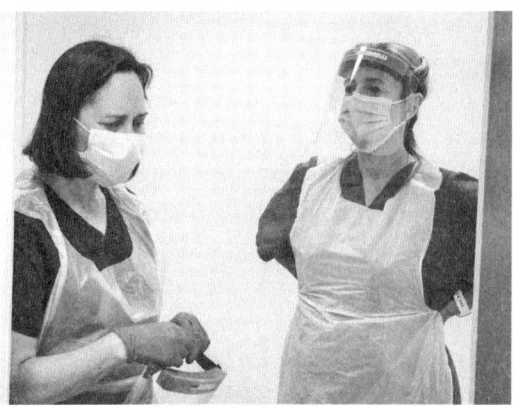

DER ÄLTERE HERR WAR NASS bis auf die Haut. Die Kleider klebten an seiner hageren Gestalt, wodurch er noch schmächtiger wirkte und etwas verletzlich, als wäre er in die Ecke gedrängt. Er kam für einen Routine-Check-up in die Sprechstunde, der Blutdruck sollte gemessen und die Medikation überprüft werden. Seine Frau hatte sie beide hergefahren, und wie es in der langen Ehe der Brauch war, ist er ausgestiegen, um zu schauen, wie sie rückwärts in die schmale Lücke einparkt. Und da hat der schlimme Februarmorgen sein Schlimmstes gegeben. Die Ärztin sah durch das Fenster, wie er im strömenden Regen unbewegt das Auto auf dem Parkplatz der Praxis beobachtete.

»Er hat drauf bestanden«, sagte seine Frau lachend, als sie durch den Flur ins Sprechzimmer gingen, »sogar bei einem so entsetzlichen Wetter. Ich sagte noch, ich komme alleine klar, aber du verstehst ja kein Nein.«

Der Mann lächelte und nickte, dann schüttelte er den Kopf und ließ einen Bogen Regentropfen von seinem schütteren greisen Haar auf die Schultern seines Jacketts regnen.

Sobald sie saßen, fragte die Ärztin ihn, wie sich seine neuen Bluthochdrucktabletten auswirkten. Fühlte er sich schwindlig oder waren seine Beine geschwollen? Der Mann schaute sie an, gab aber keine Antwort, hinter seinen grauen Augen war eine merkwürdige Leere, fast, als hätte sie ihn in einer Sprache angesprochen, die er nicht verstünde. Wie ein Blitz fuhr es ihr durch den Kopf, dass er einen Mini-Schlaganfall haben könnte, aber seine Frau lehnte sich zu ihm, schüttelte ihn sanft am Knie, und ihr Mann war plötzlich wieder im Raum.

»O Verzeihung«, sagte er zur Ärztin, »ist nur, dass ich immer schon einmal zu Ihnen sagen wollte: *What's Up Doc?*, und heute sollte es sein, aber ich verlor den Mut.«

Sie lachten alle drei, und der Mann ahmte Bugs Bunny mit seiner unsichtbaren Möhre nach. Die Ärztin vermerkte es als zuckersüße Exzentrik und dachte nicht mehr darüber nach. Aber im Lauf der nächsten zwei Jahre entwickelte der Mann Alzheimer-Symptome, und die Ärztin dachte oft an den nassen Februarmorgen als eines der ersten Anzeichen dafür.

Alzheimer entsteht durch die Ablagerung von Proteinen in und um Gehirnzellen, die zu Hindernissen und Verknotungen genau da führen, wo das Selbst seinen Sitz hat. Im frühen Stadium ist die Krankheit schwer zu erkennen und wird im weiteren unheilbar. Im Lauf von Monaten und Jahren wird der Fluss der Neurotransmitter, der interne Nachrichtentransport im Hirn, unterbrochen und Teile des Gehirns beginnen zu schrumpfen. Gedächtnisprobleme und falsche Reize beeinträchtigen das Urteilsvermögen, die Gefühle und das Verhalten, das Sehen, das Sprachvermögen und die Mobilität und schließlich die grundlegendsten Körperfunktionen. Jede Krankheit ist auf andere Weise grausam. Alzheimer ist es auf die Art, dass die Person selbst und ihre Beziehungen zu anderen zerstört werden, dass die Seele eines Menschen wie ein Puzzle Stück für Stück auseinanderfällt. »Das ist nicht er / das ist nicht sie, das ist die Krankheit«, werden die Angehörigen zu ihren Ehegatten, Ehefrauen und Kindern am Ende der Mühsal sagen, jemand Geliebten mit Alzheimer zu pflegen. Aber das bietet wenig Trost, denn Alzheimer ist der Inbegriff des Verlusts.

Über viele Monate kam die Frau mit den abnehmenden geistigen Fähigkeiten ihres Mannes auf bewundernswerte Weise zurecht. Die Ärztin besuchte sie in der Zeit oft und war von der gegenseitigen Zuwendung der beiden gerührt. »Ich bin Kriegskind«, sagte eines Tages die Frau, »ich bin daran gewöhnt, dass man sich mit den Umständen abfinden muss. Das ist nichts Heldenhaftes. Man tut einfach, was getan werden muss.« In seltenen klaren Momenten, die wie eine rasende Wetterfront durchzogen, sagte ihr Mann ihr, wie dankbar er sei, dass sie ihm »bei all diesen kleinen Dingen hilft«, wie schuldig er sich für die von ihm verursachten Probleme fühle, »denn das müsste sie ja nicht tun. Ich schäme mich für die Arbeit, die ich ihr mache.«

Nach einigen Monaten sah die Frau, die sonst immer auf eine pragmatische und simple Art attraktiv wirkte, etwas verknittert und schmal aus, wenn sie mit Ringen unter den Augen zur Praxis kam, ihr Haar flachgedrückt am Hinterkopf, als ob sie sich gleich aus dem Bett an die

Arbeit gemacht hätte, ohne einen Moment Zeit für etwas so Nebensächliches wie einen Kamm gehabt zu haben. Obwohl sie ihre Gefühle sonst nicht zeigte, füllten sich ihre Augen bei einer der letzten Konsultationen mit Tränen. Die Ärztin bemerkte es mit Besorgnis.

»Sie ist vollkommen entkräftet, Frau Doktor«, flüsterte ihr eines Tages eine Nachbarin zu, die der Ärztin aus dem Dorfladen bis zu ihrem Auto gefolgt war. »Sie müssen etwas unternehmen. Sie kann nicht mehr lange so weitermachen. Vier-, fünfmal pro Tag hängt sie Wäsche auf die Leine. Da müssen Sie doch etwas tun können.«

Die Hausärztin verstand die kodierte Nachricht. Sie hatte schon von der Frau des Patienten von dessen Inkontinenz erfahren, und ihre Erfahrung hatte sie gelehrt, dass dies oft die schreckliche Wendung ist, durch die eine Familie, die es schafft, mit Alzheimer zu Hause klarzukommen, plötzlich zu einer wird, die es überhaupt nicht mehr in der Hand hat. Und sie verstand, was diese samstagnachmittags am Kofferraum ihres Autos hingemurmelte Ermahnung eigentlich bedeutete: »Sie müssen ihn in ein Pflegeheim einweisen.« Obwohl das keine Entscheidung ist – oder jemals sein wird –, die sie beschließen kann. Sie wundert sich manchmal über die ausschweifenden Vorstellungen der Leute davon, was in der Macht eines Doktors liegt.

»Vielen Dank«, sagte sie. »Was Sie sagen, ist sehr hilfreich. Ich darf mit Ihnen nicht darüber sprechen, Sie wissen, wegen des Arztgeheimnisses, aber erzählen Sie mir mehr. Ich werde es für mich behalten und schätze das sehr.«

Die Ärztin weiß, dass die geistigen Fähigkeiten, sowohl

von den Patienten selbst, wie von der Familie und gut-
meinenden Freunden, oft falsch eingeschätzt werden. In
der Tat ist die Frage, ob jemand über sein geistiges Ver-
mögen verfügt oder nicht, viel schwieriger zu beantwor-
ten, als es sich viele vorstellen. Die geistigen Fähigkeiten
können sich nicht nur von einem Tag zum nächsten
ändern, sogar vom Morgen bis zum Nachmittag, sondern
sie sind auch, im Auge des Gesetzes, von der Art der Entscheidung abhängig. Denn wenn man eine Art von Entscheidung meistert, bedeutet das nicht, dass man zu allen
Entscheidungen in der Lage ist. Diese Differenzierung
liegt in der Verantwortung der Ärztin, die sie sehr ernst
nimmt: Sie muss irgendwie die Inseln identifizieren, auf
denen ihre Patienten entscheidungsfähig sind, sonst trei-
ben sie auf die offene See hinaus. Solange eine Patientin
die Bedeutung einer Entscheidung einsieht, muss sie sie
selbst fällen – ob klug oder nicht. Der freie Wille ist nicht
suspendiert, nur weil jemand sich krank fühlt. Das ist der
Schlüssel zu der Dynamik oder, um es genauer zu sagen,
zu den Grenzen, die der Macht der Ärztin zur Interven-
tion gezogen sind.

In diesem Fall weiß sie, dass beide, der Mann wie die
Frau, so lange sie nur können, unter dem gleichen Schie-
ferdach im Buchenwäldchen am Dorfrand bleiben wollen, dem Heim ihrer fünfzigjährigen Ehe. Obwohl sie zu
höflich sind, es offen auszusprechen, sehen beide in der
Alternative das Ende der Reise. Jeder Berg Wäsche ist es
wert, um diesen Augenblick hinauszuzögern, obwohl die
Ärztin die Angst nicht loswerden kann: Wenn die Frau
sich selbst krank macht oder hinstürzt, was wird dann aus
ihrem Mann? Nicht, dass sie auch nur ein Wort davon

gegenüber der besorgten Nachbarin äußert, die draußen vor dem Laden an ihrer Seite lauert. Sie wiederholt ihren Dank, lädt ihre Lebensmittel in den Kofferraum und leitet den Rückzug ein.

In den ersten Monaten der Covid-Pandemie stürzt der Mann zu Hause und wird mit einer gebrochenen Hüfte ins Krankenhaus aufgenommen. Seiner Frau ist es nicht erlaubt, ihn auf der Station zu besuchen, in der Folge bauen seine geistigen Fähigkeiten deutlich ab. Das ist oft der Fall bei ins Krankenaus eingewiesenen Demenz-Patienten, und besonders in diesen schrecklichen Tagen, wenn jede Verbindung zu dem, was sie in ihrem Selbst verankert, gekappt wird. Nach einigen Wochen erhält die Ärztin einen Entlassungsbrief vom Krankenhaus. Er besagt, dass in Anbetracht der sich vermindernden Mobilität und abnehmenden geistigen Fähigkeiten eine Rückkehr nach Hause keine sichere Lösung sei. Hier endet der freie Wille. Die Unterbringung in einem Wohnheim wird organisiert, nicht in dem Pflegeheim am Wasserfall hinten im Tal, für das sie seit langen Jahren die Hausärztin ist, sondern in der nächstgelegenen Stadt. Die Ärztin wird ihren Patienten sehr wahrscheinlich nie wiedersehen.

In normalen Zeiten – und sie benutzt den Ausdruck »normale Zeiten«, um den Unterschied zu »jetzt« hervorzuheben – hätte sie mit der Ehefrau des Mannes einen Sprechstundentermin ausgemacht. Sie hätten sich von Angesicht zu Angesicht gesprochen. Sie hätte ihr die Schachtel mit den Papiertaschentüchern gereicht, ihre Hand gehalten, ihr gezeigt, dass sie versteht, wie sehr sie dagegen angekämpft hat und wie lange. Aber es sind keine »normalen Zeiten«, und so greift sie zum Telefon und ruft an.

»Ich darf ihn nur eine halbe Stunde pro Woche sehen«, erzählt die Frau, »durch einen Plastikschirm. Er erkennt mich nicht mehr. Weiß nicht, wer ich bin. Ich sag's ihm, aber zwei Sekunden später hat er es wieder vergessen. Erkennt auch unsere Tochter nicht mehr. Jemand fragte mich vor ein paar Tagen, eine nette Frau hier im Tal, ob ich nicht erleichtert sei, und mir fiel im Leben nichts ein, weswegen ich erleichtert sein sollte. Weil er dort in Sicherheit sei, sagte sie, aber war er hier nicht in Sicherheit? Ich weiß es nicht, wenn ich ehrlich sein soll, was ich mit meiner Zeit anfangen soll. Gestern Nachmittag saß ich einfach so vor dem Fernseher. Aber ich bin so dankbar, so sehr dankbar, dass sie mich ihn überhaupt besuchen lassen. Sie sind nett, dabei müssen sie alles, nachdem ich weg bin, desinfizieren und haben doch sowieso so viel Arbeit, so viel zu desinfizieren. So viel sauber zu machen. Ja, das ist ein ziemlicher Einschnitt, aber es wird schon gehen, denke ich.«

DER ANRUF BEI DER EHEFRAU des Alzheimer-Patienten ist der erste an einem Morgen voller Telefonkonsultationen. Der Arbeitstag hatte eine Stunde zuvor begonnen, wie immer mit den Blutwerten, Arztbriefen und, jetzt unvermeidlich, den positiven Corona-Tests. Vier an diesem Morgen. Sie ruft sie alle an. Heute ist sie – in beiden Praxen – die einzige Ärztin im Dienst und so, wie sie es nennt, im Survival-Modus.

Auf dem Schreibtisch steht neben ihr ein großer Becher mit schwachem Tee. Ihre Vorliebe für stark gebrühten hat sich mit der Ankunft der Kinder in Luft aufgelöst, so dass sie jetzt den Teebeutel gerade einmal dem Wasser zeigt und mit der Milch freigebig ist. Sie nippt daran, während sie ihre Notizen von einem Hausbesuch bei einem sterbenden Patienten gestern Abend diktiert. »Besuch 21 Uhr Punkt Saß aufrecht im Bett vollkommen bei Bewusstsein Punkt Blutdruck 142 zu 80 Komma Herzschlag 82 Komma Sauerstoffsättigung 94 Komma Temperatur 36,1 Punkt Unterleib Abdomen aufgebläht Punkt Würde normalerweise bei dem Zustand ins Krankenhaus eingewiesen Punkt Patient will im gegenwärtigen Klima nicht ins Krankenhaus Punkt Versteht, dass im Krankenhaus im Gegensatz zu zu Hause Behandlung zur Linderung seiner Symptome möglich Punkt Sprach Vorausplanung der gesundheitlichen Versorgung an Punkt Patient will lieber nicht darüber nachdenken bis die Krise da ist Punkt Ehefrau unterstützt was Mann will.«

Vor einigen Jahren fing sie an, mit dieser Software zu arbeiten. So spart sie ein paar Sekunden bei der Dokumentation, obwohl es nie ohne Korrekturlesen geht, weil zumindest das Programm angesichts eines feinsinnigeren Vokabulars zu erröten scheint. Kein Problem mit dem Buchstabieren von »Prochlorperazin«, aber »Anus« wird immer als »a Nurse« transkribiert, und letzte Woche »Ejakulat« als »Jacqueline«. Manchmal denkt sie, der hilfreichste Beitrag der Technik besteht darin, sie an einem düsteren Tag zum Lachen zu bringen.

Jetzt stehen am laufenden Band Telefonkonsultationen an. Sie trägt ein Headset, das mit dem drahtlosen Telefon auf ihrem Tisch gekoppelt ist. An manchen Tage fühlt sie sich, als arbeite sie in einem Callcenter. So hatte sie sich ihr Leben als Landärztin nicht vorgestellt. An einem Tag wie diesem scheinen die Fotos in *A Fortunate Man* von Sassall mit Cord-Jackett und Schlips von einem anderen Stern zu stammen, aber die Ärztin konzentriert sich auf das, was die Frau des Alzheimer-Patienten gesagt hat: »Es wird schon gehen.« Sie übernimmt den nächsten Anruf und der Morgen rollt an.

Es ist eine Frau, die sich wegen ihrer unregelmäßigen

Periode Sorgen macht, aber den größten Teil des Anrufs darauf verwendet, zu erzählen, dass ein Supermarkt in der Stadt sie des Hamsterns bezichtigt. Sie hat drei eigene Kinder, und die ihrer Schwester leben auch bei ihr. Um die Gefahr, ihre Patienten anzustecken, zu minimieren, wohnt die Schwester gleich beim Krankenhaus, wo sie als Krankenpflegerin in der Onkologie arbeitet. Die Anruferin muss jetzt für acht Mäuler einkaufen. Sie füllt einen Einkaufswagen, erzählt sie der Ärztin, wartet eine halbe Stunde im Auto, geht zurück und beginnt noch mal von vorn. »Könnten Sie mir nicht einen Brief für den Supermarkt ausstellen, zum Beweis, dass ich nicht lüge?«, fragt sie.

Da ist ein junger Mann mit schlechter Stimmung, der Mühe hat, einzuschlafen, und paranoid wird, weil seine Freundin »sich herumtreibt«. Die Ärztin kennt ihn gut, nimmt einen mütterlichen Ton an und erwähnt, dass das Gras, das er raucht, seiner geistigen Gesundheit nicht guttut. »Wie kommst du im Lockdown überhaupt daran?« – »Oh, kein Problem«, sagt er, »Dealer bekommen kein Kurzarbeitergeld, wissen Sie, die müssen einfach weitermachen.«

Der nächste Anruf geht an ihre starke Verbündete, die hier ansässige Palliativ-Krankenschwester, es geht um den Mann, den sie gestern Abend besucht hat. »Er will nicht ins Krankenhaus. Können Sie mal vorbeigehen und nach ihm schauen? Die Frau ist erschöpft. Hat keine Sekunde geschlafen.«

Und nun eine Diskussion mit der Oberschwester des Pflegeheims über die gesundheitliche Vorsorgeplanung für eine Patientin, die sie schon lange betreut und die über Nacht einen Schlaganfall erlitten hat. Es ist ein komplizierter Fall, denn die Patientin hatte lange, bevor sie überhaupt ans Seniorenheim dachte und noch klar im Kopf war, stets eine tiefe Abneigung gegenüber dem Krankenhaus bezeugt. Die Ärztin kennt sie seit ihren ganzen zwanzig Jahren hier und hat in früheren Tagen mehrere Besuche auf deren winzigem Gehöft absolviert. Die Frau lebte allein über dem Tal am Ende eines ausgefahrenen Feldwegs zwischen zwei Kuhweiden mit einer Bande übellauniger Tiere, einer Gans, die die Schienbeine der Ärztin attackierte, drei oder vier räudigen Katzen, die ihre Krallen in ihre Tasche schlugen, und einem Esel, der so lange seinen Protest herausschrie, bis sie wieder vom Acker war. Bei jedem Besuch lehnte die Frau mit den farbigsten Ausdrücken jede Überweisung ins Krankenhaus ab – egal, ob es sich um den Verdacht auf Darmkrebs oder um den plötzlichen Verlust der Sehkraft auf einem Auge handelte. Auch die Frage der Ärztin, was aus ihren Tieren würde, wenn ihr etwas zustieße, machte nicht den geringsten Eindruck. Ihre Abneigung gegenüber jeder Form von Autorität, einschließlich der Krankenhausspezialisten, saß tief. Und sie tolerierte die junge Ärztin nur, weil sie Hausbesuche machte, »nicht zu überkandidelt war« und Tiere mochte. Doch am Ende fiel die ganze prekäre Konstruktion in sich zusammen. Schwerwiegende Gedächtnislücken, Geschwüre an den Beinen; das Sozialamt schaltete sich ein, der katastrophal endende Versuch, sie zu Hause zu pflegen – in Konsequenz führte all das sie ins Pflegeheim. Dort weilte die Frau nun in einer Dämmerwelt, vor der sie sich, das weiß die Ärztin, immer gefürchtet hatte. Und so erläutert die Doktorin der Oberschwester die Hintergründe des Falls und die Menge von ihr dokumentierten Beweise, die den Wunsch der Frau bekräftigen, nicht ins Krankenhaus zu kommen. Ja, da sei sie sich ganz sicher, nie wäre sie sich sicherer über den Wunsch eines Patienten gewesen, ja, sie spreche mit dem Sozialarbeiter.

Der Morgen ist halb vorbei. Die Ärztin schaut auf die Uhr, klickt eine Leitung an und wählt rasend schnell. Keiner nimmt ab. Ein Seufzer und noch mal. Und wieder. Und wieder. Jemand hebt ab. »Im Ans-Telefon-Gehen bist du nicht gerade Weltmeister«, sagt sie. »Würdest du jetzt bitte die Geschirrspülmaschine aus- und wieder einräumen und die Kajak-Klamotten aufhängen, bevor du irgendwas anderes anfängst? Dad wird gegen drei zurück sein.«

Gleich in den nächsten Anruf mit Wiederaufnahme des warmen, sympathischen Tonfalls, der bei Teenager-Söhnen nicht so wirkt, aber für die Patienten so wichtig ist. Die Patientin ist Rechtsanwältin Ende dreißig, und ihre Long-Covid-Symptome sind ein Exempel für die dunkelsten Ängste der Ärztin, sich selbst das Virus einzufangen. Solche Fälle lassen ihr Blut gefrieren. Die Frau schafft es gerade zu arbeiten, aber wenn ihr Werktag endet, geht sie schnurstracks ins Bett. Sie war Triathletin, aber jetzt kann sie nicht länger als zehn Minuten gehen, ohne außer Atem zu geraten. »Und obwohl sie es vielleicht nicht merken, aber mein Hirn fühlt sich stumpf an, als ob das Denken anstrengend wäre. Ich funktioniere, aber es ist ein ganz anderes Leben als vorher.«

Nun kommt eine Folge von vier Patienten mit Symptomen von Angst und Depression, die im Fortgang des

Jahres immer mehr Raum auf der Sprechstundenliste einnehmen werden: Ein Mann ist zusammen mit seinem schwierigen Vater eingeschlossen; die Eltern einer Teenagerin sind so streng mit der Einhaltung der Abstandsregeln, dass ihr Freund mit ihr Schluss gemacht hat; eine Frau, deren Ehe auf der Kippe steht, und ein älterer Mann, der die Einsamkeit nicht erträgt. Zwei von ihnen sagen, sie hätten Selbstmordgedanken. Alle zeigen erste Anzeichen von Symptomen mangelhafter psychischer Gesundheit. Da ist auch noch eine Zellulitis, ein geschwollenes Glied, ein Rückfall in Kurzatmigkeit, Schwindel, Schmerzen im Kreuz, eine Verschlechterung von rheumatoider Arthritis, ein neuer Patient mit Bluthochdruck und ein alter mit Schleimbeutelentzündung im Ellbogen. All diese Konsultationen finden am Telefon statt.

Der Morgen endet mit der einzigen Konsultation von Angesicht zu Angesicht. Eine Mutter bringt ihre sechsjährige Tochter, die ältere von zwei Schwestern. Die andere steht ernst und ausgeschimpft in der Tür des Sprechzimmers. »Es ist wirklich meine Schuld«, sagt die Mutter. Sie versuchte am Computer zu arbeiten, und die Mädchen waren oben, sagt sie. Sie fanden die Wattestäbchen und wollten Monster spielen, schoben sich je zwei in die Nasenlöcher, eins in jedes Ohr und ließen einige aus ihrem Mund ragen. »Ich hab sie brüllen gehört, aber hab's nicht verstanden«, sagt die Mutter elendig. Die jüngere von den beiden hat die Hände auf die Ohren der Schwester geschlagen, schob dabei eines der Wattestäbchen ganz hinein, und jetzt blutete das Ohr. Ein Blick mit dem Otoskop auf den zerrissenen Rand, wo das Trommelfell sitzen sollte, und die Ärztin schreibt eine Überweisung für die HNO im Krankenhaus.

»Tut mir leid, aber die müssen ein neues Trommelfell einsetzen.«

Die Mutter stöhnt.

»Bei uns sind sie aus dem Haus verbannt, diese Wattestäbchen«, sagt die Ärztin. »Ich hasse sie. Die machen nur jede Menge Probleme mit den Ohren, und nicht nur, wenn man Monster spielt. Aber, wissen Sie, mein Mann liebt sie immer noch. Kauft sie und versteckt sie in seinem Rucksack. Sagt: ›Ja nicht Mama petzen‹.«

Der Morgen, der so trostlos begonnen hat, endet mit zwei Frauen, zwei Müttern, die, beobachtet von zwei ernsten Kindern, zusammen lachen.

*

ALS DIE BLÄTTER SICH VERFÄRBEN und im Herbst in großen Schauern von Gold und Rot und Braun heruntertaumeln, wird es der Ärztin langsam klar, dass sie auf der Langstrecke unterwegs sind. Die Covid-Fälle steigen wieder. Es wird von einem weiteren Lockdown gesprochen. Physische und emotionale Erschöpfung greifen um sich. Unter den Patienten wird mehr gemurrt, nichts Ernstes, aber die Geduld ist am Ende. Die tapfere *Blitz*-Mentalität, mit der vor ein paar Monaten die Dorfladys Sommerkleider als Girlanden über die Hecken gehängt hatten, um statt mit einem Straßenfest den Jahrestag des Siegs der Alliierten so zu feiern, ist verschwunden. Die gleichen Leute beäugen nun jedes ihnen unvertraute Gesicht, das sie auf der Gasse treffen, mit Misstrauen, fragen, was es hier verloren habe und ob das erlaubt sei. Jemand schickt ein Foto von einem verdächtig blitzblanken strahlenden Auto, das unten in der Nähe der Brücke parkt, an die WhatsApp-Gruppe des Dorfes. »Weiß einer, wem das gehört?« Es gibt eine Reihe von zugegeben fröhlichen Samstags-Grippe-Impf-Aktionen – so ein Segen, den Patienten wieder von Angesicht zu Angesicht gegenüberzustehen –, aber die Ärztin macht sich Sorgen, dass das Praxisteam erschöpft ist. Jeder ist das. Dann kommen die Nachrichten von der Covid-Impfung. Sie ist bald da, sie funktioniert, ein Wissenschaftler aus Oxford sagt, »im Frühling wieder normal«. In ihrem Herzen ein Gestöber aus Hoffnung, fast unmittelbar gefolgt von einem Angstanfall wegen der Logistik, wegen allem, das noch zwischen jetzt und dann passieren muss und passieren kann.

Sie schläft schlecht. Sie hatte immer gesagt, dass ihre Zeit als Assistenzärztin sie mit der Superkraft ausgestattet hätte, in unter zwei Minuten rasch einzuschlafen und, wann immer es weitergeht, aufzuwachen. Aber jetzt klappt das nicht mehr. Es ist nicht die morbide Bedrohung der ersten Monate der Pandemie. Dagegen wurde sie unempfindlich. Aber die Ärztin weiß, trotz des größeren Vertrauens in die Effektivität der Schutzanzüge, dass die Gesamtsituation besorgniserregend bleibt. Und jetzt geht es ihr an die Eingeweide, und das in den Stunden, in denen sie eigentlich schlafen sollte.

In der letzten Woche, am Ende eines Dreizehnstunden-Tages, musste sie erleben, wie die einspurige Straße eine Meile vor ihrem Zuhause von einem umgestürzten Baum blockiert war, sein riesiger Stamm, grün von Moos, lag zerrissen auf dem Asphalt. Ihr Mann hatte sie gerettet, sie in sein Auto gesetzt und ist mit ihr eine halbe Meile rückwärts durch die Dunkelheit gefahren, dann ist er mit der Kettensäge zurück, damit sie alle am Morgen loskönnten; aber sie war zerrüttet und hellwach.

Während die Uhr von eins zu zwei zu drei tickt, ist sie schlaflos, lauscht auf den Wind, der über Meilen an jedem Baum im Umkreis rüttelt. Der Talkessel verstärkt das Geräusch, zu dem Zischen der Eichen und Eschen beim Haus kommt ein Chor aus Hunderten und Tausenden, jedes absterbende Blatt mit voller Stimme. Es klingt wie die See. Die Ärztin beschreibt ihre Gedanken, die sie in den nächtlichen Stunden heimsuchen, als »Ohrwürmer«, aber eigentlich gehört das Geräusch dem Wald. Was ihre Gedanken so besetzt, ist eher wie die Fernsehnachrichten: Kameraschwenks über eine Menge, die sich in Züge drängt oder in der Stadt am Zahltag vor riesigen Billigläden ansteht. Ich hasse es, denkt sie, wie diese Krankheit für alle, die weniger verdienen oder alt und gebrechlich sind, schlimmer ist. Und so geht es immer weiter, während der Wald braust.

»KANN MAN AN GEBROCHENEM HERZEN sterben? Ich habe gehört, das geht. Ist das möglich?« Die Stimme der alten Dame klingt frisch und klar. Sie klingt wie eine frühere Radioansagerin. »Manchmal sterben Menschen vor Trauer«, sagt die Ärztin, »aber nicht immer, nicht in jedem Fall.« Sie nennt die alte Frau beim Namen. Wären sie im gleichen Raum, wäre das der Augenblick, nach ihrer Hand zu greifen. Die Ärztin weiß mit Sicherheit, dass bei langverheirateten Paaren, die Jahrzehnte zusammen waren, das Risiko, innerhalb von zwölf Monaten dem andern nachzusterben, signifikant ist. Zum Beispiel durch Herzversagen oder Herzinfarkt. Es gibt Leute, die einfach nicht mehr auf sich achten, nicht genug essen, niemanden mehr sehen – und deren Gesundheit steil abnimmt. Aber ist das ein gebrochenes Herz? Die Doktorin hat keine Ahnung. Das ist schwer auseinanderzuhalten, und es ist unmöglich, darauf einer Patientin im ersten Anfall von Trauer zu antworten.

Die Ärztin hatte das Paar zwanzig Jahre lang gekannt. Anfänglich sah sie sie selten in der Praxis und hatte nicht einmal mitbekommen, dass sie ein Paar waren. Dann sah sie sie oft draußen, wie sie auf den breiten Forstwegen über dem Tal spazierten, sie gehörten klar zusammen, denn der Spaniel lief immer zwischen beiden hin und her, aber eine ging immer ein paar Schritte voraus. Sie hielt sie für Freundinnen oder ein Paar ältlicher, sich kabbelnder Schwestern. Aber als sie in die Jahre kamen, brauchten sie die Ärztin häufiger, und sie verstand langsam, dass die beiden seit über vierzig Jahre zufrieden mit sich zusammenlebten. »Wir haben niemals jemand anderen gebraucht«, sagte eine von ihnen. In den letzten Jahren besuchte die Ärztin von Zeit zu Zeit ihr Haus an dem sumpfigen Pfad, der bei heftigem Hochwasser überflutet war. Wenn sie dorthin gerufen wurde, lernte sie im Auto Gummistiefel anzulegen oder ihre Fahrradschuhe an der Tür zu lassen.

Als die ältere der beiden Damen über achtzig wurde, gab es Pfleger, die täglich vorbeischauten, aber während der ersten Welle der Pandemie kündigten die beiden alle Hilfe von außen. Die jüngere und stärkere der beiden entschied, es wäre das geringere Übel, wenn sie sich um die andere kümmere. Ihr Leben war im Vergleich zu früher geschrumpft, lange Waldspaziergänge gehörten der Vergangenheit an, aber das Leben war noch lebenswert, sagten sie trotzig. Leute von draußen hereinzulassen war das Risiko einfach nicht wert.

Dann gegen Ende Herbst kam es zu einem Sturz, einem gebrochenen Schlüsselbein mit einem kurzen Aufenthalt im Hospital für die jüngere der beiden. Als sie entlassen wurde, war die Erleichterung so groß, dass sie auf dem Nachhauseweg im Taxi still Händchen hielten. Am folgenden Tag rief das Krankenhaus an und sagte, dass drei von vier Patienten auf ihrer Station positiv auf Corona getestet wurden waren und dass sie sich noch einmal testen sollte. »Wir waren so schrecklich vorsichtig, die ganze Zeit über. Wir verließen kaum das Haus«, erzählte sie der Ärztin erschrocken. »Ich kann nicht glauben, dass das im Krankenhaus passiert ist.«

Nun wurden beide Frauen positiv getestet. Die jüngere zeigte keine Symptome, aber die ältere wurde krank und glitt im Lauf der Wochen in einen äußerst aufgewühlten Zustand und delirierte. Der letzte Besuch der Ärztin in dem Haus am Fluss war niederschmetternd. Es wurde geschrien, alles war konfus, die Ärztin trug alle Schutzanzüge, die sie finden konnte, übereinander, die ältere Frau war aggressiv und verwirrt. Schließlich rief die Ärztin die Ambulanz und drei Tage später, Meilen von ihrer lebenslangen Partnerin entfernt, starb die Frau. Als sie die Mitteilung aus dem Krankenhaus sah, weinte die Ärztin. Auch nach zwanzig Jahre Tätigkeit merkt sie immer noch, wie sich von Zeit zu Zeit ihr Magen verknotet, und da sie die beiden so gut kannte, musste das jetzt passieren.

»Wir haben immer gehofft, sie und ich, dass wir draußen spazieren und ein Blitz erschlägt uns beide gleichzeitig«, sagt die jüngere der beiden alten Frauen am Telefon. »Aber es sollte anders kommen, nicht wahr?«

IN DEN WOCHEN VOR WEIHNACHTEN steigt in Großbritannien die Rate der im Krankenhaus erfolgten Covid-
Ansteckungen auf 25 % der Gesamtinfektionen. Für die
medizinische Erstversorgung eine äußerst beunruhigende
Situation. Die Parameter, die üblicherweise die Hausärztin veranlassen, Patienten ans Krankenhaus zu überweisen, haben sich verändert, das Risiko muss anders kalkuliert werden. Es ist keine statistische Erhebung, aber
betrachten wir 5 der zuletzt gefährdeten Patienten, die die
Medizinerin in normalen Zeiten alle ins Krankenhaus
überwiesen hätte: Die drei, bei denen entschieden wurde,
es zu versuchen und den Zustand palliativ zu Hause zu
überwachen, leben alle; die beiden ins Hospital Eingelie-
ferten verstarben dort. Einer von ihnen durch das Virus,
und in keinem der Fälle konnte die Familie den Sterbenden beistehen.

Solche Entscheidungen werden weder leichthin noch
einseitig gefällt. Natürlich gibt es Beratungen, man teilt
die Last des Risikos mit Kollegen und der Familie der

Kranken. Aber die verzweifelte Notwendigkeit, gefährdete Patienten aus dem Krankenhaus herauszuhalten, wird während der zweiten Pandemie-Welle zum wichtigen Faktor bei allen Entscheidungen der Ärztin. Dazu kommt, dass Patienten jeden Alters zögern, einem Krankenhaus auch nur nahe zu kommen.

Kürzlich gab es in einer Morgensprechstunde neben zwei Patienten, die hinausgeschobene Überweisungen und Wartezeiten befürchteten, sechs weitere, die dringend geröntgt werden müssten, aber sich kategorisch weigerten, deswegen ins Krankenhaus zu gehen. All das erfordert von der Ärztin, die Risiko-Parameter der üblichen Abläufe neu abzuwägen. Es fühlt sich alles andere als einfach an.

An diesem Nachmittag versucht sie sich mit einem Spaziergang vor der Abendsprechstunde zu entspannen. Sie braucht etwas Zeit für sich, die kalte, feuchte Luft und im Gehen andere Gedanken. Der Himmel brütet einen Sturm aus, gelb- und purpurfarbene Wolken wie Tabakrauch in einem Jazzclub. Das Land ist bis auf ein paar vom Herbst zurückgelassene goldfarbene Blätter dunkel und klammert sich an das letzte Tageslicht, der Fluss am Boden des Tals ist ein Abstrich des Himmels.

Sie denkt unablässig an das Pflegeheim, das auf der anderen Seite des Waldes liegt. Im Moment ist dort noch kein Covid ausgebrochen, aber sie hat heute Morgen einige Zahlen aus anderen Heimen gelesen, die sie bis ins Innerste erschüttert haben. Fünfundzwanzig Betten, zwölf Corona positiv. Sechzehn Betten, zehn Corona positiv. Ein Hausarzt im nächsten Landkreis wurde positiv getestet, obwohl er alle Protokolle zur Infektionsvermeidung minutiös beachtet hat. Und hier war sie, die für Freitag zu einer Handvoll akuter Fälle in das Pflegeheim bestellt war, Patienten, die sie von Angesicht zu Angesicht sehen würde. Sie hat die Stationsrunde heute Morgen, an einem Montag, telefonisch gemacht, und es gibt drei Patienten, die noch keine bestätigten Covid-Symptome zeigen, aber etwas daneben sind, müde und verwirrt. Das ist die Art, in der sich das Virus oft bei zerbrechlichen Greisen präsentiert. Für alle drei wurde seit Mittag strenge Isolation angeordnet, Zutritt nur für das Pflegepersonal in Schutzanzügen. *Aber wenn doch? Was dann? So wenige Wochen vor der Impfung würde es mir das Herz brechen.* Sie gibt zu, dass ihre Beschäftigung damit, das Pflegeheim zu schützen, fast etwas Besessenes hat. Streng erinnert sie sich selbst daran, es nicht zu übertreiben und dass es eine schreckliche Menge anderer Ding gibt, um die sie sich kümmern muss. Und plötzlich, aus dem Nichts, öffnet sich der Himmel zu einem mächtigen Regenguss, und die Ärztin rennt mit aufgesetzter Kapuze zurück in die Praxis, um sich vor der ersten Telefonsprechstunde des Abends noch schnell abzutrocknen.

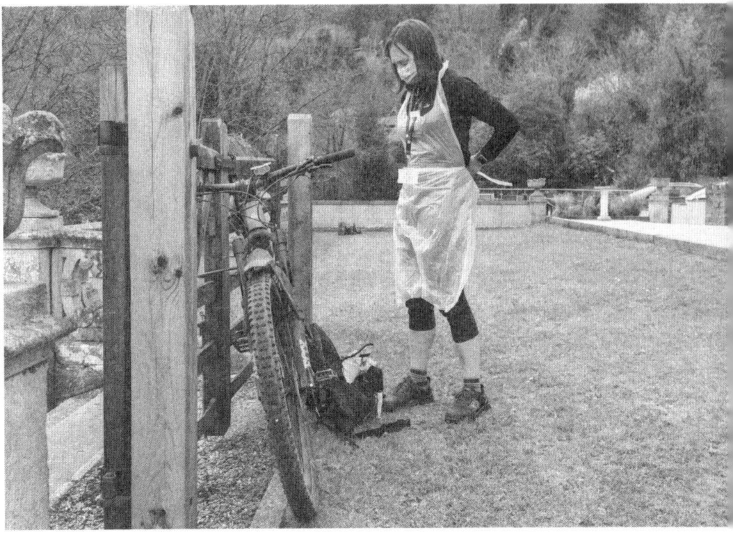

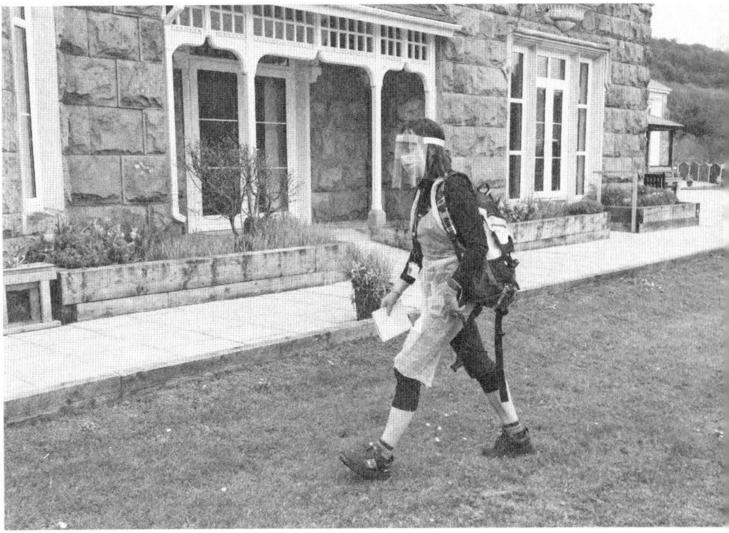

DER VATER DER ÄRZTIN war erst neunundvierzig, als bei ihm Parkinson diagnostiziert wurde, und keine sechzig, als ihn die Krankheit in eine Wohnanlage brachte, die zehn Meilen und einige Mäander stromaufwärts von der Praxis der Tochter lag. Die Krankheit hatte in den vorangegangenen Jahren physisch und psychisch zu einer Menge Chaos geführt, das in dem wirren Entschluss gipfelte, nach drei Jahrzehnten seine Frau zu verlassen. Die Ärztin sagt: »Gott schütze Dad, es war ein Fehler. Das hat er eingesehen.« Nach ein paar Jahren in der Wohnanlage wurde er, nun schon zerbrechlich, in ein Pflegeheim überführt, für das seine Tochter zuständig war. Ein anderer Hausarzt sagte zu, seine medizinische Versorgung zu übernehmen, aber wenn die Ärztin ihre Visite hinter sich hatte, schaute sie kurz bei ihrem Vater vorbei. Einmal fand sie ihn in dem alten Wohnzimmer mit der hohen Stuckdecke und den hohen viktorianischen Schiebefenstern. Zusammen schauten sie auf die Baumwipfel, sie fuhr ihn im Rollstuhl auf die Terrasse hinaus, und sie beobachteten, wie die Schatten der Wolken unten über die Hänge glitten. Nur drei Wochen später starb er.

Als Dad hierherzog, wussten wir nicht, dass sein Ende so nah war, aber sein Leben war schon lange immer weniger geworden. In der anderen Wohnanlage war er acht Jahre gewesen und davor ein Jahr in einem kleinen Haus in der Stadt, nachdem er Mum verlassen hatte, und davor war er auf ihrer großen Farm gewesen. Jeder Umzug bedeutete weniger Besitz, weniger und weniger. Aber ich wollte unbedingt, dass sein alter Bücherschrank aus Eiche mitsamt allen Büchern bei ihm bleibt. Natürlich gab es keine Chance, dass er noch einmal in diese Bücher hineinschaute, aber ich

wollte, dass die Leute ihn als jemand sehen, der sich für sol-
che Dinge interessierte. Ich stellte auch ein paar Fotografien
von ihm auf. Ich wollte ihnen zeigen, was für ein Mann er
gewesen war, denn zu dem Zeitpunkt war er nicht wirklich
wiederzuerkennen. Das war das einzige Mal, dass ich in
diesem Zimmer war, nicht mit ihm, aber ich habe alles ein-
geräumt. Als Dad starb, fuhr ich gleich hin und konnte drei
Stunden neben ihm sitzen. Es war ein schönes Zimmer, eine
Treppe tiefer im alten Teil des Gebäudes. Wunderbarer Aus-
blick. Ich glaube, er starb an einem Donnerstag, dann war
ich Montag wieder dort, um meine Runde zu machen und
in dem Zimmer war ein neuer Patient, zu dem ich musste.
Das war seltsam. Es fühlte sich an wie: »Du wirst doch jetzt
nicht zum Baby? Du schaffst das. Natürlich, schaffst du
das.« Und so ging ich hinein. Ich glaube nicht, dass sich das
auf das Treffen mit dem Neuen auswirkte, aber ich muss zu-
geben, dass es verwirrend war. Sogar noch jetzt denke ich auf
meiner Runde, »da ist Dads Zimmer«, und es wird immer
»Dads Zimmer« bleiben, der eine Raum, wo der Korridor
abbiegt, und das, obwohl er nur drei Wochen dort war.
Wenn es leer steht, stecke ich meinen Kopf hinein und denke
einen Moment lang an ihn, daran, wie ich bei ihm saß. Es
ist etwas Einschneidendes, der Verlust eines Elternteils, nicht
wahr?

Ihr Vater hatte die Ärztin viele wichtige Dinge im Leben
gelehrt: die Kraft des Optimismus, wie wertvoll es ist,
jeden Tag bewusst zu leben, eine tief sitzende Liebe für
Hunde und Pferde, ein paar Kniffe beim Backgammon,
die richtige Lautstärke, in der man Supertramps *Dreamer*
abspielen muss (sehr laut), die einfache Freude eine
Apfelscheibe auf der Spitze eines sehr scharfen Messers

gereicht zu bekommen. Aber vor allem war es ihr Vater, der ihr beigebracht hatte, wie man mit Leuten spricht. Er lebt weiter, nicht nur in der Bindung, die sie zu dem Pflegeheim empfindet, sondern auch in jeder Unterredung, die sie als Ärztin führt.

Dad hörte sich an, was die Leute sagten, ich meine, er hörte wirklich zu, lauerte nicht auf eine Lücke, um sein Ding loszuwerden. Wenn es eine Pause gab, fügte er eine Frage ein, damit das Gespräch nicht abriss. Er erklärte, dass man ja sowieso weiß, was man selbst sagen wird. Aber so lernt man neue Dinge. Was so lustig war, ist, dass Leute nachher sagten: »Dieser Jim ist ein netter Kerl, der ist wirklich interessant.« Aber sie wussten gar nicht viel über ihn. Was sie froh machte, war sein Interesse an ihnen.

Wenn du auf der Suche nach dem Leitgedanken hinter der Beziehung der Ärztin zu ihren Patienten bist, ihrer Philosophie – warum liebt sie ihre Arbeit, warum macht sie sie so gut, warum vertrauen die Patienten ihr und mögen sie –, dann musst du gar nicht weit suchen. Ihr Vater war weder Arzt, noch wusste er zu Beginn, dass er eine Doktorin aufzog. Das steht in keinem Lehrbuch. Es geht viel mehr darum, Mensch zu sein und anderen Menschen mit Wärme und Anstand zu begegnen.

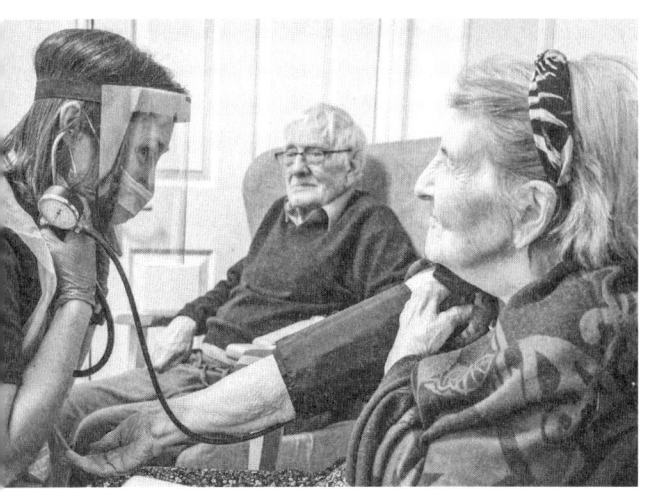

JEDES JAHR ANFANG DEZEMBER organisiert die Hausarztpraxis im Tal etwas, das die Ärztin den »Weihnachtszirkus« nennt. Sie ermuntert alle in der Gemeinde, für das Frauenhaus in der Stadt und notleidende Familien in der Nachbarschaft Kleider, Spielzeug und Bücher zu spenden und in altersgerechten Nikolaussäcken zu verpacken. Normalerweise ist Mitte des Advents der Lagerraum hinter der Rezeption bis zur Decke vollgestopft mit weihnachtlichen Goody-Bags, aber nicht in diesem Jahr. Die Infektionsregeln verhindern das. Abgesehen davon, dass die Praxismanagerin eines frühen Morgens durch die Räume strich, um jeden Schreibtisch, einschließlich den der Ärztin, mit Lichterketten zu schmücken, fühlt sich Weihnachten in diesem Jahr düster an. Eine Aufhellung kommt erst, als eine Freundin der Ärztin anruft. Ihre Kinder haben aufgeräumt und eine beschämend große Menge schöner Dinge gefunden, vieles noch in der nie geöffneten Originalverpackung. Könnte das irgendjemandem helfen?, fragt sie. Der Ärztin steht diese Person gleich vor Augen: eine alleinerziehende Mutter, lebt in einer Sozialwohnung an der großen Straße, fünf Kinder, drei Jobs, die zusammen kaum für die Rechnungen reichen. Sofort schickt ihr die Ärztin eine Textnachricht. Sie sieht, dass die Nachricht geöffnet wird, aber am Abend gibt es immer noch keine Antwort, auch nicht am nächsten Morgen. Sie quält sich, ist sich sicher, dass sie sie beleidigt hat, aber am Mittag kommt, endlich, eine Antwort. Das wäre wunderbar, sagt die Mutter, damit wäre Weihnachten gerettet. Danke, sagt sie, gefolgt mit einer Reihe Ausrufezeichen und einem Weihnachtsbaum-Emoji.

Das ist nur eine Kleinigkeit, aber sie bewirkt, dass die Laune der Ärztin sich bessert. Die Mutter ist glücklich. Und an Weihnachten werden ihre Kinder glücklich sein. Die Familie, die die Geschenke angeboten hat, ist glücklich, denn ihre frühere Verschwendungssucht wird durch das Weiterreichen ihres Glücks ausgetrieben. Und die Ärztin ist glücklich, da sie etwas so Einfaches in der Gemeinschaft, die sie liebt, zuwege gebracht hat. In 2020 fällt Optimismus schwer, meist wird er zu einem Wahn, nicht aber die Hoffnung. Die Hoffnung ist anders. Davon hat sie immer noch einen großen Vorrat.

*

AM WEIHNACHTSMORGEN ARBEITET die Ärztin endlich einmal nicht. Sie hat das Gemüse geputzt, und da ihr Mann dabei ist zu kochen, setzt sie die Kopfhörer auf, klickt ein Hörbuch an, pfeift nach den Hunden und geht raus, um vor dem Mittagessen einen Spaziergang zu machen. Es ist ein wunderschöner Tag, klar, hell, kalt. Am Waldrand nahe dem Hügelkamm, wo die Baumwipfel einem Stück feuchter Heide zugunsten zurücktreten, trifft sie eine Patientin, die ebenfalls mit dem Hund unterwegs ist.

»Oh, ich will Sie nicht stören«, sagt die Frau, »nicht an Weihnachten. Sie müssen sich erholen. Halten Sie nicht an, und reden Sie nicht mit mir.« Aber die Ärztin tut es. Sie sprechen ein paar Minuten über das Virus, worüber auch sonst, und über die Impfung, die »bald« kommt, so sagt die Ärztin. Sie sagt, die Nachricht, dass der Impfstoff im neuen Jahr eintreffe, sei das beste Weihnachtsgeschenk, das sie sich vorstellen könne, dass dann das Pflegeheim in Sicherheit wäre, alle wären in Sicherheit, aber die Frau stoppt sie.

»Wissen Sie, Sie erinnern mich an den alten Dr. John. Nicht in Ihrer Art, Gott behüte. Er kam immer in die Apotheke, wo ich arbeitete, und schwärmte, schimpfte und fluchte, wie nur er es konnte, aber man hat ihm alles vergeben, denn seine Absichten waren klar. Seine Frau war sein fester Anker, wissen Sie. Ohne sie war er verloren. Es ist komisch, weil gerade letzte Woche mein Mann und ich darüber sprachen und wir uns sagten, was für ein Glück wir doch haben, zu unseren Lebzeiten zwei Ärzte gehabt zu haben, die ihre Patienten so sehr liebten wie Sie, so sehr wie er. Es hat einmal jemand ein Buch über ihn geschrieben. Wissen Sie das?«

Und mit einem »Schöne Weihnachten« trennen sich Ärztin und Patientin auf der Heide.

»ES GIBT NATIONALE UND SOZIALE Krisen, die alle auf die Probe stellen, die in dieser Zeit leben«, schreibt John Berger auf den letzten Seiten von *A Fortunate Man*. »Es sind Momente der Wahrheit, die nicht alles, aber sehr viel über Individuen, Klassen, Institutionen und Leitbilder offenbar werden lassen.« Berger schrieb natürlich nicht über die Pandemie. Seine Themen waren die belastenden Beziehungen zwischen dem Individuum, den Machtstrukturen und dem Gang der Historie, und Berger hielt inne, um sich die Entscheidungen vorzustellen, die Dr. Sassall bei einer zukünftigen, nicht weiter ausgeführten großen Krise treffen würde. Für den zeitgenössischen Leser zählt dies zu den eher dunkleren Passagen des Buches, und es ist nur schwer zu entscheiden, ob Berger Covid-19 zu diesen Krisen gezählt hätte oder nicht. Wie dem auch sei, diese zwei Sätze scheinen mit ihrer verblüffenden Voraussicht ein Echo auf die außergewöhnlichen Ereignisse von 2020 und darüber hinaus zu sein.

Für die Ärztin war so vieles wahr: ja, die Krise war ein Test wie nie einer zuvor, sowohl für sie persönlich als auch für ihre Profession; ja, die Pandemie legte deutlich offen, auf was es in ihrem Zweig der Medizin ankam; und ja, es warteten auf sie alle harte Entscheidungen. Denn jeder wusste jetzt, dass eine einfache Rückkehr zu den »normalen Zeiten« keine Option mehr darstellte.

»Seit 200 Jahren hat Covid-19 zu den größten Veränderungen in der Organisation der Hausarztpraxen Großbritanniens geführt«, schrieben die Autoren eines Editorials, das gegen Ende 2020 im *British Medical Journal* erschien. Die Pandemie habe, so argumentierten sie, »die Allgemeinmedizin an einen Scheideweg geführt«. Während in den ersten Monaten der Krise Konsultationen mit physischer Anwesenheit auf ungefähr 10 % ihres vorherigen Levels sanken, wurde die Auswirkung der Pandemie auf die medizinische Grundversorgung von den politischen Entscheidungsträgern sowohl im In- wie im Ausland weitgehend ausgeblendet. Es ist zum Beispiel signifikant, dass in Großbritannien kein einziger praktizierender Allgemeinmediziner in ein Komitee der Scientific Advisory Group for Emergencies (SAGE) berufen wurde. Obwohl im Herbst des Jahres die Zahl der persönlichen Konsultationen wieder stieg, war der Einschnitt der Pandemie für die Beziehung von Doktor zu Patient grausam: Die Krise unterbrach die ohnehin brüchige Kontinuität der medizinischen Versorgung; sie behinderte das Einfühlungsvermögen; stellte Krankenhausärztinnen und Allgemeinmediziner in Opposition zueinander; unterminierte das Vertrauen der Öffentlichkeit wie der Bürgerinnen; stemmte die Kluft zwischen Hausärzten und ihren Patientinnen Stück für Stück weiter auf. Die Autoren des Editorials im *BMJ* kamen zu dem Schluss, dass nun die »Allgemeinpraxis vor der Wahl stehe zwischen einer persönlichen und einer unpersönlichen Zukunft«.

Als die Ärztin früh eines Morgens vor Beginn der Sprechstunde diesen Artikel las, wusste sie gleich, wie sie sich entscheiden würde. In Wirklichkeit hatte sie das längst getan. Die Ereignisse von 2020 hatten es in ihren Gedanken besiegelt.

V

SO OFT WIE EIN MOND sich blau färbt, richtet sich ein gestürzter Baum wieder auf und seine Äste werden wieder Teil des Firmaments. Wenn bei nachlassendem Sturm die Winde die Richtung wechseln oder ein Mensch höflich die Kettensäge an die gefallenen Äste setzt, verschiebt sich das Gleichgewicht unmerklich. Nun, scheinbar von seiner eigenen Untätigkeit zurückscheuend, knarrt der hinfällige Baum zurück in die Vertikale, der in sich verschlungene Wurzelteller füllt wieder die Leere, die er ließ. Das ist eines aus dem Vorrat kleinerer, den Bewohnern von Wäldern vertrauten Wunder. Baumdoktoren wissen das und sind vorsichtig, um nicht durch die Wipfel katapultiert zu werden. Eltern warnen ihre Kinder, nie und nimmer auf oder hinter eine kürzlich gefallene Linde oder Kastanie, Buche oder Pappel zu klettern. Aber niemand wird leugnen, wie aufregend so etwas ist. Es ist eine der seltenen Gelegenheiten, nicht Zeuge eines Moments der Schöpfung, sondern der Befreiung zu werden.

Ärzten sind solche Momente in Bezug auf Menschen vertraut. So sehr ihre alltägliche Arbeit vom Sterben beherrscht ist, so sind sie auch in das Wunder des Überlebens eingeweiht. An diesem Morgen telefoniert die Ärztin mit einer solchen Patientin, einer Frau, die ihr erzählt, dass sie in der letzten Woche ihren sechsundsiebzigsten

Geburtstag gefeiert hat – mit einer von den Enkeln selbst gebackenen Torte, die sie auf der Türschwelle abstellten, während sie am anderen Ende des vereisten Gartenpfads sangen.

Etwa ein Jahr vor der Pandemie musste sich die Frau wegen eines komplizierten Darmkrebses einer schweren Operation unterziehen. Beide, sie und ihr Ehemann, wussten um das Risiko des Eingriffs, und auf der Intensivstation stand schon ein Bett bereit. Alles, was schieflaufen konnte, ging schief – Nierenversagen, Leberversagen, Atemstillstand –, und so lag sie nicht einige Tage, sondern drei Monate auf der Pflegestation an der Schwelle zum Tod. An einem Freitagnachmittag wurde ihrem Mann gesagt, die Prognosen seien so schlecht, dass es an der Zeit sei, über die Einstellung lebensverlängernder Maßnahmen nachzudenken. Er verstand, aber war wie taub und sagte, er brauche das Wochenende, um das zu verdauen und mit den Kindern durchzusprechen. Am folgenden Montag hatte sich das biologische Gleichgewicht verschoben. Zur Überraschung des Oberarztes hatte sich der Zustand der Frau nicht nur stabilisiert, sondern sogar verbessert. Keiner sprach mehr von der grimmigen Entscheidung, und bald konnte sie die Intensivstation verlassen. Sechs Wochen später kehrte sie abgezehrt, aber lebendig in ihr Haus auf dem Berggrat zurück, das den Rücken dem Tal zuwendet und auf die dunklen Berge im Westen schaut.

Von den Einzelheiten der Tortur erfuhr die Ärztin nicht aus dem Entlassungsbrief des Krankenhauses (der weder den möglichen Entzug lebensverlängernder Maßnahmen noch die folgende Gnadenfrist erwähnte), sondern in der Praxis bei einer routinemäßigen Nachbesprechung. Die Ärztin versucht diese nach langen Krankenhausaufenthalten immer einzurichten. Es hilft, denkt sie, wenn die Patienten alles aus ihrer Sicht darstellen können; dabei lernt man immer etwas Neues. Und so sprudelte die Geschichte, die sie sich wie im Pingpong einander zuspielten, aus Frau und Mann hervor.

Nach sechs Monaten war die Gesundheit der Frau mehr oder weniger vollständig wiederhergestellt. Das war so unwahrscheinlich gewesen wie ein umgestürzter Baum, der sich wieder aufrichtet. Ihr Ehemann nannte sie, so erzählte sie der Ärztin, nach dem Film: »Eine kam durch«. »Oder ›Rasputin‹, wenn er denkt, er sei echt lustig«, sagte die Frau, obwohl die Ärztin dem Mann ansah, dass das alles andere als komisch gemeint war.

Als sie sich nun im letzten November mit Covid infizierte – sie hatte keine Ahnung, wo, beide waren so vorsichtig gewesen –, bereiteten sie sich auf das Schlimmste vor. Die Frau beschrieb es am gleichen Morgen mit der Ahnung, dass die Zahl zweiter Chancen begrenzt sei und sie ihren Anteil schon mehr als überzogen hätte. Sie blieb eine Woche im Bett, die folgenden zwei Wochen fühlte sie sich müde und »ausgeknipst«, aber es war kein Krankenhaus nötig, ihr Mann blieb verschont, und jetzt, im Januar, sei sie wieder ganz die Alte. »Es ist seltsam, aber ich fühle mich fast schuldig«, sagte sie, »oder würde es, wäre ich nicht so glücklich. Aber wenn ich daran denke … na, an all die Leute hier in der Umgebung, dann scheint das nicht fair, oder?«

*

DAS VERSPRECHEN EINES COVID-IMPFSTOFFES scheint solche Ungewissheit zu beenden – das endlose Roulette, wer wird das Virus abschütteln und wer wir ihm erliegen? Aber in der Realität brauchen die Impfdosen zwei Wochen, bis sie im Tal eintreffen. Die Ärztin hatte nicht lange nach Jahresbeginn mit der ersten Lieferung in der Praxis gerechnet, aber die Tage vergehen und eine ganze Produktionsreihe von Oxford/AstraZeneca ging daneben, deshalb kommt es in der Lieferkette zu Verzögerungen. Das Praxistelefon wird von Patienten belagert, die wissen wollen, warum Verwandte oder Freunde am anderen Ende des Landes vor ihnen zur Impfung aufgerufen wurden. In der ersten Woche 2021 hat die zweite Pandemiewelle ihre volle Stärke erreicht, und das Pflegeheim über dem Tal ist im ganzen Land eines der letzten ohne Covid-Infektionen – ein Zustand, das weiß die Ärztin, der sich jeden Tag ändern kann. Sie und die Praxismanagerin verbringen einen Nachmittag nach dem anderen in Sitzungen, sie sind am Telefon und schreiben E-Mails, um die Lieferung zu beschleunigen, doch nichts hilft. Als sie merkt, dass es, sosehr sie sich auch abmühen, nicht in ihrer Hand liegt, spürt sie neben ihrer Enttäuschung fast so etwas wie ein wenig Erleichterung. Wenn man hier lebt und so arbeitet wie sie, schadet es nicht, von Zeit zu Zeit in die Schranken verwiesen zu werden. Zumindest redet sich die Ärztin das ein, obwohl es auch Tage gibt, an denen der Geist von Dr. John an den Fenstern rüttelt und ruft: »Verdammt nochmal, tu endlich was.«

Sie macht im Dorf einen Hausbesuch bei einem älteren Patienten. Seine ganzen dreiundachtzig Jahre hat er hier oberhalb des Tals verbracht. Dr. John hat ihn als Arzt betreut und davor, als er noch ein kleiner Junge war, sogar dessen Vorgänger. Wie auch immer, an diesem Nachmittag dreht sich das Gespräch nicht um die Ärzte der Vergangenheit, sondern um Impfungen für die Alten. In diesen Tagen scheint das für sie und ihre Patienten das einzige Thema zu sein.

Der alte Mann wohnt nun in einem modernen Bungalow im Hauptort, aber er erzählt der Ärztin, wie er an dem steilen Weg unterhalb der alten Kirche aufgewachsen ist, neben einer winzigen mittelalterlichen Kapelle, deren Glockenturm jetzt merkwürdig weit von jeder Siedlung entfernt steht und unterhalb des dichten Waldstücks am nördlichsten Mäander der Schlucht hängt. Für ein kleines, vor sich hin trottendes Kind war es eine Riesenstrecke, sagt er, mehr als vier Meilen durch den Wald bis zur Praxis bei der alten Post. Aber hingetrottet sei er, gerade fünf geworden, um seine Rolle bei der ersten Massenimpfung in der Geschichte des Landes zu spielen. Die Krankheit hieß Diphtherie, im Jahrzehnt seiner Geburt die häufigste Ursache für Kindstod. »Da lohnt sich der weite Marsch«, hatte seine Mutter ihm gesagt. »Ich brauchte den ganzen Vormittag, um dahin zu kommen«, sagt der alte Mann, »und dann bekam ich eine Spritze und lief den ganzen Weg nach Hause zurück. Daran erinnere mich noch.«

Mitte Januar besucht ein mobiles Impf-Team vom Gesundheitsamt das Pflegeheim beim Wasserfall, um die ersten Dosen zu verimpfen. Die Ärztin wirft einen kurzen Blick gen Himmel und murmelt, »ja«. Bald danach werden sowohl ihre Mutter als auch ihr Praxisteam aufgerufen, um als NHS-Arbeiter an vorderster Front im riesigen

Impfzentrum in einem zwanzig Meilen entfernten Sport-
stadium ihre Erstimpfung zu erhalten. Es ist merkwürdig,
dass nach allem, was sie durchgemacht haben, sich der
Vorgang beinahe bürokratisch anfühlt. Sicherlich fehlt
dem Augenblick Poesie und Drama, wie man es von
einem solchen Befreiungsakt erwartet hätte, aber die Erleichterung drückt sich in einem eher alltäglichen *Okay,
das haben wir hinter uns* und in einem geflüsterten *Gott
sei Dank* aus. Für die Ärztin ist alles von dem schlechten
Gewissen getrübt, ihre eigene gefährdete Gemeinschaft
nicht impfen zu können. »Es ist schöner, irgendwie rich-
tiger«, sagt sie, »die Erleichterung und Freude für jemanden anderen zu empfinden als für sich selbst.« Und trotzdem bemerkt sie, dass ihre beiden Teenager-Söhne, die
niemals eine Befürchtung wegen ihrer Gefährdung ge-
äußert hatten, sie am Abend nach ihrer Erstimpfung fest
umarmen. »Das ist klasse, Mum.« Und sie begreift, dass
auch sie etwas von der Last mitgeschleppt hatten.

Die erste Impfaktion der Praxis ist am größeren der
beiden Standorte geplant und findet am zweitletzten
Samstag im Januar statt, danach in den folgenden Monaten zweimal pro Woche. Die Ärztin, die Praxismanagerin
und ihr kleines Team verwandten viele Stunden darauf,
um genau herauszufinden, wie alle sicher hinein- und
hinausgelangen, welcher Zeitraum für einen Termin vor-
gesehen sein muss, um einen größtmöglichen Durchlauf
zu gewährleisten, ohne die Einverständniserklärung, das
Protokoll und das Desinfizieren zu vernachlässigen. Zu
Beginn sind es acht Minuten pro Patient, dann, als sich
alles einschleift, fünf. Drei aus ihrem Team geben Spritzen, fünf führen Protokoll und begleiten die mehr als

zweihundert Patienten pro Tag durch den ganzen Prozess, bevor sie sie auf der Rückseite des Gebäude in das Grünbraun der feuchten Wiese hinter der Praxis entlassen. Im Lauf der Wochen werden sie hier auf einen Chor aus Vogelstimmen und auf den frischen Geruch von Gras und Wildblumen stoßen. Aber heute nicht, denn an diesem ersten Wochenende ist Schnee angesagt.

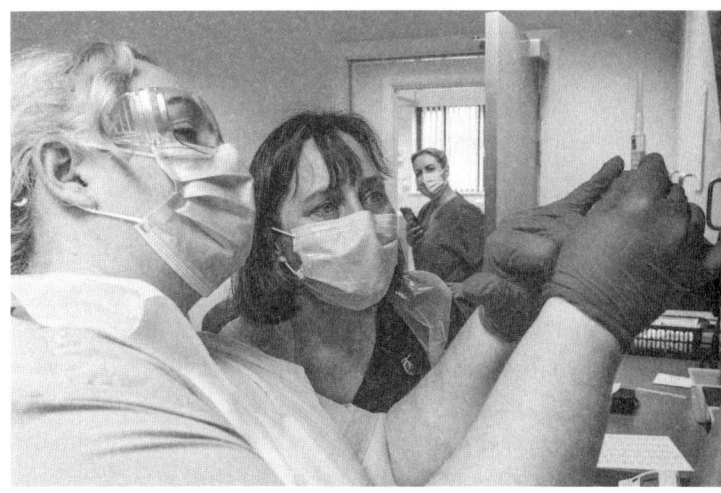

ERZÄHLUNGEN VON HARTEN WINTERN gibt es viele im Tal. Diese weiter gereichten Geschichten definieren die Gemeinschaft, die Erinnerungen schweißen die Menschen zusammen. Einmal, vor Jahren, schloss sich die Wasserfläche des Flusses rasch zu einem Mosaik aus dicken Eisschollen, das mehrere Tage unbewegt blieb. Als endlich die Strömung das gefrorene Pflaster loszerrte, klang das Scheppern der Fahrt stromab in den wolkenverschrammten Wipfeln der Wälder wider. »Ein Höllenlärm war das«, erinnert sich ein alter Einwohner. Ein anderer denkt daran, wie sich die engen Wege am Talrand bis zur Höhe der Hecken mit Schnee füllten, der von den Feldern hinüberwehte. Sein Vater hätte den Traktor benutzt, um einen Tunnel durch den Schnee zu bohren, während sein Bruder und er, so sagt er, auf beiden Seiten entlang den vereisten Hecken flitzten und sich streckten, um die Telefonleitungen über ihren Köpfen losschnellen zu lassen: Ploing. Der Wind pfeift über die Talschultern wie jemand, der einer Flasche einen Ton entlocken will – und noch heute formt er dabei aus dem tiefen Schnee unwahrscheinlich wirkende modernistische Skulpturen: aus Weiß modellierte Henry-Moores. An Wintertagen trennt oft eine wie mit dem Lineal gezogene Schneelinie die Dörfer hoch am Talrand von jenen am Wasser. Oberhalb musst du dir einen Weg zu deinem Auto graben oder es ganz stehen lassen, während eine Viertelmeile unterhalb deine Nachbarn im Garten sehen, wie das Gras seine Spitzen durch den mager ausgestreuten Puderzucker streckt.

Schneetage stellen die Landärztin vor eine Reihe von Herausforderungen. Über einen vereisten Weg zu Fuß zum Pflegeheim laufen, sich dabei an niedrig hängenden Ästen festhalten. Oder, vor ein paar Wintern, eine über zwei Meilen lange, mühsame Wanderung in Gummistiefeln und Wollmütze zu einem Patienten, der bei ihrer Ankunft dabei war, mit einem schönen Glas Bordeaux Beef Wellington zu verdrücken. »Hat er nicht schon wieder Farbe?«, sagte die Frau, die neunzig Minuten zuvor dringlich auf einer Visite bestanden hatte. Der Rückmarsch durch einen nun ausgewachsenen Schneesturm gab der Doktorin reichlich Gelegenheit, ihre Fähigkeiten in Sachen Triage zu üben.

Der Fall, an den sie sich immer, wenn Schnee angesagt ist, erinnert, betrifft ihren Nachbarn, einen Gelegenheitsarbeiter und der Begeistertste aller Bastler, ein Zauberer mit Garn, Holz und Faden, der in der Praxis anrief und sagte, er hätte »sich leicht an der Hand verletzt«. Wegen des tiefen Schnees hatten alle, bis auf eine Handvoll, ihre Termine abgesagt, und die Ärztin nahm sich ein paar Stunden frei, um mit ihren Söhnen, die zu der Zeit noch sehr jung waren, und deren Großmutter Schlitten zu fahren. Dem jüngeren der beiden war es kalt geworden und sie waren auf einen Becher heißen Kakao nach Hause geschlittert, als das Telefon klingelte. Zwei Minuten später saß sie im Auto und war auf dem Weg den Hügel hoch zum Kleingehöft ihres Nachbarn. Sie stellte sich die Verletzung als fiesen Schnitt oder vielleicht als verunglückten Schlag mit dem Hammer vor. Sie wusste, dass die ganze Familie Ärzten aus dem Weg ging und um alles in der Welt das Krankenhaus mied, weshalb sie auf dem Weg in der Praxis hielt, um Bandagen, Tinkturen und das Wichtigste zur Ersten Hilfe einzupacken. Der steile Weg zu seinem Haus war unpassierbar, die Ärztin parkte in einer Einfahrt, kletterte über das Tor und begann ihren Aufstieg durch den Schnee. Seine Werkstatt, in Wahrheit nicht mehr als ein Schuppen, stand am entfernteren Ende von zwei Koppeln. Sie bemerkte zuerst die nur angelehnte Werkstatttür, dann eine Blutspur im Schnee, die über die erste Koppel führte, über das erste Gatter und hoch durch das zweite zur Küchentür. Sie folgte ihr, beeilte sich und trat ein. Da war er, aschfahl auf einem Küchenstuhl, seinen Ellbogen auf dem Knie, ein Streifen Verbandsmaterial zum Abbinden hing von der blutigen, hochgestreckten

Hand. Im Teller der anderen Hand, die er so flach wie möglich hielt, wie um sich von ihrem Inhalt zu distanzieren, lag ein halber Daumen. Die Ärztin nannte seinen Namen, und er antwortete mit »Bohrmaschine«.

Die beiden erwachsenen Töchter des Mannes liefen hin und her durch die Küche, als wären sie unsicher, wohin mit sich. Die Doktorin bat die eine, die Notrufnummer zu wählen. In Dr. Johns Tagen hätte er die notwendige Operation vielleicht selbst durchgeführt, entweder in der Praxis oder in dem Waldhospital, aber heute nicht mehr. Der Mann würde in die große Notaufnahme einer Stadt gebracht. Alles, was ihr blieb, war ihn zu stabilisieren, um Zeit zu gewinnen.

Bevor sie zu den Bandagen griff, schaute sich die Ärztin die verletzte Hand genauer an. Das weiße Verbandszeug war gar keine Schlinge zum Abbinden, sondern 20, 23 Zentimeter Sehne, die die Bohrmaschine aus dem Unterarm des Mannes gezogen hatte. Er stand deutlich unter Schock, sein Atem war flach. Die Ärztin stach eine Kanüle in seine Armbeuge, befestigte daran den Schlauch und suchte nach einem Haken oder Regal, um daran den Beutel mit Kochsalzlösung aufzuhängen. Am Ende bat sie die zweite Tochter, sich neben ihren Vater zu stellen und den Infusionsbeutel zu halten, während sie die Hand verband. Nachdem die Flüssigkeit aufgebraucht, die Hand bandagiert und mit einem Stapel Kissen auf dem Küchentisch hochgelegt war, der abgetrennte Daumen auf einer Mullbinde daneben lag, warteten sie endlos auf den Krankenwagen.

In einem solchen Moment greift sie zu einer Reihe medizinischer Prozeduren, von denen gerade keine notwendig ist, die aber helfen, die Zeit voranzutreiben; sie wirkt geschäftig. Sie nimmt den Puls, misst Temperatur und Blutdruck, richtet Verbände und redet dabei, was wiederum dem Patienten und seiner Familie versichert, dass alles Mögliche getan wird. Vor allem lässt es die Minuten verstreichen, bevor wieder Panik und Schmerz die Überhand gewinnen.

Wenn sie an diesen Nachmittag im Schnee zurückdenkt und viele andere Begegnungen mit Patienten im Lauf ihrer mehr als zwanzig Jahren hier erinnert, versteht sie, dass Zeit ein Teil der Fürsorge ist. Im großen Ganzen ist Zeit alles, was wir haben: Zeit weder in dem auf Effizienz und Management bedachten Sinn von *Machen wir einen Termin aus, seien Sie bitte pünktlich*, noch im Sinn lebensverlängernder Maßnahmen und dem dadurch aufgeschobenen Tod. Eher arbeitet sie im Bewusstsein, dass Zeit die endliche Achse unserer Existenz darstellt und dass unsere Erfahrung von ihr wichtig ist. Denn nicht jede Minute im Leben ist von der gleichen Bedeutung. Manchmal fliegen Wochen, Monate, Jahre vorüber, leicht wie Spinnfäden, aber im Schmerz, in Angst oder Qual wiegen zehn Minuten so schwer wie ein Jahr. Wie man die Menschen in diesen Minuten behandelt, macht einen Unterschied, das weiß die Ärztin. Sie ist hier, um diese schwere Zeit mitzutragen, damit ihre Patienten wieder leichtere Tage erleben. Das gilt genauso für den sterbenden Mann, der seine Stunden herunterzählt, für die jungen Frau, die mit Depressionen kämpft, oder der Reparatur-Bastler, der seinen Daumen verloren hat und im Schnee auf den Krankenwagen wartet.

VOR DER ERSTEN COVID-IMPFAKTION lässt der Wetterbericht ihr keine Ruhe: Ein Schneesturm ist angekündigt. Für ihre ältesten Patienten wird es seit vielen Monaten das erste Mal sein, dass sie sich in das Tal hinauswagen. Säcke mit Salz und Split wurden an die Praxis geliefert und aufgestapelt, um im ersten Morgenlicht verstreut zu werden. Trotzdem hat die Ärztin einen Großteil der Nacht mit der Sorge verbracht, eine arme alte Dame könnte in der Hoffnung auf Befreiung von dem Killer-Virus auf dem Parkplatz ausrutschen und sich die Hüfte brechen. Mehr als einmal klettert sie in den frühen Morgenstunden aus dem Bett, um durch die Badezimmervorhänge nach dem dämmrigen Blau von nächtlichem Schneefall zu spähen.

Aber der Morgen kommt, und die Natur bleibt gnädig. Es ist bitter-eisigkalt, aber bis jetzt: kein Schnee.

Die Ärztin ist früh in der Praxis. Das ganze Team ist früh da. Alle sind bereit. Zwischen ihnen schimmert die Atmosphäre vor Elektrizität. Ruhig, konzentriert. Jetzt geht es los. Eine Windstille vor dem Eintreffen der ersten Patienten, die Frauen gehen in Position wie Läuferinnen vor einem Rennen. Die Ärztin, die normalerweise nicht zu Reden neigt, fängt an zu sprechen.

»Meine liebe Güte, ihr alle«, sagt sie. Ihre Stimme bricht fast vor Gefühlen. »Ihr wart und seid unglaublich. Seit März letzten Jahres. Nicht ein einziges Mal musste ich euch um etwas, um irgendetwas bitten, dass ihr nicht sofort getan hättet, und zwei Minuten später kamt ihr schon zurück und fragtet: ›Was kann ich als Nächstes tun?‹ Ihr seid unglaublich. Danke.«

Es gibt einen kurzen Jubel, Tränen werden abgewischt, ein-, zweimal unter den Masken geschneuzt. Tief im Innern weiß die Ärztin, dass das Ende noch nicht in Sicht ist, sondern nur der Beginn eines weiteren langen, ungewissen Jahres. Und doch, hier, an diesem Ort, geben die Menschen ihr Hoffnung. Sie sind das Fundament ihres Vertrauensverhältnisses zu der Gemeinschaft; die Beziehungen sind genauso deren wie ihre. Eine hebt einen Finger ans Ohr. Das Knirschen von Rädern auf Asphalt und ein winziges graues Auto schleicht auf den Parkplatz vor der Glastür, ein kurzer Blick auf greises Haar. Und los geht's.

Die so offen gezeigten Gefühle des Teams, alle sind um die vierzig oder fünfzig, werden von den älteren Patienten nicht geteilt. Sie gehören zu einer Generation, die noch im Krieg aufgewachsen ist. Gelegentlich wird ein Auge feucht, aber die meisten hüllen sich in achselzuckenden Stoizismus. In der Praxis herrscht eine festlich aufgeladene Atmosphäre, es ist so herrlich, die Patienten wieder da zu haben, aber dahinter wummert der Verlust an

Tagen, Wochen, Monaten in einer Lebensphase, wo die Zeit rar wird – es ist die Zeitspanne, die die Ärztin ihren Patienten um nichts in der Welt wiedergeben kann. »Schön, Sie endlich wiederzusehen, Doc«, sagt ein alter Mann, »ich weiß ja, sie waren auf einer langen Kreuzfahrt«, kichert er. Eine Frau schenkt der Ärztin ein Glas Marmelade. Sie hatte sich beim Gesundheitsamt über die Verzögerung des Impfbeginns beschwert, aber die Doktorin soll wissen, dass sich ihr Unwille nicht auf sie bezieht. »Es ist Seville Orange«, sagt sie, »die mache ich jeden Januar.« Eine andere Frau kommt mit ihrem Ehemann, der das weiße Gefieder der Lockdown-Frisur als Heiligenschein trägt. »Ist gut so, oder«, sagt sie, »er sieht aus wie eine Pusteblume.«

Spät am Morgen bemerkt die Ärztin auf dem Boden ihres Sprechzimmers und im Flur dicke Klumpen schwarzen Matschs von irgendwelchen Schuhen. Sie hebt einen auf und rollte ihn zwischen den Fingern. Es fühlt sich nicht an wie Erde. Am anderen Ende des Flurs versucht die Praxismanagerin vergebens, eine betagte Dame dazu zu überreden, sich in einen Rollstuhl zu setzen, damit man sie zu ihrem im Auto wartenden Sohn rollen kann. Die Matschklumpen sind tatsächlich von den Gummisohlen der alten Dame, sie hat ihre Schuhe ein Jahr lang nicht benutzt, und jetzt fallen sie im Gehen Stück für Stück auseinander. »Nein, ich werde schon nicht fallen«, sagt sie, ihre Stimme kristallklar. »Danke Ihnen, aber ich will nicht in den Rollstuhl. Ich will laufen.«

AUF DER EBENE ÜBER DEM FLUSS liegt im Patchwork kleiner Farmen ein anglikanisches Kloster versteckt, Heimat
einer geschlossenen, kontemplativen Gemeinschaft, die
fast ein Jahrhundert alt ist. Der Konvent besitzt ein schönes edwardianisches Gebäude mit einer Kapelle, einem
großen Gemüsegarten, einer Obstwiese und fünfundzwanzig Hektar Land. Fotografien aus den 1970ern zeigen eine lebhafte, sich selbst versorgende Gemeinschaft
aus dreiundzwanzig Nonnen, die sich um Bienenstöcke
und Hühnerställe kümmert, die Kühe melkt, Heu macht
oder Kartoffeln erntet, Butter, Brot und Käse herstellt
für ihr bescheidenes, schweigsames Abendmahl an den
langen Tischen des Refektoriums, neben jedem Teller
eine auf einem Buchständer aufgeschlagene Bibel. Jetzt
besteht die Gemeinschaft nur noch aus fünf geweihten
Schwestern, zwei davon bei schlechter Gesundheit, einer
jungen Novizin und zwei Frauen, die darauf warten, als
Novizinnen aufgenommen zu werden. Dank Tesco werden die Lebensmittel online bestellt, und das Gemüse

kommt einmal die Woche in der Grünen Kiste von einem Händler aus der Stadt.

Die Ärztin ist nicht religiös, aber da ist etwas an dem Frieden dieses Ortes, atmosphärisch wie metaphysisch, das sie immer wieder überrascht. Es ist ruhig und riecht wie ein majestätisches altes Landhaus nach einem anderen Jahrhundert – nach einem Hauch Politur, Feuchtigkeit und alten Büchern. Es ist einer ihrer Lieblingsorte im Tal. Bis vor kurzem waren die meisten Nonnen weit über dem Rentenalter, und die Ärztin war immer wieder überrascht von der Weisheit dieser schweigenden alten Damen, einer anderen Art Familie, in der das Leben manchmal auch hart sein kann. Als viele von ihnen eine nach der anderen hinfällig wurden und verstarben, arbeitete sie mit einer der kräftigeren Schwestern Anfang siebzig zusammen, um sie zu pflegen.

»Ich bin ausgebildete Krankenschwester, keine Ärztin«, sagte die Nonne, »deshalb kann ich keine Diagnose stellen, aber Frau Doktor hilft mir, und wenn ich etwas brauche, weiß sie, warum. Die meisten Leute verstehen unsere Lebensweise nicht, aber von einem medizinischen Standpunkt aus ist es ein großer Unterschied, ob jemand in einem Orden lebt wie dem unsrigen, das Leben hier ist nicht einfach.« Sie spricht über das Schweigen, das einen dazu zwingt, sich nicht nur den eigenen Schwächen, sondern auch denen der anderen zu stellen. »Und du kannst nicht gehen«, sagt sie. »Aber Frau Doktor versteht das alles. Sie nimmt Anteil, ist eine gute Zuhörerin und hat eine beruhigende Art. Sie hält mich auf Trab, denn wir haben ein paar ziemlich schwierige Probleme. Weil wir alle so eng zusammenleben, hat uns Frau Doktor gerade neulich eine Covid-Impfung für jemanden organisiert, der uns beim Kochen hilft.«

Auf die Frage, ob sie dies auf irgendeine Weise als spirituell ansieht oder ob sie Bedenken hat, ob Frau Doktor Christin ist oder nicht, antwortet die Nonne scharf. »Das ist für mich nicht von Belang. Ich weiß nichts über ihr Privatleben. Ich weiß, dass sie Söhne hat und Fahrrad fährt. Aber während der Pandemie hörten wir doch häufig, oder manchmal, dass die Menschen wieder gelernt hätten, liebevoller und zugewandter miteinander umzugehen, und die Frau Doktor war schon vorher beides, liebevoll und zugewandt. Ich weiß nicht, ob man das spirituell nennen kann oder nicht. Der Punkt ist doch, dass sie ein Mensch ist, keine Dienstleisterin. Und deshalb kommt sie zu ihren Verabredungen immer zu spät. Weil sie dem vor dir Zeit gewidmet hat. Und wenn man mich fragt, ist das gut so.«

IN DER NACHT NACH DER ERSTEN Covid-Impfaktion fällt eine gewaltige Menge Schnee.

Als sie Montagmorgen in die Praxis läuft, sieht der Wald aus wie eine Schwarzweißfotografie, die einzige Farbe ist das Rot ihrer Gore-Tex-Jacke. Wenn es sich einrichten lässt, geht die Ärztin an Schneetagen zu Fuß in die Praxis. Weniger aus Vorsicht, als wegen des Geschenks der Jahreszeit, der Gelegenheit das Tal von seiner schönsten Seite einzusaugen, und des Spaßes, über zweieinhalb Meilen die Stiefel knirschend in den unberührten Schnee zu drücken. Dafür wird sie niemals zu alt. Das Gleiche empfindet sie für die glänzenden Kastanien, die sie im Herbst in ihren Manteltaschen sammelt, obwohl ihre Söhne längst das Interesse an ihnen verloren haben. Und für die Butterblumen, die unter ihren Gamaschen glühen. Und sich mit den Schultern durch den kopfhoch stehenden Farn zu drücken, der im Sommer die Wiesenpfade verstellt. So viele Kindheitsfreuden, die ihr geblieben sind, aber die größte ist der Schnee. Trotz allem, was der Montagmorgen auf dem Höhepunkt der globalen Pandemie bringen mag, kommt sie mit einem Lächeln im Gesicht und einer rosa Nase in der Praxis an. Zehn Minuten später ist sie wieder erwachsen und in einer komplizierten Welt.

*

IM LAUF DER MONATE werden die Telefonkonsultationen leichter. Sie hat sehr daran gearbeitet und sich verbessert. Sie vermisst immer noch die Vielschichtigkeit tatsächlicher Begegnungen unter vier Augen, aber sie hat herausgefunden, dass sie, vor allem bei Patienten, die sie bereits kennt, eine ganze Menge aus der Stimme herauslesen kann, aus den Pausen und Gefühlen, dem Ausweichen. Trotzdem sind die letzten beiden Telefongespräche belastend, das erste mit einem Lehrer von der hiesigen Grundschule wegen eines Mädchens, bei dem im letzten Jahr Autismus-Spektrum-Störungen diagnostiziert wurden.

Die Ärztin kennt die Familie seit der Geburt des Kindes, aber diskutiert wurde das Thema Autismus mit den Eltern erst vor einem Jahr, als das Mädchen in der Schule nicht mehr mitkam und sich immer öfter weigerte, überhaupt hinzugehen. Sie war blitzgescheit, aber fand es schwer, ruhig zu sein oder Aufgaben zu machen. Das Geschrei auf dem Pausenhof regte sie auf, das Röhren der Handtrockner auf der Schultoilette machte jeden Gang dorthin zum Horror. Sogar die Prägung in dem Plastikstuhl war ihr unbequem und regte sie auf. Weil ihr im Gegensatz zu den sechs Stunden, die der Lehrer mit ihr jeden Tag verbrachte, die zehn Minuten einer Sprechstunde bei ihr zu kurz schienen, hatte die Ärztin die Situation mit Erlaubnis der Eltern mit der Schule besprochen. Sie diskutierten einfache nichtmedizinische Interventionen: die Erlaubnis, allein und in Ruhe auf die Toilette zu gehen und Papiertaschentücher für ihre Hände zu benutzen, statt des Plastikstuhls wurde ein Holzstuhl aus der Mensa der Lehrkräfte geholt. Sie dachte, dass diese Bitten mehr Gewicht bekommen, wenn eine professionelle Medizinerin sie äußert statt die Familie. Doch am Ende wurde eine Überweisung an die ISCAN notwendig (Integrale Service for Children with Additional Needs).

Dann kam der Lockdown, die Schulen schlossen und

ließen nur noch die Kinder von systemrelevanten Erziehungsberechtigten zu. Die Eltern des Kindes arbeiteten beide bei der Post, darum besuchte sie weiter die Schule, und so kam es zu einer Offenbarung. Nun, mit nur fünf oder sechs, statt dreißig Kindern in der Klasse und in einem stillen Gebäude fand das Mädchen zur Ruhe. Ihre Interaktionen wurden weniger fahrig, ihre Noten verbesserten sich, sie war froh, sich morgens einen Zopf zu flechten und die Schuluniform anzuziehen. Solange sich die Eltern erinnern konnten, war sie zum ersten Mal mit der Schule zufrieden. Aber als im September alle Kinder ins Klassenzimmer zurückkehrten, wurde das letzte Jahr, bevor es auf die weiterführende Schule in die Stadt ging, zum schlimmsten Schock. Zu den Scharen von Kindern kam die Litanei von Regeln: zu Masken, zur Klasseneinteilung und zum Abstandhalten. Das Mädchen fiel wieder ab, bis ihre Eltern sie morgens nicht mehr aus der Tür brachten. Erst, als die Covid-Infektionen wieder anstiegen und nicht lange vor Weihnachten der zweite Lockdown kam, so erzählten sie der Ärztin, kam es zu einer ähnlichen Befreiung für ihre Tochter. Nun, wo die Impfkampagne anrollte und in den Nachrichten davon gesprochen wurde, die Schulen wieder zu öffnen, beschäftigen sich alle, die Ärztin, Eltern und Lehrer, damit, wie der neue Übergang weniger turbulent als der letzte gestaltet werden könnte. Wieder einmal dreht sich die Arbeit der Ärztin um die Zeit, in diesem Fall geht es um die Schulzeit des Kindes und seine Zukunft. Es gibt keine einfache Lösung, und das Gespräch zwischen Ärztin und Lehrer dauert doppelt so lang wie geplant. »Sie können sich vorstellen, wie es für ihre Mum und Dad ist, oder?«, sagt die Ärztin. »Sie lieben sie so sehr, und sie waren so ängstlich. Dann sahen sie plötzlich dieses schöne Aufblühen und das, was sie sein könnte, wer sie vielleicht als Erwachsene sein würde. Es ist schwierig. Wir müssen weiter darüber nachdenken, daran arbeiten.« Sie vereinbaren, in vierzehn Tage weiterzusprechen.

Das sechzehnte und letzte Telefonat an diesem Morgen betrifft einen Nachtrag zu einem der komplexesten Fälle der letzten Jahre. Während sie wartet und auf den steigenden und fallenden Rufton lauscht, sagt sie Gott sei Dank, dass sie in diesem Fall den Höhepunkt der Krise nicht aus der Distanz besprechen musste. Die Frau wäre am Telefon nie so offen gewesen. Allein die Vorstellung, dass sie in dem Haus mit dem gut aussehenden, gewalttätigen Ehemann eingeschlossen gewesen war, lässt die Ärztin erschaudern. Vor zwei Jahren hat sie einen Monat lang tatsächlich gefürchtet, dass der Mann einbricht und etwas Schreckliches anstellt. Wenn sie jetzt an ihn denkt, an seine gepflegte Erscheinung, sein lässiges Selbstvertrauen, seine Kleidung, die auf Sommerferien an wohlhabenden Küstenorten deutete, merkt sie, dass ihre Augen immer wieder an seinen strahlend weißen Zähnen hängen geblieben waren.

Sie kannte die Familie seit mehreren Jahren und hatte den Mann zu Beginn sehr gemocht. Er schien das Musterbeispiel von einem Vater – die Unbefangenheit, mit der er sich den einen oder anderen seiner kleinen Söhne mühelos unter den Arm klemmte, ohne Verlegenheit das T-Shirt der Kindes über den Kopf zog, damit die Doktorin die Brust abhören konnte, und bei alldem, so dachte sie, mit einer Frau zurechtkam, die zerbrechlich wirkte.

Ihre Besuche brachten immer eine Spur Chaos in die Praxis. Die Jungs verursachten im Wartezimmer Durcheinander, klaubten die Kiesel, mit denen die Blumentöpfe ausgelegt waren, heraus und zielten damit aufeinander, während ihre Mutter Minute für Minute nervöser wurde. Obwohl sie immer aufwendig gekleidet war, hatte sie oft eine Spur Lippenstift auf den Zähnen oder ein Zipfel ihrer Bluse hing heraus, als ob sie in Eile aus dem Haus gelaufen wäre. Viele Monate lang erschien die Frau im Sprechzimmer und klagte über gedrückte Stimmung, Kopfweh, Schwindel und vor allem chronische Schmerzen im Beckenbereich. Alles wurde untersucht, aber keine Ursache gefunden. Die Frau sprach oft von der Schuld, ihr Leben so schwer zu nehmen, wobei sie als Mutter doch so glücklich sei. Die Ärztin wusste, dass oft ein enger Zusammenhang zwischen nicht zu diagnostizierenden Beckenschmerzen und negativen Kindheitserlebnissen, sexuellem Missbrauch oder andauernder häuslicher Gewalt besteht. Gemeinsam mit dem Reizdarmsyndrom oder der chronischen Migräne ist es ein Symptom, in dem Körper und Geist in einem somatischen Feuersturm verschmelzen. Nach einigem Nachdenken hatte die Ärztin auf Ersteres als das wahrscheinlichere getippt, auf ein Kindheitstrauma, und da der Mann so unglaublich war, in den zehnminütigen Treffen vorsichtig nach allem gefischt, was die Patientin an vergangenen Erfahrungen belasten könnte. Sie hatte nichts gefunden.

Der Tag, an dem die ganze Geschichte wie Lava aus der Frau hervorbrach, war auch der Tag, an dem auch die Ärztin merkte, dass sie hinters Licht geführt worden war. Es war ein Musterbeispiel für Zwangskontrolle. Schritt für Schritt wurde die Selbständigkeit der Frau begrenzt, ihr Zugriff auf das Haushaltsgeld und das Benzin für ihr Auto eingeschränkt, teure Kleider wurden eher für sie ausgewählt als von ihr ausgesucht, täglich ein Wasserfall an Beschimpfungen, unbegründeten Anklagen wegen Untreue, das alles gefolgt von einer weiteren Einschränkung ihres Bewegungsradius, der Drohung zu verarmen und dass sie die Kinder verliere, wenn sie sich nicht fügte. Es kam zu Auseinandersetzungen, zum Teil körperlichen. Sie wurde gegen einen Türrahmen gedrückt, ihre Handgelenke gepresst, bis sich Blutergüsse bildeten. Und heute habe ihr neunjähriger Sohn sich auf sie geschmissen, so sagte sie, und ihr mit dem Rücken seiner Hand übers Gesicht gefahren und, ein Echo der Worte seines Vaters, gesagt: »Die bist erbärmlich, Mum. Reine Platzverschwendung.«

In den folgenden Monaten sah die Ärztin die Frau häufig, immer wieder erklärte sie ihr, dass sie sich und ihre Kinder gefährdete, wenn sie in einer solchen Situation ausharre, und wies sie auf Wege hin, wie sie sich sicher daraus befreien könnte. Am Ende trennte sich das Paar, der Mann fand eine neue Stelle (und eine neue Frau) am anderen Ende des Landes, und die Gesundheit der Mutter verbesserte sich. In solchen Fällen mutmaßlicher häuslicher Gewalt ist das der Punkt, an dem sich die Medizin ausklinkt. Es gibt keine formale Vorgabe, dass man beobachtet, wie die Patientin mit den Folgen klarkommt. Man kann nur hoffen, dass sie einen Termin ausmacht oder sich, falls sie Medikamente bekommt, alle sechs Monate zur Routinekontrolle meldet.

An diesem Morgen klingelt das Telefon und klingelt.

Die Ärztin hängt auf und versucht es noch einmal. Am Ende geht die Frau dran. Ihre Doktorin lächelt, nennt den Namen der Frau und ihren eigenen.

»Oh, bin ich froh, dass ich Sie erwische. Wie geht's?«

DAS ABWÄGEN MORALISCHER BEDENKEN ist im Alltag der Ärztin so zentral, dass sie diesen Prozess mit ihrer hoffnungsfrohen Art verknüpft. »Welcher Schritt ist jetzt richtig? Wie können wir, *kann ich*, besser werden?«, sagt sie. »Ich denke, wir müssen es nur versuchen.« Diese Beschäftigung mit der Moralität ihres Tuns, sowohl im Praktischen wie im Medizinischen, färbt jeden Aspekt ihrer Auffassung von Allgemeinmedizin und ihrer Beziehung zu den Patienten im Tal. Die Antworten auf diese Fragen sind nicht immer einfach, aber ein Schlüsselwort dabei ist »Praxis«. Ihr Lebenswerk besteht nicht darin, eine Menge an Wissen auf eine Anzahl menschlicher Objekte anzuwenden. Noch geht es um die starre Position eines qualifizierten Doktors, der über eine Menge an Wissen verfügt. Ihr Wirken ist iterativ, es ist eine im wahrsten aristotelischen Sinn tugendhafte Tätigkeit: ein in sich und an sich bedeutungsvolles Streben, sowohl ethisch wie auch zwischenmenschlich. Es ist eher ein Werden, als ein Wissen, und seine Lebensader ist das Vertrauen. So betrachtet, ist jede erste Konsultation eher der Start einer Reise als ihr Ziel, das die Medizinerin und der Patient möglichst schnell erreichen. Es ist noch unbeantwortet, ob die Rede von »medizinischen Ergebnissen« alles erfolgreich in sich fassen kann, was sich auf einer solchen Reise entfaltet. All das stille Austarieren von Zeit? Kann sein Wert gemessen, berechnet werden?

Im zweiten Sommer der Corona-Pandemie erschien im *British Journal of General Practice* eine Langzeitstudie über die Kontinuität der medizinischen Versorgung in den Allgemeinpraxen Großbritanniens. Sie weist auf einen fortgesetzten, besorgniserregenden Rückgang zwischen

2012 und 2017 hin. Die Zahl der Patienten, die regelmäßig den von ihnen gewählten Hausarzt sehen konnten, fiel um zehn Prozent, fast genauso (um neun Prozent) ging die Zahl der Patienten zurück, die überhaupt einen Hausarzt haben. Trotz des Zusammenhangs zwischen fehlender Kontinuität der Vorsorge und mangelnder Gesundheit hat die Unterlassung der Entscheidungsträger, die Kontinuität zu priorisieren, uns eine Situation beschert, in der viele Patienten die Idee eines Familiendoktors komplett aufgegeben haben. Es ist weder verwunderlich, dass die Menschen nicht viel darüber nachdenken, was für einen Doktor sie sich wünschen, bis sie eine Krankheit dazu zwingt, noch überrascht es, dass gesündere und jüngere Patienten keinen Wert mehr darauf legen, zu ihrem eigenen Hausarzt zu gehen. Wer kümmert sich schon um so etwas vor dem Ausbruch einer Krise? Ein triftiger Grund mag auch sein, dass die Erfahrung, eine Beziehung zu einem Arzt aufzubauen, und das dadurch entstehende Vertrauen mehr und mehr aus dem kollektiven Gedächtnis schwinden. Wenn eine gute Doktor-Patienten-Beziehung etwas ist, von dem man nie gehört hat, warum um alles in der Welt sollte man sie dann schätzen und für sie kämpfen? Das war schon so vor der Covid-Pandemie, aber jetzt, wo Politiker über Ferndiagnose und digitale Triage als kommende Standards debattieren, droht die Erinnerung an den Wert von Kontinuität und durch persönliche Beziehungen aufgebautes Vertrauen noch weiter in Vergessenheit zu geraten.

Wenn Ihnen die Ärztin in diesem Buch wie eine Art Museumsstück vorkommt, ein Schritt zurück in ein altmodisches Zeitalter, das so zart und idyllisch ist wie das

Tal, in dem sie lebt, dann fragen Sie sich, warum. Es liegt nicht daran, dass ihr medizinisches Geschick veraltet wäre, im Gegenteil. Es liegt daran, dass wir vielerorts einen Doktor wie sie nicht mehr erwarten und uns sogar nicht einmal mehr wünschen.

Die seit der Pandemie wachsende Beunruhigung, die unter Allgemeinmedizinern durch die Studie ausgelöst wurde, rief eine konzertierte Anstrengung auf den Plan, die Frage mit harten Zahlen zu belegen. Es seien, argumentieren einige, zufällige und kontrollierte Versuchsreihen zur Kontinuität in Hausarztpraxen nötig, um die Mechanismen, die diese mit der vielbeschworenen »Ergebnisbesserung« verknüpfen, zu quantifizieren. Gebraucht wird etwas, das ein für alle Mal beweist, dass diese Betonung der Beziehung nicht nur ein schöner, warmer, herziger Gruß aus der Vergangenheit, sondern zentral ist für eine wirksame Gesundheitsvorsorge wie für das langfristige Überleben des National Health Service in England. Der ökonomische Imperativ dazu könnte nicht deutlicher sein. Nach Zahlen des NHS absolvieren Allgemeinärzte im Jahr 300 Millionen Sprechstundentermine, im Vergleich dazu kommt es zu 23 Millionen Besuchen in der Notaufnahme; ein ganzes Jahr Gesundheitsvorsorge durch die Hausärztin kostet weniger als zwei Besuche dort. In anderen Worten: wenn die medizinische Allgemeinversorgung zusammenbricht, fällt, wie es in einem Artikel des BMJ aus dem Mai 2021 heißt, das ganze Gesundheitssystem zusammen.

Eine medizinische Untersuchung aus dem gleichen Monat wie die Langzeitstudie über den Niedergang kontinuierlicher Gesundheitsvorsorge sah nicht einen einzelnen Faktor, sondern ein ganzes Geflecht von Faktoren, die die Beständigkeit der Vorsorge mit den gesuchten medizinischen Ergebnissen verknüpfen. Für den Laien ist es faszinierend, wie offensichtlich sich das alles liest, denn jede und jeder von uns, die und der mit jemandem eine persönliche oder professionelle Beziehung pflegt, wird das alles intuitiv wissen. Im Mittelpunkt des Papiers steht ein komplexes Flow-Diagramm von Ursachen und wohltuenden Wirkungen für beide, Arzt wie Patientin. Es ist schwer, es in Worte zu fassen, aber es zeigt, wie der Aufbau einer Beziehung mit der Zeit Vertrautheit, Empathie, Verständnis und einen reziproken Sinn für Verantwortung entwickelt: alles Kernelemente für Vertrauen; und dieses Vertrauen ermutigt zur Offenheit, verbessert den Austausch und spart Zeit; was wiederum Zusammenarbeit, Selbstermächtigung und Empowerment fördert, Fehler und Angst verringert, die Ausführung gemeinsamer Aufgaben leichter macht (in diesem Fall die Diagnose, die Verschreibung und das Einhalten medizinischer Ratschläge). All das führt am Ende zur »Ergebnisbesserung«, verringert Krankenhausaufenthalte, senkt die Kosten wie die Sterberate. Das klingt alles nach gesundem Menschenverstand. Und doch hat die medizinische Wissenschaft noch einen weiten Weg vor sich, um das alles so darzustellen, dass die Politik es nicht mehr ignorieren kann.

Zum Beispiel scheint es außergewöhnlich, dass der Begriff »gesammeltes Wissen«, der einen der Mechanismen beschreibt, der die Stetigkeit der Vorsorge mit besseren Ergebnissen verknüpft, in der akademischen Literatur erst 1992 formal eingeführt wurde – ganze fünfundzwanzig Jahre nach dem Erscheinen von *A Fortunate Man*. Die Idee dahinter ist, dass durch die Behandlung und das Gespräch mit einem Patienten über die Jahre hinweg Wissen über diese Person angehäuft wird, wodurch Vertrauen entsteht, was wiederum die Gesundheitsfürsorge verbessert. Stellen Sie sich das »angehäufte Wissen« von Dr. John vor, der wie ein Besessener über drei Jahrzehnte hinweg für seine Waldgemeinschaft da war. Oder denken Sie an die Talärztin heute, und wie in so vielen Geschichten dieses Buches das »gesammelte Wissen« dabei geholfen hat, die körperlichen, sozialen und geistigen Verwundbarkeiten zu verstehen, zu benennen und sich jeder von ihnen wie einer Person, statt einem Krankheitsbild zu widmen. Über die Art und Weise, wie sich für die Allgemeinmedizin Biologie und Biographie verflechten, wurde viel geschrieben. Wenn sich das quantifizieren und in Begriffe fassen ließe, die sich mit dem mischen, was eine Politik prägt, dann könnten vielleicht Wissenschaft und Erzählung ihre Zusammenarbeit beginnen.

MIT STOTTERNDEM MOTOR und von den Reifen springenden Schneekrumen fährt der Mann der Ärztin mit dem Traktor über die kalten, blauen Markierungen des Parkplatzes, sie kann ihn durch die Jalousie des Sprechzimmers sehen. Er ist da, um sie abzuholen, aber zuerst gibt es noch einen Hausbesuch und so fahren sie durch den monochromen Wald hoch zu einer steilen Hügelkante mit einer Gruppe alter Backsteinscheunen, die vor ein paar Jahren zu großen modernen Wohnungen umgebaut wurden. Der Traktor scheint besser zu dem Hof zu passen als die ordentlichen Reihen verschneiter Autos und dekorativer Kübel mit Lorbeer, deren Blätter sich, von fetten weißen Ovalen beschwert, neigen. Nach der Fahrbrise auf dem offenen Traktor fühlt sich die kalten Luft nun windstill an, als ob die Natur den Atem anhielte. In Wohnung 2 stirbt, nicht besonders eilig, ein Mann. Er weiß das. So auch die Frau. Am Anfang fragten sie noch: »Wie lange wird es dauern, Frau Doktor? Bis wann?« Aber sie hatten sich das Fragen abgewöhnt. Die hiesige Schwester für Onkologie, mit der die Ärztin eng zusammenarbeitet, hat an diesem Morgen gesagt, sie vermute, dem Mann blieben noch fünf oder sechs Wochen, aber sie möchte, dass die Ärztin die Ursache seiner Unterleibsschmerzen untersucht. Der Vorhang am oberen Fenster bewegt sich, die Doktorin winkt der Frau zu und zieht den Schutzanzug über, den sie in ihrer Tasche mitgebracht hat.

Es ist eine von diesen auf dem Kopf stehenden Wohnungen, wie man sie manchmal an steilen Hängen findet. Man kommt im ersten Stock herein und steigt in diesem Fall hinunter zu einem modernen Anbau, in dem die Schlafzimmer hinaus auf einen auffallend steif angelegten

Vorstadtgarten gehen, hinter dem dichter, verwilderter Wald liegt.

»Sie sind's, oder?«, ruft er vom Schlafzimmer unten und benutzt eine Verkleinerungsform ihres Vornamens. »Ich erkenne diese Elefantenschritte überall wieder.«

»Ja, Verzeihung, ich versuche es jetzt auf Zehenspitzen«, sagt sie. »Okay, wenn ich runterkomme? Sie kocht gerade Tee.«

Im Widerspruch zu ihrer schmalen Gestalt ist die Ärztin mit schweren Schritten gesegnet. Als Assistenzärztin auf der Herzstation brachten die Krankenschwestern sie dazu, ihre Schuhe am Anfang des Korridors auszuziehen, damit sie nicht die halbe Station weckte. Während sie ihre Tasche neben der Schlafzimmertür abstellt, wiederholt sie die Anekdote und der im Gesicht aschfahle Mann setzt sich im Bett auf und lacht und hustet und lacht. »Dabei sind Sie so ein kleines Ding«, sagt er.

Nach der Untersuchung sitzt die Ärztin ein paar Minuten bei ihm, und sie reden. Er hat weniger Angst als beim letzten Mal. »Ich glaub, ich habe meinen Frieden damit gemacht, aber meine Frau« – er macht eine Pause –, »die kann sich manchmal aufregen! Gibt mir etwas Sinnvolles zu tun, um mich, stellen Sie sich vor, aufzuheitern. Macht, dass ich mir wieder wie ihr Mann vorkomme, statt wie ein nutzloser alter Sack im Bett, während sie für alles sorgt.«

»Sie kann zaubern, oder?«, sagt die Ärztin. »Sie haben mir nie erzählt, wie Sie sich kennengelernt haben.«

»In der Stadt, in der Bibliothek. Sie saß samstags am Schalter. Ich ging alle zwei Wochen hin, um mein jeweiliges Buch zurückzugeben, und sie war so schön, ich schaute, dass ich nur noch samstags hin bin. Sie ist wahrscheinlich der Grund, warum ich Bücher lese.«

Die Ärztin versucht mit Patienten, deren Leben sich dem Ende zuneigt, immer, wenn es geht, solche Gespräche zu führen, denn sie weiß, es kommen für den Partner oder die zurückbleibenden Kinder harte Tage. Immer, wenn ein Patient stirbt, schickt sie eine Trauerkarte, und diese Gespräche am Bettrand ergeben oft etwas Persönliches oder Bedeutungsvolles. Das begann vor einigen Jahren bei Patienten, die sie besonders gut kannte, aber im Lauf der Zeit wurde deutlich, wie sehr die Menschen diese freundliche, höfliche Geste schätzen. Noch Jahre später erinnern sich Patienten »an die schöne Karte, die Sie uns nach Mums Tod geschickt haben«. Jetzt unterstützt das ganze Team sie dabei. Immer wieder kauft die Assistentin der Praxismanagerin zwanzig Karten für die linke untere Schublade ihres Schreibtisches oder die Rezeptionistin fragt: »Sie haben daran gedacht, Frau So-und-so eine Karte zu schicken, oder?« Das letzte Jahr war so schrecklich, es gab Wochen, da war die Schublade mit den Trauerkarten leer. Ihr Wert reicht tiefer als die gegenwärtige Krise. Die Ärztin merkt, dass die einfache Geste im Namen der Praxis allen guttut: den Patienten, ihren Familien, aber auch dem Team und der weiteren Gemeinschaft. Es festigt das Vertrauen in die Praxis und bindet die Menschen über Generationen hinweg. Es ist ein Statement: »Hier im Tal halten wir es so, denn so sind wir.«

Die Ärztin bemerkt auf dem Nachttisch einen Backstein von Taschenbuch. Auf dem Cover die Illustration eines Adlers mit über der stürmischen See gereckten Fängen. Das habe sie nicht gelesen, sagt sie, aber einen anderen Titel vom gleichen Autor, der ihr gefallen habe.

»Der erste Band, oder?«, sagt er. Sie nickt. »Ja, habe ich auch gelesen. Vor Jahren. Meine Frau hat sich aufgeregt, als ich damit anfing. Sie sagte, ›Das kannst du nicht zu lesen anfangen. Vielleicht kommst du nie bis zum Ende.‹ Als ihr klar wurde, was sie da gesagt hatte, wurde sie traurig, die Arme. Aber ich sagte: ›Mach dir keine Sorgen, Liebe, so gut ist es nicht.‹«

*

FÜR EIN UNGESCHULTES AUGE scheint der Wald, der sich über dem Fluss erhebt, wilde Natur zu sein, aber der Eindruck täuscht. Die Waldflächen werden seit vielen Jahrhunderten von Menschen kultiviert. Wenn das Tal heute so wirkt, dann, weil der Mensch und die Natur es gemeinsam so geschaffen haben. Die Zukunft hängt von dieser Beziehung ab.

Schaut man auf die Tage zurück, da Dr. John hier für seine Patienten da war, täuscht man sich auf ähnliche Weise. Denn die aus heutiger Sicht heroische Gesundheitsfürsorge, die er und die alteingesessenen Hausärzte überall im Land leisteten (wie ein bekannter Allgemeinarzt in einem Brief an die medizinische Presse schrieb), geschah nicht mit Absicht, sondern war der Standard, sie lag in der Natur der Sache, wenn man so will. Doktoren wie Bergers Sassall arbeiteten oft für sich allein, sie waren vierundzwanzig Stunden am Tag und alle Tage im Jahr bis auf die Ferien für ihre Patienten verantwortlich. So war es nun mal, ob sie es wollten oder nicht. In seinem

Fall war es ein zufälliges Zusammenprallen von Charakter und Umständen, das dem Tal seinen glücklichen Mann bescherte. Es war keine Anwendung eines konzeptionellen Rahmenwerks, wie es in zeitgenössischen medizinischen Diskursen erscheint: »Beziehungsorientierte Fürsorge«, die »therapeutische Beziehung«, »personenzentrierte Pflege« oder »relationale Kontinuität«. Wenn solche Dinge heute gewünscht sind, dann kann man nicht einfach warten und auf einen Helden hoffen. Man muss ein System entwerfen, das sie trägt.

Doch für Dr. John und seine Zeitgenossen war die Dauer der Beziehung und das daraus entstehende Vertrauen so organisch wie die Heckenrosen und das Schöllkraut, das unterhalb seines Hauses im Wald wuchs. In einem bestimmten Maß gilt das auch heute für die Ärztin. Der Charakter der Gemeinschaft und die Landschaft, die ihn formt, bieten ihr mehr als genug Gelegenheiten, Vertrauen aufzubauen und zu stärken, ein Lebensziel zu finden und eine Inspiration in den langjährigen, über Generationen reichenden Geschichten ihrer Patienten. Und das alles in dem Tal, das sie liebt. Das ist das Rohmaterial, mit dem sie arbeitete, um ihre Art von Ärztin zu werden. Natur und Absicht kamen vielleicht zusammen. Auf die Frage, was sie zu einer glücklichen Frau macht, ist das ihre Antwort.

Vogelsang.

Auch auf den längsten Winter folgt ein Frühling. Die knospenden Wälder weben einen Teppich aus Trillern, Zwitschern, Trällern, Gurren, Tirilieren, ein Pfeifen hier und da, ein Rufen nah und fern. Die Musik ist in ihrer Akustik so räumlich, dass sie, wenn sie sich Flügel wachsen ließe, innerhalb des Klangs fliegen könnte wie ein Spatz in einer großen Kathedrale. Das Tal da unten erwacht zum Leben.

Außerhalb ihres weißen Steinhauses sind die Wälder voller Licht, die Ärztin lehnt ihr Fahrrad gegen die Gartenmauer und blickt sich um. Viele ihrer Patienten sind inzwischen geimpft, und ungefähr die Hälfte der täglichen Sprechstundentermine finden wieder von Angesicht zu Angesicht statt. Sie hat nun zwei neue Partnerinnen in ihrer Praxis, und in diesem Jahr wird sie damit beginnen, Allgemeinmediziner auszubilden. Keiner weiß, was vor einem liegt, aber sie beginnt, wieder etwas Hoffnung zu spüren. Sie geht neben ihrem Fahrrad in die Hocke, um nach einem Loch in der Mauer zu schauen, wo sich vor einigen Wochen ein Stein gelöst hat. Dort drin ist jetzt ein Nest. Neues Leben, denkt sie.

Epilog

ES IST EINE MERKWÜRDIGE ERFAHRUNG, ein Leben zu erzählen, das noch nicht abgeschlossen ist, die Geschichte eines Menschen zu berichten, die noch lange nicht zu Ende ist. Auf den letzten Seiten von *A Fortunate Man* kämpft John Berger genau damit und stellt eine Reihe unbeantwortbarer Fragen zum grundlegenden Wert von Dr. Sassalls Arbeit. »Wir in unserer Gesellschaft wissen nicht, wie wir den Beitrag eines gewöhnlichen Arztes messen und anerkennen sollen. Mit *messen* meine ich nicht, nach einem festen Maßstab zu *berechnen*, sondern *Maß an etwas oder jemandem nehmen*.«

Seit vor einem halben Jahrhundert diese Sätze über einen anderen gewöhnlichen Arzt, der in diesem Talkessel aus Wäldern, Wasser, Wiesen und Firmament arbeitete, niedergeschrieben wurden, bleibt die Frage so rätselhaft wie je. Dass es unmöglich ist, hierauf eine endgültige Antwort zu finden, beunruhigt mich aber nicht im Geringsten. Die Tätigkeit der Ärztin, die in diesem Buch beschrieben wird, betrifft, wie die Arbeit von Sassall vor ihr, etwas Fließendes und Wandelbares – wie der Fluss, der zwischen ihren beiden Häusern fließt. Es geht um die Praxis und den Prozess der Fürsorge, um die Art des Vertrauens und um Ebbe und Flut der Beziehungen, die das Vertrauen nähren. Aber der Grund, ihr Leben zu erzählen, ist, so habe ich gelernt, die Humanität dieser Arbeit, das ist ihr innerer Kern, der zu Dr. Johns Zeiten als selbstverständlich galt, heute aber nicht mehr so zeitlos erscheint wie damals. Wenn wir seinen Wert nicht messen und nicht beides tun: *berechnen* und *Maß an ihm nehmen*, dann verlieren wir ihn ganz. Und darum ist etwas an diesen Geschichten, für das es sich zu kämpfen lohnt.

Vielleicht war es die Landschaft, die uns, die Ärztin und mich, zusammenbrachte, dieses Tal, die Wälder, der Fluss, unser Zuhause. Vielleicht war es das Buch, das vor Jahren hinter den Bücherschrank meiner Familie gerutscht ist, eine alte Penguin-Taschenbuchausgabe von John Bergers *A Fortunate Man*, ausgepreist mit 45 New Pence oder 9 Shillings. Vielleicht war es meine Mutter gewesen, meine geliebte Mutter, die das Buch zuerst gekauft und dann verlegt hatte. Sie starb, einige Monate nachdem ich die Arbeit mit der Ärztin begonnen hatte, aber eines unserer letzten Gespräche im Pflegeheim in diesen mit Wolken verhangenen letzten Tagen betraf die Bücher von John Berger, den sie äußerst bewunderte und an die sie sich mit einer für jemanden, der so krank war, unheimlichen Klarheit erinnerte. Ich erzählte ihr von meinen Hoffnungen für dieses Buch, und sie sagte mir, dass es schwer sei, in Bergers Fußstapfen zu treten. Sie behielt recht.

Oder vielleicht war es am Ende der *Fortunate Man* selbst, dieser geplagte, hervorragende Arzt, der mehr als sein halbes Leben diesem Tal gewidmet hat und der von jenseits des Grabes mich seiner Nachfolgerin vorstellte, der *Fortunate Woman*.

Und das scheint ein guter Punkt, um hier zu enden.

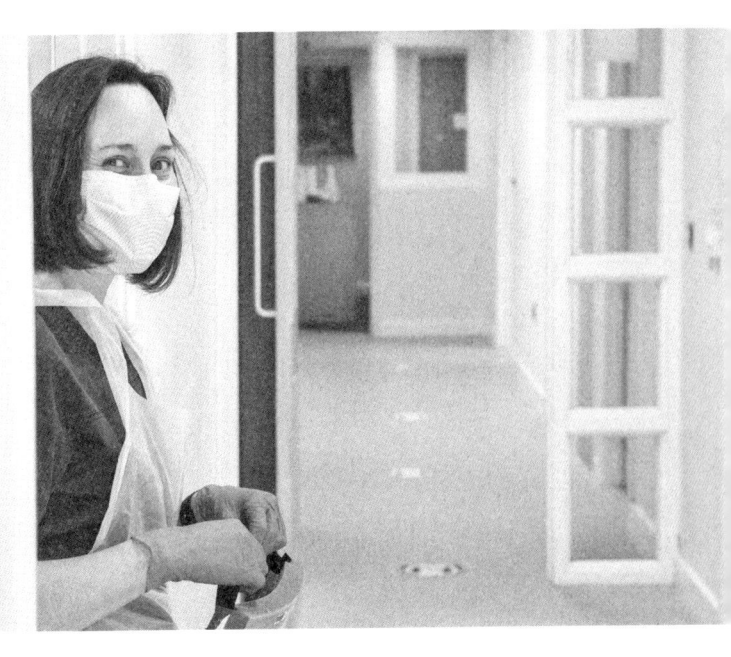

Dank & Quellen

Von ganzem Herzen danke ich meinem Lektor, George Morley, und meinem Agenten, Patrick Walsh, dass sie von Anfang an an dieses Projekt glaubten; genauso dem Fotografen, Richard Baker, und den Gestalterinnen des Buches, innen wie außen, Lindsay Nash und Lucy Scholes, die mir halfen, die Geschichte mit Worten wie Bildern zu erzählen. Das Team bei Picador, Salma Begum, Kate Berens, Laura Carr, Marissa Constantinou, Bryony Croft, Camilla Elworthy, Philip Gwyn Jones, Simon Rhodes und Giacomo Russo, war großartig, genauso wie John Ash, Margaret Halton und Rebecca Sandell bei Pew Literary. Ich bin ebenso ungeheuer dankbar dem Royal Literary Fund und der Society of Authors für ihre großzügige Unterstützung.

Für Gespräche über Medizin, Kunst und Leben (und manchmal über alles drei), für Feedback zu frühen Fassungen oder für Hilfe in Bezug auf die Ethik, Vertraulichkeit und praktischen Seiten des Schreibprozesses stehe ich in der Schuld folgender Menschen, die das Buch auf vielfältige Weise mitgeformt haben: Elizabeth Allen-Williams, Jonathan Axe, Sarah Aspinall, Sarah Bagnall, Helen & Ashton Beale, Mandy & Steve Bennett, Jill

Berryman, Sandra Bidmead, Rosie Bishop, Andy Brown, Joan Brown, Kathryn Brown, Ruth Brown, Dr. Tony Calland, Maria Church, Jonathan Cope, Bill Creswick, Karen Dack, Roger Deeks, Sandra Down, Lee Elmer, Carol & Simon Eskell, Gary Field, Louise & Andrew Frankel, Harry Josephine Giles, Christine Green, Jason Griffiths, Kathryn Hagg, Dr. Lois Harris, Robin Harris, Rosalind Mary Hawken, Beth Hawkins, Dr. Martyn Hewett, Caroline & Charles Hopkinson, Kate Humble, Dr. Jim Huntley, Elizabeth & Kevin Karney, Frank Kemp, Dr. Vivienne Kent, Adrian Levy, Colin Lewis, Simone McCartney, John Meechan, Maxine Morland, Karen Newman, Fiona O'Sullivan, Dr. Helen Penny, Lyndsay Price, Cathy Scott-Clark, Val Smith, Tim Stephens, Lucy Tang, John Topp, Amanda Vaughan, Nicolas Webb, Tessa Williams, Ursula Williams, Gemma Wood, George Woodward.

Die dokumentarische Arbeit bildete das Rückgrat meiner Forschungen, aber zahlreiche Bücher und medizinische Aufsätze erwiesen sich als unersetzlich. Der Leitstern war natürlich John Berger & Jean Mohrs *A Fortunate Man. The Story Of a Country Doctor* (Penguin, 1967), 2015 wiederaufgelegt bei Canongate, mit einer neuen und kenntnisreichen Einführung von Gavin Francis (auf Deutsch erschien das Buch in der Übersetzung von Wolfgang Uter 1998 unter dem Titel *Geschichte eines Landarztes* bei Carl Hanser, 2001 im Fischer Taschenbuch). Andere Bücher Bergers, auf die ich mich beziehe, sind: *Another Way of Telling* (gemeinsam mit Jean Mohr, Bloomsbury 1982, deutsch: *Eine andere Art zu erzählen*, Carl Hanser, 1984), *The Shape of a Pocket* (Bloomsbury, 2001, deutsch: *Gegen die Abwertung der Welt*, Hanser, 2003), *Photocopies*

(Bloomsbury, 1996 deutsch: *Mann und Frau, unter einem Pflaumenbaum stehend*, Hanser, 1995) und *Understanding a Photograph*, herausgegeben und mit einer Einführung von Geoff Dyer (Penguin Classics, 2013, deutsch: *Der Augenblick der Fotografie*, Hanser, 2016 – alle Titel Bergers liegen auch im Fischer Taschenbuch vor).

Ebenso stehe ich in der Schuld des Forstökologen George Peterken für sein außergewöhnliches Wissen über die Landschaft und bei William J. Creswick und Julian Wimpenny für die von ihnen zusammengetragenen Regionalhistorien.

Der Löwenanteil meiner Quellen betrifft die Medizin, darunter Michael Balints Klassiker, *The Doctor, his Patient & the Illness* (Churchill Livingstone, 1957), *The Doctor's Communication Handbook* von Peter Tate (Radcliffe Medical Press, 1994), Iona Heath' Monographie *The Mystery of General Practice* (The Nuffield Provincial Hospital Trust, 1995), Roger Neighbours *The Inner Consultation* (Petroc Press, 1996), *The New Consultation* von David Pendleton et al. (OUP, 2003) und *Using CBT in General Practice* von Lee David (Scion, 2006), der zu der Offenbarung der Ärztin auf Seite 167 führte. Tage und Wochen verbrachte ich über Hunderten von Artikeln und Studien, hauptsächlich stammen sie aus dem British Medical Journal, The Lancet und dem British Journal of General Practice. Sie beeinflussten viele der Ideen, und im Buch wird sich immer wieder auf sie bezogen. Darunter vor allem: Cerel, J. et al., *How many people are exposed to suicide? Not six, Suicide and Life-Threatening Behavior* (2018); Eby, D., *Empathy in general practice: its meaning for patients and doctors*, BJGP 2018; Friedemann Smith, C. et al.,

Understanding the role of GPs' gut feelings in diagnosing cancer in primary care: a systematic review and meta-analysis of existing evidence, BJGP 2020; Greenhalgh, T. et al., *Evidence based medicine: a movement in crisis?* (BMJ 2014); Haslam, D., *Risky business: the challenge of being a GP*, NICE blog (15 December 2014); Hodes, S. et al., *If general practice fails, The NHS fails*, BMJ Blog (14 May 2021); Jones, R., *General practice in the years ahead: relationships will matter more than ever*, BJGP 2021; Marshall, M., *The power of trusting relationships in general practice*, BMJ 2021; Marshall, M. et al., *The power of relationships: what is relationship-based care and why is it important?*, Royal College of General Practitioners Report 2021; McWhinney, I. R., *The Importance of Being Different*, The William Pickles Lecture 1996; Pereira Gray, D. et al., ›The worried well‹, BJGP 2020; Pereira Gray, D. et al., *Covid 19: a fork in the road for general practice*, BMJ 2020; Pereira Gray, D. et al., *Continuity of care with doctors – a matter of life and death? A systematic review of continuity of care and mortality*, BMJ 2018; Sandvik, H. et al., *Continuity in general practice as predictor of mortality, acute hospitalisation, and use of out-of-hours care: a registry-based observational study in Norway*, BJGP 2022; Sidaway-Lee, K. et al., *A method for measuring of continuity of care in day-to-day general practice: a quantitative analysis of appointment data*, BJGP 2019; Tammes, P. et al., *Is continuity of primary care declining in England? Practice-level longitudinal study from 2012 to 2017*, BJGP 2021; Varnam, R., *Changes in patient experience associated with growth and collaboration in general practice*, BJGP 2021; Warren, E., *Time for a little self-love?*, BJGP 2021.

Dieses Buch handelt von Beziehungen und Familien, und wir, die Ärztin, der Fotograf und ich, wären nicht für unsere Arbeit zusammen gekommen, ohne die Liebe und die Geduld der Menschen in unseren Leben: Henry, Tessa, Sam, Milo und Freddie; Gavin, Kathy, Will und Archie; Lynda, Sam und Ella.

Mein letzter Dank gilt der Ärztin selbst und dem Doktor, der sie inspirierte, Bergers ›Fortunate Man‹. Es war die allergrößte Ehre, ihre Geschichte zu erzählen.

John Berger
Ein Geschenk für Rosa
Essays

John Bergers letztes Buch – das Testament eines einzigartigen Künstlers
John Berger revolutionierte die Art, wie wir die Welt betrachten. In seinen letzten Texten erforscht er das eigene Schreiben und dessen untrennbare Verbindung zu Malerei, Fotografie und Musik. Berger spiegelt sich in Geistesgefährten wie Charlie Chaplin, Albert Camus und Rosa Luxemburg. Er nimmt Abschied von Künstlerfreunden und Verwandten wie seinem Onkel Edgar, der stets drei Brillen bei sich trug. Immer weisen seine Worte über das Selbstporträt hinaus, hinterfragt und erschließt seine Literatur auf einmalige Weise unsere Welt.

Aus dem Englischen
von Hans Jürgen Balmes
140 Seiten, broschiert

Weitere Informationen finden Sie auf
www.fischerverlage.de

AZ 596-70106/1

Hans Jürgen Balmes
Der Rhein
Biographie eines Flusses

Der Rhein entsprang einst an seiner heutigen Mitte, wo in einem tropischen Meer Seekühe lebten. Er schuf sich sein Bett stromauf und besitzt eine erstaunliche Geologie. Noch heute leben hier die ältesten Lebewesen Europas. Gleichzeitig ist der Rhein durchgehend geprägt durch Eingriffe des Menschen. Kein anderer Fluss versammelt so viele Widersprüche in sich: Grenze, Verkehrsweg, Fluchtroute und Lebensader. Der Autor nimmt uns mit auf eine Reise entlang des Flusses. Wir begegnen Menschen, die wie William Turner den Rhein zu ihrer Sehnsucht und Lebensaufgabe machten, sehen Wälder und Tiere, die in traumhaften Naturbetrachtungen und meditativen Bildern gegenwärtig werden.

576 Seiten, Klappenbroschur
978-3-596-70424-8

Weitere Informationen finden Sie auf
www.fischerverlage.de